생태와 불평등

부산외국어대학교 중남미지역원 HK⁺ 연구총서

생태와 불평등

라틴아메리카 생태에 대한 다학제적 접근과 성찰

이태혁, 조영현, 양은미, 윤춘식, 임수진, 한희진 지음

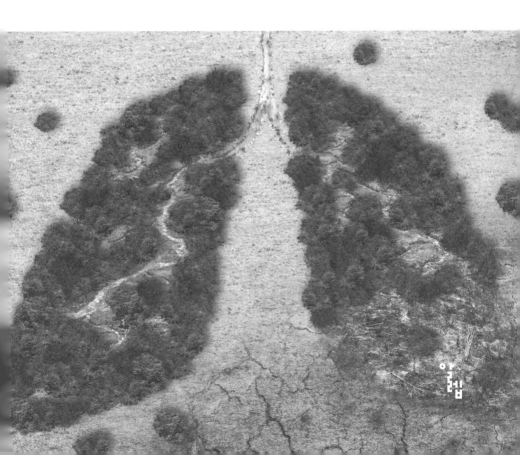

생태와 불평등:
라틴아메리카 생태에 대한 다학제적 접근과 성찰

부산외국어대학교 중남미지역원은 글로벌 체제 속 내재화된 일련의 주요 이슈를 학문적 통찰을 통해 대중과 소통하고 있다. 중남미지역원은 〈라틴아메리카 평등과 불평등의 변증법〉이라는 HK+ 사업의 선도연구를 통해 라틴아메리카의 불평등한 현실을 전 지구적 맥락 가운데서 다층적으로 분석하며 '라틴아메리카적' 사유를 '공유재'화하고 있다.

이와 같은 관점으로 우리 시대의 중대한 도전 속에서 이 책은 생태와 불평등의 국면을 담아내고자 한다. 이는 생태, 즉 자연과 인간의 조화로운 관계를 탐구하고 실제로 실현하는 것이다. 또한, 인류 발전의 결과물이자 동시에 발전의 역설적인 기제로 작동한 '불평등'에 대한 방안 국면 모색이다. 이 불평등은 변증법적인 논의의 대상, 즉 평등을 위한 이론과 논의의 대상으로서 중요한 역할을 한다.

인간의 욕구가 욕심으로 변질되어 '생태(生態)'가 '사태(死態)'화되는 현상과 글로벌 차원의 자본주의 체제의 보편화로 인해 전 지구적으로 다면화된 불평등은 현대 사회에서 직면하고 있는 엄중한 문제다. 이 책은 이와 같은 전 지구적 과제인 생태와 불평등과 관련된 '민낯' 가운데 라틴아메리카의 현실을 조명하고, '라틴아메리카적' 대안을 탐색하고자 한다. 다시 말해, 라틴아메리카 지역의 사유와 경험을 활용하여 종합적인 접근을 모색함으로써 인류가 풀어야 할 엄중한 과제에 대한 해결책을 찾고자 한다. 따라서 이 책은 라틴아메리카적 사유를 통해 전 지구적인 대안을 모색하는 중요한 과제를 다룬다.

특히 이 책은 생태와 불평등은 상관관계가 있는가, 생태와 불평등의 관계성이 라틴아메리카에는 어떻게 형성되고 또 이와 같은 관계성이 글로벌 차원에는 어떠한 함의를 가지는가라는 연구 질문을 가지고 있다. 이에 대해 이 책에 참여한 각 분과 학문별 전문가(국제정치, 환경, 문학, 교육, 종교 사상 등)들이 개별 국가 또는 소지역 단위를 다학제적(mulidisciplinary)으로 접근하며 라틴아메리카 생태와 불평등의 실제를 조명하고 이를 (재)해석 하며 성찰과 대안을 모색하고자 한다.

이상과 같은 관점과 접근을 취한 이 책은 모두 6장으로 구성되어 있다. 각 글들의 내용을 소개하면 다음과 같다.

조영현은 제1장 「기후위기와 불평등 문제: 레오나르도 보프와 프란치스코 교황의 시각을 중심으로」에서 라틴아메리카 출신 종교 사상가의 시각에 투영된 라틴아메리카 생태와 불평등의 관계성을 담는다. 이 장은 라틴아메리카 출신의 대표적인 종교인인 레오나르도 보프와 프란치스코 교황의 시각에서 기후위기와 불평등 문제를 다룬다. 현재의 기후변화는 모든 계층과 시민들에게 영향을 미치지만 특히 가난한 사람들과 약소국에 가장 큰 타격을 입힌다. 생태 문제나 기후위기는 경제적으로 보존과 발전의 문제이기도 하지만 더 나아가 가난한 사람과 약소국의 문제와도 연결된다. 특히 오늘날의 불평등 문제는 차등적 책임 문제와 기후 정의라는 문제를 고민하도록 만들고 있다. 브라질의 신학자인 보프는 가난과 비참, 불평등을 야기하는 사회 불의는 생태적 불의를 초래하고 그 역도 마찬가지라고 주장한다.

게다가 서구 그리스도교는 오늘날의 생태 위기 문제에서 자유로울 수 없다는 입장을 보인다. 교황도 지구의 환경 문제를 언급하면서 '공공재인 기후'라는 표현과 함께 지구를 '공동의 집'이라고 자주 표현한다. 그는 생태 문제 해결을 위해서 공공선, 연대성을 강조하며 약자와 타자에 대해 배려해야 한다고 말한다. 이 두 종교인은 아마존 문제를 통해 극명하게 생태 문제의 중요성을 자각했고, 희생자의 시각에서 문제를 바라볼 수 있게 되었다. 특히 보프는 자연도 자본주의와 서구 근대 과학기술 문명 앞에 약자의 처지에 놓여 있다고 주장한다. 같은 맥락에서 교황은 환경 문제와 불평등 문제를 별개의 문제가 아닌 같은 것으로 본다. 또한 개발 이익의 결실을 더 많이 차지하고 누린 선진국에 책임이 더 크다는 입장을 보인다. 보프와 프란치스코 교황은 가난한 사람들, 불평등, 가난의 문제를 해결하지 않는다면 생태 문제의 해결도 요원하다는 입장을 취한다. 따라서 이 장은 참된 생태론적 접근은 언제나 사회적 접근으로 전개되어야 함을 피력한다.

윤춘식은 제2장에서 「안데스 중부 호수 티티카카의 생태학으로 본 두 부족민의 불평등」이라는 제목으로 라틴아메리카 문학 작품 속 배경과 내용 속에 담긴 생태적 불평등을 고찰하고 있다. 특히 이 글은 남아메리카 중부권 안데스 산맥을 중심으로 지구온난화와 생태학을 크게 두 개의 영역으로 나눠 분석하고 있다. 첫 번째는 안데스 중부권 블랑카 산맥의 만년설이 녹고 파스토루리 빙하가 열대의 산맥에서 사라져 가고 있는 '빙하의 눈물'을 탐색한다. 두 번째는 그 중앙에 위치한 해발 3,310미터의 담수호 티티카카를 주목한다. 티티카카 호수는 현재 수질 오염 수치의 도를 넘고 있다. 호수 내 하수처리장이 설치되어 있지 않는 환경에서 머지않아 호수 주변의 300만 명에 가까운 주민들은 기후 난민의 참담한 결과를 겪을지도 모르기 때문이다. 티티카카 호수 주변의 두 부족민 케추아(Quechua)족과 아이마라(Aymara)족은 페루와 볼리비아의 국경 또렷하게 분류되어 생활하는 것이 아니다. 이러한 혼재가 양국의 독립 이후 케추아족과 아이마라족이 겪는 불균형과 고통의 원인이 되기도 했다.

두 부족의 불평등을 해결하기 위한 '안데스 공동체'의 정치적 노력과 생태계 문화 복원의 플랜을 예의주시해 보아야 한다. 티티카카 호수로 흘러드는 수원은 모두 13개의 강 유역으로부터 유입된다. 하지만 정화처리장이 없는 상태다. 현재 23곳의 배수구와 59개의 배수관에서 산출되는 수은 사용량은 이미 그 한계치를 넘은 지 오래다. 호수의 수질 오염은 비소, 붕소, 납, 철, 망간, 나트륨, 중탄산염, 오일 등이 검출되어 주변 부족민들의 식수와 생태계의 어류와 동식물들을 위협한다. "또 생태교육학이냐?"라는 표어로 주민들은 식상해하며 교육을 외면하는 현실이다. 재교육의 이론도 중요하지만, 인류 문화에 가장 긍정적인 효력을 가져오는 문학적 서두로 접근해 본다. 이에 대한 생존 전망을 제시하는 데 의의가 있다.

양은미는 제3장 「브라질의 불평등, 생태교육학, 전환마을 운동」에서 라틴아메리카의 환경, 생태, 기후 차원에서의 불평등을 말하는 것은 결국 라틴아메리카의 전반적인 불평등 상황을 말하는 것이라는 전제에서 출발한다. 양은미는 현재 환경·생태 불평등 문제가 주목받는 것은 어쩌면 불평등 문제는 역사적이고 구조적인 문제라 다루기가 어렵다는 방관적, 회의적, 염세적 태도에 조금은 변화를 줄 수 있다는 점에서 고무적 현상이라고 본다. 사회가 환경 불평등 문제에 그토록 주목하게 된 것은 사회경제적 약자가 입는 폐해 때문이라기보다는 환경 불평등을 심화한 환경과 생태계의 파괴로 인한 문제가 전 세계, 부자와 가난한 자 상관없이 모두의 일상을 관통하고 있기 때문이다. 따라서 이 글은 환경과 생태의 위기가 전 계층, 전 지역을 아우른다는 특성 때문에 이미 기존의 취약 계층이 노출돼 있었고, 악화된 환경 혹은 생태적 불평등 양상에 더 많은 관심이 집중된 지금이 불평등 전반의 문제를 새롭게 논하기에 적절한 때라는 믿음에서 출발한다.

먼저, 이 글은 브라질의 환경 혹은 생태적 차원의 불평등을 가장 직관적으로 이해할 수 있는 불평등의 대표적 상황들, 즉 환경과 생태계 위기라는 상황과 그 상황의 한가운데에 있는 사람들이 누구인가를 간단히 소개한다. 그러나 이 같은 생태적 위기로 인한 불평등 상황을 고려하되 그 세부 상황에 초점을 맞추는 대신, 브라질의 생태교육학이라는 교육 담론과 전환도시 혹은 전환마을 운동이라는 사회 운동을 통해 환경 및 생태적 위협에 노출된 피해자, 피해 지역이 이미 처해 있던 사회경제적 차원을 포함한 불평등 전반에 대한 접근 방식의 제고를 제안한다. 빈곤, 불평등 문제의 해결에 있어 전에는 국가의 역할이 강조되었다면 지금은 시민의 주체적 역할의 중요성이 강조되고 있다. 여기서 주목하고

자 하는 것은 불평등과 불균형 문제의 가장 직접적이고 작은 단위의 당사자인 시민들의 모임이 공동체 단위로 일상에서부터 가능한 변화들을 만들어 내고자 하는 시도들이다. 이러한 시도들은 브라질의 대표적인 교육 담론인 생태교육학의 관점에서 하나의 지향점, 유사한 방법론을 가진 하나의 현상으로 보는 것이 가능해 보인다. 이들이 지향하는 것은 이 세계와 각자의 삶의 지속가능성을 위해 정부에만 의존하는 것이 아닌 구성원 각자의 생태(적) 시민 됨이며, 여기서 생태는, 유추할 수 있듯 자연 생태 그 이상의 의미를 가진다.

임수진은 제4장 「라틴아메리카의 환경 불평등: 칠레와 페루 사례를 중심으로」에서 지구화 과정에서 심화된 국가 간의 생태·환경 불평등을 다룬다. 1985년 칠레 상공 오존층의 구멍이 발견되자 국제 사회는 전 지구적 환경 협력을 통해 1987년 몬트리올 의정서에 서명하게 된다. 이 협약을 통해 많은 국가들이 환경 문제를 지구적 의제로 인식하기 시작했고, 오존층 복원을 위해 프레온 가스 생산과 사용 전폐와 대체 물질 개발에 합의했다. 그러나 프레온 가스 생산과 사용은 북반구를 중심으로 일어났기에 선진국에 역사적 책임이 있음에도 불구하고 남반구의 칠레가 피해 당사국이 되었다. 협약 체결 후에도 칠레는 몬트리올 의정서의 내용을 성실히 이행했으나 일부 국가들이 의정서를 소극적으로 이행한 경우도 있었고, 오염된 환경이 즉각적으로 복원되지 않는다는 환경적 특성이 있기 때문에 칠레 상공의 오존 구멍은 계속해서 커졌다 작아졌다를 반복하고 있으며, 이 지역 주민들의 삶과 생태 환경에도 부정적인 영향을 미치고 있다. 특히 가장 성공적인 국제 환경 협약으로 평가받고 있음에도 불구하고 정작 피해 당사국 주민들은 협상의 과정에서 소외되었기 때문에 그들을 위한 정책은 예방 교육에 그치고 있다. 그러므로 시민 참여가 보장된 환경 협력이 필요한데, 페루는 시민들이 중심이 된 협동조합을 통해 연대하고 있다.

지구적 상호 연계성이 강해지면서 전 세계 곳곳에 유명 커피 프랜차이즈가 들어섰다. 안전한 커피 공급을 위해 구매자는 소수의 대농들과 저렴한 가격에 많은 양의 커피를 구매했고, 페루 농업의 근간인 소농들은 판로를 잃어 생계를 이어 나가기 어렵게 됐다. 그래서 그들은 스스로 조직을 만들었고, 저렴한 원두가 아닌 유기농 원두라는 지속가능성을 앞세워 외국의 소비자들과 연대하는 방식을 선택했다. 페루 소농들은 국제기구나 INGO 등과 함께 지속가능한 농업을 위한 교육, 기술 지원, 금융 지원, 공정무역 등의 협력을 해오고 있고, 국가 차원에서도 제도적 지원과 관광 상품 개발 등의 지원을 받고 있다. 즉 지구 반대편 한국에 있는 우리도 커피 한 잔을 통해 페루 소농과 지구화가 가져온 불평등 해소를 위해 연대할 수 있다는 뜻이다. 다른 커피보다 조금은 더 비싸지만 페루 소농이 생산한 공정무역 커피를 마시면서 그들이 지속가능한 농업을 계속 유지할 수 있도록 하고, 궁극적으로는 지구 공동체 구성원 모두가 생태 환경을 고려한 연대를 이어 나갈 때 지구와 함께 살아갈 수 있을 것이기 때문이다.

한희진은 제5장 「기후변화와 쿠바: 회복탄력성을 위한 대내외적 대응과 제약」에서 기후변화가 쿠바에 어떠한 영향을 미쳐 왔으며 쿠바 정부가 이에 대한 기후 회복탄력성 강화를 통해 국가와 사회의 대응 역량을 배양하기 위해 어떠한 정책과 방안들을 도입해 왔는지 개괄했다. 기후변화는 국제 사회의 복합 위기 중 하나이며 그 파급력과 영향은 날로 확대되고 있다. 기후변화의 직접적 원인인 온실가스의 역사적 배출량 측면에서 선진국과 중국 등 소수 개발도상국의 책임이 과중하나 기후 변화의 부정적 영향은 다수의 개발도상국에 집중되어 기후 부정의를 낳는다. 이 장의 사례인 쿠바도 기후변화에 대한 역사적 책임과 비교해 가중되는 재해와 피해를 경험하고 있으며 소도서국을 포함한 수많은 개발도상국과 마찬가지로 기후 부정의에 직면해 있다. 따라서 이 장은 기후변화와 기후 부정의에 직면해 회복탄력성을 강화하기 위한 쿠바의 대내외 대응정책과 방안을 논했다. 허리케인 등 재해 대응 정책, 친환경 농업, 마라부와 사탕수수를 활용한 바이오 에너지 발전 등 대내적 대응 노력과 기후변화 부분에서 국제 사회와의 제한된, 그러나 증가하고 있는 공조 양상은 쿠바가 혁명 이후 걸어온 국가 발전의 역사적 경로 및 특징을 반영하고 있다. 쿠바 사례는 경제 문제를 포함한 다양한 제약에 직면해 기후변화에 취약한 개발도상국이 어떻게 비교적 성공적인 기후 대응 성과를 거둘 수 있는지 제시함으로써 유사한 환경의 다른 개발도상국들에게도 함의를 제공한다.

이태혁은 제6장 「기후 불평등과 강제 이주 그리고 온두라스」에서 "기후변화는 평등하다. 하지만 기후변화의 영향은 평등하지 않다"는 논점으로 온두라스의 카라반 이주 행렬 현상을 분석한다. 특히 이 장은 기후변화와 (강제) 이주는 어떠한 상관관계가 있을까라는 연구 질문을 가지고 전지구적 맥락에서 기후변화에 따른 다층적 차원의 '변화'를 고찰하며 북중미 특히 온두라스발 대탈출을 조명했다. 이 장은 기후변화에 취약한 계층이 있으며, 빈곤할수록 기후위기 노출에 취약하며 따라서 그 피해 또한 크다고 피력한다. 즉, 기후 불평등이다. 이와 같은 관점에서 이 장은 빈곤 등의 사회 · 경제의 구조적 불평등이 기후변화와 결부되면 기후 난민이 발생한다고 주장한다. 먼저 이 장은 기후변화와 강제 이주 간의 선행 연구를 통해 연구의 분석적 틀과 연구 목적을 설정하며 기존의 연구와의 차별성을 견지한다. 특히 온두라스 기후의 '이중적' 특성을 지리적 차원에서 고찰함으로 기후변화의 취약성 정도를 확인한다. 이러한 맥락에서 이 장은 농업에 기댄 온두라스의 산업 구조, 특히 건조 회랑(dry corridor)에서의 농업 중심의 경제 구조를 살펴봄으로써 기후변화의 취약 정도를 파악한다.

이와 같이 이 책은 전 지구적 맥락에서 발생하고 있는 생태 위기, 특히 기후변화 등으로 확연히 목도되고 있는 일련의 도전적 문제에 대해 라틴아메리카의 '콘텍스트(맥락)'를 '텍스트화(글로 표현)'하며 다양한 불평등의 양상을 조망하고 있다. 특히 생태와 불평등이라는 인류가 직면한 엄중한 과제를 다학제적 접근으로 분석함으로써 라틴아메리카라는 '토양'에 착근된 현상을 확인하고, 개별 국가 사례 등을 통해 불평등 속에서의 연대를 통한 평등 또는 공정의 가능성을 제시한다. 이것이 라틴아메리카적 사유를 통한 전 지구적인 문제의 대안적 탐색이며 라틴아메리카적 가치이다. 글로벌 차원에서 주변부화된 라틴아메리카를 '중심'에 두고 라틴아메리카적 가치를 탐색하고자 하는 모든 이들에게 인식 지평의 확대를 위한 장(場)이 되길 기대해 본다.

필자들을 대표하여
이태혁

차례

제 1 장

기후위기와 불평등 문제:
레오나르도 보프와 프란치스코 교황의
시각을 중심으로*

/

조영현

/

* 이 글은 『중남미연구』 41권 1호에 수록된 「프란치스코 교황의 회칙 『찬미받으소서』 와 라틴아메리카의 부엔 비비르(Buen Vivir) 담론 비교연구」의 일부와 『포르투갈-브라 질 연구』 20권 1호에 수록된 「레오나르도 보프의 생태 사상이 회칙 『찬미받으소서』에 미 친 영향에 대한 고찰」의 일부를 가져와 본 주제에 맞게 대폭 수정 · 보완한 것임을 밝힌다.

1 기후위기의 심각성

21세기 들어 기후변화로 인한 위기 상황이 증가하고 있고, 이런 문제들로 인해 불안해하는 사람들도 늘어나고 있다. 근대화와 산업화가 진행될수록 울리히 벡(Ulrich Beck)이 말한 '위험 사회'는 더욱 피부로 느낄 수 있는 일상이 되어 간다. 이 독일의 사회학자는 위험 사회를 단순히 위험한 사회라는 관점에서 접근한 것이 아니라 '위험이 사회의 중심 현상이 되는 사회'를 염두에 두고 있었다(벡, 1997). 이제 인류는 기후변화가 우리 생활의 상수가 되어 버린 사회를 살고 있다.

오늘날 기후변화가 초래하는 위험은 너무도 다양하다. 자원 고갈, 자연재해의 증가, 대기와 해양 오염, 생물 종 다양성의 급감, 지구온난화, 토양 오염, 오존층 파괴, 사막화 현상의 확산, 전염병의 위협과 세계적 확산 등이 지구의 지속성과 인류의 미래를 위협하고 있다. 문제는 생태계의 질서 파괴와 기후변화로 인한 재앙의 증가는 자연 현상으로 드러나지만 모두 인간 활동의 결과와 연동되어 있다는 사실이다. 특히 근대 산업은 모두 엄청난 화석 연료를 사용하는 개발 방식을 취하고 있기 때문에 오염을 피할 수 없는 것이 현실이다. 대표적으로 인간 활동의 결과로 배출된 온실가스, 곧 이산화탄소, 메탄, 산화질소와 같은 화학 물질의 농도가 짙어지면서 지구온난화를 가속화하고 있다. 인간을 편리하게 하고 생활을 윤택하게 하기 위한 자동차의 증가는 대기 오염이라는 부메랑으로 돌아오고 있다. 이산화탄소와 같은 온실가스는 지구를 덮고 있는 담요의 역할을 하는데 이것이 지구의 온도를 상승시키는 주범이다.

점점 따뜻해지는 지구는 빙하와 툰드라 동토 지역을 녹이고 있다. 영구 동토층은 화씨 32도(섭씨 0도) 미만, 즉 결빙 상태가 2년 이상 지속되는 토양과 바위를 말하는데, 이는 겨울에 얼었다가 봄이나 여름에 녹는 토양과는 근본적으로 다른 것이다. 북극 동토층이 녹을 경우 야기되는 재앙은 인류가 한 번도 경험하지 못한 것으로 그동안 봉인되었던 죽은 나무나 다른 유기체들이 썩으면서 내뿜는 이산화탄소와 메탄가스, 그리고 수많은 미지의 박테리아와 세균이 무방비 상태의 인류에게 어떤 재앙을 초래할지 현재로서는 알 수 없다.

북극과 남극뿐 아니라 유럽과 북미, 그리고 남미의 만년설들이 녹고 있으며, 빙하가 과학자들이 예상했던 것보다 훨씬 더 빠른 속도로 사라지고 있다는 뉴스 보도들이 방송을 타고 있다. 기후변화에 관한 정부 간 협의체(IPCC)는 2100년에 이르면 해수면 상승 폭이 약 4인치(10센티미터)에서 3피트(90센티미터) 사이가 될 것이라 예측하고 있다. 해수면 상승의 주된 원인은 해수의 열팽창인데 이것은 특히 온대 지역보다 열대 지역에 더 심각한 피해를 준다. 해수면의 높이가 10센티미터만 상승해도 수천만 명의 생존에 부정적 영향을 끼칠 것이기 때문이다. 현대 대도시 대부분은 바다에 면해 있는 경우가 많고 비옥한 농경지들은 삼각주에 위치하기 때문에 염수가 신선한 대수층에 침입하면 농경지가 기능을 상실할 가능성이 높아진다. 지구온난화로 해수 온도가 상승하면 산호 백화 현상이 발생하며 산호 무덤도 만들 수 있다. 지구 평균 온도가 섭씨 1.5도만 더 상승해도 70-90%의 산호가 사라질 수 있다고 전문가들은 경고하고 있다. 현재 속도로 온난화가 진행되면 향후 40년 내 산호초의 절반이 유실될 것으로 전망한다. 사실상 바다 생태계에서 산호초는 매우 중요한 역할을 한다. 어류의 4분의 1을 포함해서 동식물 900만 종이 이 산호초를 서식처로 삼고 살아가고 있기 때문이다.

오염된 물뿐 아니라 물 부족 현상은 인간으로 하여금 기본적인 삶을 영위할 권리까지 박탈하고 있다. 남반구와 동남아시아의 우기 강수량은 증가하는 반면 남유럽, 중앙아메리카, 아프리카, 호주 등은 더욱 건조해지고 있다. 물을 담아 두는 창고 역할을 하는 숲과 나무는 빠르게 사라지고 있고, 물 부족 현상은 이제 일상이 되어 가고 있다. 특히 이런 현상은 아프리카와 같은 가난한 나라 사람들의 생활을 위협한다. 물 부족과 함께 반건조 지대의 사막화 현상은 가축의 과도한 방목, 파괴적 농업 때문에 주로 발생하지만 지구온난화 현상도 직접적인 영향을 준다. 현재 이란, 아프리카 칼라하리 사막, 칠레의 아타카마 사막의 강수량이 감소 중이다. 또한 호주의 사례에서 볼 수 있듯이 폭염도 사막화를 촉진한다.

현재 진행 중인 기후변화는 농업에 종말을 고할 가능성이 매우 높다. 안데스 지역의 경우 예전보다 더 많은 비가 내리면서 감자 생산에 타격을 주고 있고, 아시아에서 벼농사는 불안정한 기후와 강우의 변화로 예전처럼 작물을 수확하는 것이 쉽지 않을 전망이다. 이것은 미래 인류의 식량 안보를 어둡게 만드는 요인이다.

기후변화가 초래하는 위기는 결국 지구를 생활의 무대로 삼는 생명체들을 소멸시킨다. 영국 리즈대학교 크리스 토마스(Chris Thomas) 교수는 지구온난화 현상으로 "1,103종의 3분의 1이 넘는 종들이 지금부터 2050년까지 사라지거나 사라질 위기에 처할 것"[1]이라고 밝혔다. 국제자연보호연맹(IUCN)이 주도한 연구에 따르면 전체 양서류 종 가운데 32%가 멸종 위험에 처했다고 경고했다.[2] 문제의 심각성은 기후변화로 인해 동식물만이 사라지는 것이 아니라는 것이다. 기후위기는 많은 인간들과 문화들까지 위협한다. 한 예로, 캐나다 북부, 미국과 러시아의 오지에 사는 이누이트족은 문화 소멸과 생계 유지에 위협을 받고 있는데 이미 바다표범과 순록이 그들의 삶을 유지할 만큼 충분하지 않기 때문이다. 게다가 온난화로 그들의 얼음집인 이글루조차 지을 수 없게 되었다. 해빙과 얇아진 얼음으로 인해 전통적 삶의 방식인 유목 생활도 유지하기 힘든 지경에 처했다. 오늘날 그들은 기후위기와 문화 소멸이라는 위기 앞에서 약물 중독과 자살 충동의 위협을 받고 있다.

기후위기 앞에서 더욱 암울한 것은 자연재해 사례들이 급증하고 있다는 점이다. 최근 대서양과 카리브해 지역에서 허리케인은 매우 빈번히 발생하고 있고, 그 강도도 점점 세지고 있다. 2005년 미국 남부를 덮친 카트리나는 여러 주에 피해를 주었고 뉴올리언스의 제방 붕괴를 초래하여 도시의 80%를 수몰시켰다. 2006년 미국 재난 당국이 발표한 사

---

1 http://m.jadam.kr/news/articleView.html?idxno=1362 참조.

2 https://www.ibric.org/myboard/read.php?Board=news&id=92195

망자 수는 1,800명에 이르렀고, 가옥 10만 채가 파손되었다. 재산 피해액은 1,000억 달러로 추산된다(장현구, 2015). 2019년 가을 발생한 호주 산불과 2021년 미국 서부 산불도 기후변화의 산물이라는 분석이 나온다. 기후변화로 인한 기록적인 고온 현상이 가뭄과 건조한 땅을 만들고 이것이 산불을 유발하기 쉬운 환경을 만들기 때문이다.

최근 전 세계가 겪은 코로나19 사태를 통해 확인했듯이 지구온난화는 전염병 유행 확률을 높인다. 기후변화는 박쥐나 곤충, 박테리아, 혹은 바이러스와 같은 감염원의 전파를 확산시킬 수 있다. 인간이 야생동물들의 서식지를 파괴하고 그들의 자리를 차지하면 할수록 인간과 감염원 간의 접촉이 증가한다는 사실은 부정할 수 없는 진실이 되었다.

2 기후 정의 문제와 불평등 문제

기후변화는 모든 계층과 모든 국가의 시민들에게 영향을 미치지만 특히 가난한 사람들과 가난한 나라에 가장 먼저, 그리고 가장 큰 타격을 준다. 왜냐하면 이런 지역의 국가들은 기후 재난에 대한 대응 능력이 떨어지기 때문이다. 따라서 "기후위기로 인해 나타나는 피해는 모든 나라에게 공평하게 나타나는 것이 아니다"라는 말이 나오는 것이다. 가난한 나라들은 지구온난화를 야기하는 탄소 배출을 거의 하지 않았으나 피해는 대부분 이 지역 국민들이 먼저 받는다. 코로나19 바이러스는 어느 누구에게나 전염될 수 있으나 선진국의 부유한 가정은 바이러스 노출로부터 자신을 지킬 수 있는 수단이 더 많은 반면 저소득 국가의 국민들은 백신을 빠르게 접종받을 가능성도 낮고, 전염병에 대비한 적절한 의료 서비스를 받을 여력도 부족하다. 사회 안전망 구축이 미약한 가난한 나라들에서는 전염병이 확산될 때 생업에 더 큰 타격을 받기 때문에 기존의 불평등 상황이 악화되는 것을 막기 어려운 것이 사실이다.

해수면 상승 문제만 보더라도 생태적 불평등 문제의 심각성을 알수 있다. 태평양의 아름다운 섬나라 투발루, 인도양의 몰디브, 마셜 제도 등이 현재 수몰 위기에 처한 대표적인 나라들이다. 남태평양에 위치한 22개 섬에 거주하는 700만 명의 주민들은 사실상 온실가스 배출에 있어 0.06%정도밖에 책임이 없는데도 불구하고 생존의 터전을 상실할 처지에 놓인 것이다(서원상, 2009, 124, 재인용). 투발루의 섬들은 해발 고도가 4.5미터 이하여서 현재와 같은 해수면 상승이 진행되면 2060년 정도에 수몰될 것이라는 전망이 나와 있다. 지구온난화의 가속화는 투발루 국토의 3분의 1을 잠식했고, 이미 2개의 섬을 침수시켰다. 흥미로운 점은 투발루 정부가 1만 명 정도 되는 주민들을 이주시키기 위해 미국, 그리고 주변국인 호주와 뉴질랜드에 환경 난민으로 이주를 요청했다는 점이다. 그러나 대부분의 나라들은 난민 수용을 거부했고 뉴질랜드만 1년에 75명 정도만 받아주는 조치를 취했다. 뉴질랜드 정부는 자국에 거주하는 40세 이하의 젊은이로 영어가 가능한 사람만 받아 주고 있다(한영수, 2019). 뉴질랜드가 취한 조치는 투발루 주민을 난민으로 받아준 것이 아니라 취업 비자를 내주는 조치였을 뿐이다. 사실상 투발루는 기후변화에 희생되는 첫 번째 국가가 될 전망이다.

온실가스와 관련된 역사적 책임은 산업 발전을 이룩한 선진국들에게 있다는 것은 누구나 아는 사실이다. 권승문은 기후변화와 관련해서 불평등한 영향과 책임 문제를 언급하며 다음과 같은 점을 강조했다.

작은 섬나라, 건조한 산악 지대 국가, 저지대 연안 국가 등은 기후변화에 더욱 취약할 수밖에 없다. 극단적 기상 이변, 해수면 상승, 농업 생산성 하락 등으로 위험에 처한 국가들은 대부분 아시아와 아프리카, 남아메리카에 위치한 개발 도상국과 최빈국들이다. 하지만 이러한 국가들은 기후변화의 원인인 온실가스 배출량이 매우 적다.

기후변화에 관한 역사적 책임(누적된 온실가스 배출량)은 미국의 비중이 25%로 가장 크고, 독일, 영국, 프랑스, 폴란드를 비롯한 유럽 28개국의 비중은 22%, 중국은 12.7%, 러시아는 6%, 일본 4%, 캐나다 2%, 우크라이나 1.2%, 남아 프리카공화국 1.2%, 멕시코 1.2%, 호주 1.1%를 차지한다. 한국은 1%로, 국가별로는 이산화탄소 누적 배출량이 16번째로 많은 국가다.(권승문, 2020, 3)

그동안 누적 온실가스 배출량에 근거한 평가에 따른 역사적 책임을 살펴보자면 산업 기반을 조성하고 발전한 나라들이 77.4%의 책임이 있다. 또한 인구로 보자면 세계 인구 20%가 온실가스의 70%를 배출하는 데 반해, 고작 3%를 배출하는 저위도의 후진국에 속하는 10억 명의 인구가 피해를 고스란히 떠안는 구조이다(권승문, 2020, 3).

피해 지역에 사는 주민들 중에서도 보다 안전한 지역에 거주하는 상류층은 고통을 덜 겪지만 하류층이 주로 사는 지역은 재앙을 피하기 힘든 실정이다. 게다가 사회적 취약 계층인 아동, 여성, 노인, 장애인, 원주민이나 소수민족, 이주민, 빈곤층 등은 더 큰 타격을 입는다. 이들은 주로 해안 근처, 건조한 산악 지대, 사막화가 진행되는 지역, 농업에 의존한 지역에 거주한다. 이 지역은 주로 1차 산업에 종사하는 사람들이 많은 취약한 곳들이다. 특히 농업에 의존한 경제는 기후변화에 취약할 수밖에 없다. 가뭄, 홍수, 한파, 태풍, 폭염, 대형 화재는 식량 생산에도 영향을 미쳐 가격 상승을 부추길 뿐 아니라 사회적 갈등과 충돌을 초래하는 요인이 된다.

환경 난민을 초래하는 것은 해수면 상승 이외에도 많다. 대표적인 것 중 하나가 최근에 세계적 주목을 받은 중미 카라반(Caravan) 현상이다. 카라반은 중미의 온두라스, 엘살바도르, 과테말라의 주민들이 미국이나 멕시코로 이주하기 위해 형성한 행렬을 가리키는 신조어이다. 마치 실크로드의 대상(隊商)의 행렬을 연상시켜서 이 이름이 붙었다. 사실 이런 식의 이주는 예전부터 있었던 것으로 새로운 것은 아니다. 단지 그 규모가 크지 않았고, 언론에 노출되지 않고 비밀리에 이루어졌다는 차이가 있을 뿐이다. 그러나 2018년 10월 온두라스 산 페드로 술라(San Pedro Sula)에서 160명이 모여 멕시코 북부 지역 국경으로 향한 행렬은 점진적으로 합류하는 사람들이 증가하면서 멕시코에 들어설 때는 7,000명에 이르는 대규모가 되었다. 이런 규모로 커진 것에는 SNS도 중요한 역할을 했다. 행렬은 엘살바도르와 과테말라를 거치면서 더욱 폭증하게 된 것이다.

카라반은 2018년 11월 미국의 중간 선거를 앞두고 트럼프 정부가 반이민 정서를 자극하고 정치에 이용하면서 대외 정책 이슈로 부상하기도 했다. 트럼프의 강경 일변도의 이민 정책과 미국-멕시코 국경 장벽건설은 세계인들의 지탄의 대상이 되었다. 그러나 트럼프는 반이민 정서를 이용하여 보수표를 결집시켰고, 폭스 뉴스와 같은 미디어들은 이를 이슈화시켰다.

　카라반을 태동시킨 중미 지역의 국가들은 일명 '바나나 공화국'으로 불린다. 미국의 직간접적인 지배를 겪은 나라들로 부패한 독재자가 지배했고, 국가 경제가 바나나와 같은 한두 가지 농산물 수출에 의존한 정치적으로 불안정한 국가를 의미한다(박선미 · 김희순, 2015, 150-151). 이 나라들은 바나나나 커피와 같이 한 작물에 경제의 모든 것을 의존하는 시스템을 가지고 있는 국가들이기도 하다. 외국 자본의 실질적인 지배를 받고 있으며 미국 글로벌 기업과 결탁한 부패한 정치가들이 국가를 권위적으로 운영하고 있다는 공통점이 있다. 중미 지역의 정치적 혼란과 경제적 불평등, 1차 상품에 의존한 경제는 가난을 벗어날 수 없도록 만들었다. 이 지역에는 최근 마약, 살인, 갱단의 활동 증가로 인한 치안 부재, 정치적 혼란, 실업 등이 큰 문제가 되었다. 게다가 기후변화의 영향으로 중미 지역에 빈번한 가뭄과 더 강해진 허리케인 때문에 환경 난민들이 발생하게 되었다. 2020년 대서양에서 빈번하게 발생한 허리케인으로 인해 온두라스 인구의 약 10%인 100만 명이 이주했다는 통계가 있을 정도이다. 갑작스러운 폭우로 이재민이 발생하는 일이 잦아졌고, 생계 수단인 커피 재배는 허리케인의 강타로 불가능해졌다. 온두라스는 세계 인구 중 0.12%의 비중을 차지하고 온실가스 배출도 0.03%밖에 배출하지 않지만 기후변화의 희생자로 부각되고 있다(국제구조위원회, 2022).

　환경 난민이란 용어는 비교적 최근에 만들어진 용어이다. 서원상은 환경 난민을 "환경적 요인으로 생존을 위협받아 불가피하게 삶의 터전을 떠나 있는 자"로 정의했다(서원상, 2009, 131). 즉, 환경 실향민이나 환경 이주민을 지칭하는데 단순히 고향을 잃은 사람들이 아닌 타국으로 이주하는 사람들이다. 환경 난민은 지구온난화의 가속화로 계속 증가하고 있다. 라틴아메리카에서도 기후변화 때문에 이주하는 사람들이 많은데 1998년 한 해 동안 베네수엘라에서는 홍수로 200만 명, 페루는 홍수로 50만 명, 멕시코는 가뭄으로 70만 명, 브라질은 가뭄으로 1,200만 명이 피난한 바 있다고 밝혔다(서원상, 2009, 130, 재인용).

멕시코 출신의 청소년 환경 운동가 시예 바스티다(Xiye Bastida)는 2021년 기후정상회의에 참여하여 세계의 정상들 앞에서 화석연료 시대의 종말을 인정할 것과 기후 정의와 사회 정의가 불가분의 관계임을 강조했다. 또한 극심한 가뭄으로 인해 멕시코에서 미국으로 이주할 수밖에 없었던 자신과 같은 기후 난민들의 존재를 인정할 것을 촉구했다. 그녀는 현재의 정치나 경제 체제의 불합리성을 지적하면서 지구촌 문제가 식민주의와 억압, 시장 중심의 자본주의 체제를 고수한 결과이며, 남반구에 대한 착취나 유색인종들의 희생에 기초한 체제라는 점을 부각시켰다(최현준, 2021). 시예 바스티다뿐 아니라 스웨덴의 그레타 툰베리, 콜롬비아의 프란치스코 베라 등은 청소년 환경 운동가들이다. 그들은 모두 "또 다른 지구는 없다", "화석연료 시대의 종말을 인정하라", "시스템을 전복하라", "이윤보다 사람"과 같은 구호를 외치면 지구온난화와 생태 위기의 심각성을 홍보하고 있다.

라틴아메리카는 사실상 가장 불평등한 대륙이라는 불명예스러운 평가를 받고 있는 지역이다. 한때 원자재 값 상승과 중국 시장의 특수로 인해 호황기를 누린 적이 있지만 그 당시에도 불평등 지수는 경제협력개발기구(OECD) 평균보다 월등히 높아 악화된 불평등 상황을 보여 주었다. 대부분의 국가에서 상위 10%는 이미 국민소득의 최대 50%까지 차지한다(Burchardt, 2012, 3). 극심한 불평등은 소득과 자산의 측면뿐 아니라 토지와 교육, 건강과 사회보장과 같은 필수 공공재 부분에서도 두드러진다. 그러나 기후 정의 차원에서 볼 때, 생태와 환경 분야에서의 불평등도 심화되고 있다.

생태 문제나 기후위기의 문제는 경제적으로는 보존과 발전에 대한 문제이기도 하지만 더 나아가 가난한 사람들과 가난한 나라들의 문제와도 연결된다. 특히 불평등 문제는 차등적 책임 문제와 기후 정의라는 문제를 고민하도록 만들었다. 라틴아메리카에서는 소외된 약자, 그리고 희생자의 시각에서 생태 문제를 바라보고 사회 문제와 환경 문제를 연결하는 담론을 발전시켰다. 이 중심에는 불평등이라는 문제가 있다. 대표적으로 생태 문제와 불평등을 성찰한 생태 담론은 생태해방신학과 안데스 우주관인 수막 카우사이에서 발전한 부엔 비비르(Buen Vivir) 담론이 있다.

3 레오나르도 보프의 생태해방신학

1) 레오나르도 보프: 해방신학자에서 생태신학자로

레오나르도 보프는 1938년 브라질의 히우그란지두술(Río Grande del Sur) 지역의 가난한 노동자 집안에서 태어났다. 이탈리아 이민자의 후손인 그는 매우 가톨릭적인 집안 분위기에서 자라났다. 1959년 프란치스코회에 입회했고, 1964년 사제 서품을 받았다. 1970년 독일 뮌헨대학에서 신학박사 학위를 취득하면서 본격적으로 신학 연구에 몰두했다. 1970년부터 1992년 수도복을 벗을 때까지 페트로 폴리스(Petropolis)에 있는 프란치스코 신학교에서 조직신학 교수로 봉직했다.

레오나르도 보프는 2세대를 대표하는 해방신학자로 분류된다. 보통 1세대 해방신학자는 1960년대 말 명성을 얻기 시작한 구스타보 구티에 레즈, 루벰 알베스, 후아루이스 세군도, 스카노네 등을 말하며, 파블로 리차드와 같이 1970년대 말 이후 그 이름이 알려지기 시작한 학자들이 보통 2세대 해방신학자로 불린다. 그는 해방신학과 관련해서 가장 많은 저서와 논문을 발표한 학자로도 잘 알려져 있다. 하지만 세계적으로 알려지게 된 계기는 교황청과의 대립 때문이었다. 그는 1984년 신앙교리 성성이 주재한 '청문회'에 출석했고 최종적으로 징계를 받았다. 그 자리는 서구 역사 속에 빈번히 언급되었던 종교재판과 같은 성격의 것이었다.

1980년대는 해방신학의 암흑기라고 할 수 있다. 로마 교황청은 라틴 아메리카에서 부상하는 해방신학이 일으키는 갈등과 혁명적 기운에 대해 매우 염려했고, 이를 통제하기를 원했다. 결국 교회 내 보수 세력은 반 해방신학 캠페인을 주도했다. 1984년과 1986년 신앙교리성성이 발표한 두 개의 훈령인 「자유의 전갈」과 「자유의 자각」은 해방신학에 대한 견제구 역할을 했다. 교황청 신앙교리성성이 라틴아메리카 신학에 대해 염려한 것은 신학 방법론으로 차용한 마르크스주의 이념과, 신앙의 정치화란 문제였다(커런, 2022, 282).

교황청은 불의와 불평등, 억압과 경제적 종속, 권위주의와 인권 유린이 만연한 라틴아메리카에서 분출되던 혁명의 기운에 해방신학이 이념적 정당성을 제공하고 있는 점에 대해 우려했다. 보프와 같은 해방신학자들의 저술과 설교가 라틴아메리카 엘리트나 기득권층의 불안을 자극하고 있었기 때문이다.

보프는 계속되는 교황청과 그가 속한 프란치스코회의 압력과 견제를 받았기 때문에 한동안 이를 견디면서 해방신학 관련 언급을 자제했다. 그래서 해방신학 관련 저술이나 글을 쓰지 못했다. 그러나 그러는 사이에도 그의 신학적 관심은 위축되지 않았고 오히려 새로운 신학 영역으로 확대되었다. 교회 내부의 박해에 시달리던 보프는 새로운 문제에 눈을 뜨게 되는데 그것은 아마존의 위기, 기후변화, 그리고 생태계의 파괴라는 문제 앞에 신학이 할 수 있는 것은 무엇인가를 고민하는 것이었다. 억압당하는 가난한 자들의 해방 문제에서 착취당하는 자연과 생태계의 해방 문제까지 고민하게 된 것이다. 이렇게 보프는 라틴아메리카 생태신학의 태동과 발전에 결정적으로 기여한 인물이 되었다.

2) 레오나르도 보프의 생태 사상

레오나르도 보프는 해방신학자 중에서 교회론과 그리스도론에 가장 정통한 학자이다. 그는 1990년대까지 생태신학 관련 저술을 발표하지 않았다. 그러나 기후변화 위기가 심화되는 과정에서 아마존의 난개발과 종들의 소멸을 지켜보면서 생태학에 관심을 갖게 되었다. 세계 최대의 열대우림인 아마존은 사실상 생태적 착취가 사회적 착취와 밀접히 연결된 지역이다. 아마존뿐 아니라 거기에 사는 원주민도 개발이란 명목으로 착취당하고 사라질 운명에 처해 있다. 그는 해방신학자로서

1960년대부터 가난한 사람들의 절규를 듣고 있었지만, 1990년대 이후 지구 자체도 울부짖는다는 것을 깨닫게 되었다.

보프는 엘니뇨 현상, 사막화, 산성비, 대기와 수질 오염, 오존층의 파괴, 생물 종 다양성의 소멸을 보면서 현대 세계 안에서 위기의 징후들을 파악했다. 그에게 현재의 지구는 병들어 신음하는 존재이다(Boff, 1996). 해방신학자로서 보프는 사회적 불의가 가난한 사람을 양산하듯이 생태적 불의가 지구를 병들게 한다는 것을 깨달았다. 그러면서 사회적 불의와 생태적 불의가 서로 연결된 것이라는 시각을 발전시켰다.

(……) 억눌린 자의 부르짖음과 지구의 부르짖음을 연관시키십시오. 억압받는 자의 부르짖음은 해방의 공고한 실천에서 기본적으로 집중적인 성찰의 대상이 되었습니다. 여기서부터 해방신학이 탄생했습니다. 기독교 역사상 한 번도 가난한 사람들이 중심적 위치를 차지한 적이 없지만, 악랄한 현실을 의식하면서 해방의 주체로 변했습니다. 이 현실을 극복하기 위해 다른 이들과 함께 조직하기 시작했습니다. (……) 지구도 역시 절규합니다. 계급들을 착취하는 논리는 소수의 부유한 국가들의 이익에 민중을 복속시킵니다. 권력자들도 미래 세대와 나머지 인류를 고려하지 않으며 지구와 그 부를 약탈합니다.(Boff, 1996, 11)

보프는 조수에 데 카스트루(Josué de Castro)의 말을 인용하며 가난이 곧 환경 문제라고 주장한다.

부자 국가들이 제안하는 해결책은 근시안적이고(보호주의, 환경주의) 세계 생태 위기, 특히 가난한 이들이 질병과 수명을 다하지 못하는 죽음을 야기하는 주된 원인인 사회 모델(모형), 발전 패러다임(범례)과 소비 패러다임 자체에 대해서는 의문을 제기하지 않는다(즉 생태 사회학, 심층 생태학, 전체론적 생태학을 하지 않는다). 조수에 데 카스트루는 이 문제를 잘 간파했다. "가난이 우리의 가장 큰 환경 문제이다."(보프, 1996, 21)

보프는 가난과 비참, 불평등을 야기하는 사회 불의는 생태적 불의를 초래하고 그 역도 마찬가지라고 본다. 여기서 보프 신학의 독창성은 자연을 '새로운 가난한 자(nuevo pobre)'로 인식한다는 점이다. 보프는 자연도 인간의 착취와 남용에서 해방되어야 하는 주체로 파악한다. 그래서 그의 생태신학은 곧 '생태해방신학'이다. 그의 생태신학은 이처럼 해방신학의 논리에서 출발하고 있다.

보프는 서구 근대 자본주의 논리를 정당화하는 주류 경제학과 신자유주의 이념, 그리고 그것의 기반인 발전 신화에 대해 비판한다.

사회주의든 부르주아 자유주의든 현대 문명에서 경제학은 무제한적 성장, 다시 말하면 무제한적 생산력 확장의 학문이 되었다. 각국은 매년 연말에 이전 해보다 더 성장했음을 보여 줘야 한다. 이러한 지상 과제로부터 무제한적 발전 신화가 태어났고 이 신화는 적어도 500년 전부터 모든 사회를 악몽처럼 지배하고 있다.(보프, 1996, 28)

보프는 발전 신화의 맹점이 자연 자원의 무한성과 미래적 진보의 무한성을 전제한다는 점에 그 논리적 모순이 있다고 인식한다. 이미 1972년 도넬라 H. 메도즈와 그녀의 동료들은 『성장의 한계』라는 보고서를 통해

서구의 직선적 발전관에 브레이크를 걸었다. 그녀의 연구는 당시의 속도로 경제 성장이 계속된다면, 100년이 지나기 전에 식량 위기, 자원 부족, 환경 오염 등으로 인해 인류가 심각한 현실에 직면하게 되리라는 점을 예고했다. 한마디로 제한된 지구 환경에서 낡은 성장 패러다임으로는 영원한 경제 성장이 불가능하다는 경고였다. 여기서 오늘날 인구에 회자되는 '지속가능한 발전'이나 '지속가능한 미래'라는 화두가 나왔다고 할 수 있다(메도즈 외, 2021, 361-400). 이 보고서는 인류가 단순한 기술의 발전이나 시장의 힘으로는 극복할 수 없는 한계에 봉착할 수밖에 없다는 것을 밝힌 것이다.

보프는 성장 만능주의 안에 내재되어 있는 악마적 요소를 파악하고 경제적 성장이 진정한 발전을 의미하는 것이 아니라는 입장을 표명했다.

무제한 성장 모델 안에는 악마가 자리하고 있다. 이 모델은 노동자 계급에 대한 착취, 주변부 종속 국가들의 저발전과 자연 파괴에 바탕을 두고 있다. 여기서 유추할 수 있는 결론은 경제 발전이 이루어진다고 해서 자동적으로 사회적 발전이 이루어지지 않는다는 점이다. 이와 반대로 사회 발전의 희생하에 경제 발전이 달성된다. 복지는 단지 엘리트 국가나 한 국가의 엘리트층에만 한정되고 자연의 복지는 염두에조차 두지 않는다.(보프, 1996, 28)

보프는 발전이 자연에 반해서 이루어져서는 안 되고 자연과 함께 이루는 발전이라야 진정한 발전이라고 주장했다(보프, 1996, 44-45). 자연에 대한 경외나 생명에 대한 존중이 결여된 발전은 생태계의 지속가능성을 담보할 수 없다고 본 것이다.

보프는 세계적으로 유행하는 '지속가능한 발전' 담론에 대해서도 비판한다. 자본주의 경제 용어인 발전과 생태학적 용어인 '지속가능성'이 서로 양립하지 못하고 모순을 안고 있기 때문이다. 탈성장 이론을 주창한 세르주 라투슈(Serge Latouche)는 지속가능한 발전이란 용어가 생산력 지상주의의 망상에 기초한 용어이고 서구 경제 성장 모델로서 현재의 체제를 변화시키지 않으면서 눈속임을 하는 용어라고 주장했다. 그는 "경제적으로 효율적이고, 생태학적으로 지속가능하고, 사회적으로 공평하고, 민주주의에 기초하고, 지정학적으로 용인 가능하고, 문화적으로 다양한" 발전은 블랙스완(극히 찾아보기 힘든 일)이라고 주장한다(라투슈, 2014, 61-67). 라투슈는 '지속가능한'이란 형용사가 갖는 마술적 능력에 속아서는 안 된다고 주장한다.

> 발전/개발은 치명적인 뇌사 상태에 빠진 것처럼 보이지만, '지속가능한'이라는 형용사와 더불어 부활했다. 왜냐하면 그 당시 세계는 환경 위기에 봉착했고, 이 문제에 정면으로 맞서 답을 내놓아야 하는 이중고에 봉착했기 때문이다. 성장, 발전, 경제 모델을 포기하지 않도록, 이데올로기들은 "지속가능한 성장"이라는 용어를 고안했다. 상황 변화보다 용어 고안이 더 쉬운 작업이다. 최소한 생각이 있는 사람들은 정도의 차이만 있을 뿐, 개발이 지속가능하지 않다는 사실을 안다.(페트렐라 외, 2021, 96-97)

라투슈와 같은 논리로 보프도 현대 인류가 발전에 대한 강박을 포기하지 못하고 있는 현실을 비판한다. 여기서 문제는 '지속가능한'에 있는 것이 아니라 '발전'에 있기 때문이다. 보프는 오히려 극단적 자본주의와 신자유주의 정치 이념이 극복될 때 지속가능한 발전이 가능하다고 주장한다(Boff, 2005, 80). 그래서 그는 '발전'보다 '지속가능성'에 인류가 초점을 맞추어 사유해야 한다고 강변하는 것이다. 그가 보기에 『성장의 한계』 보고서가 발표되었던 1970년대나 지금이나 근본적인 틀은 변하지 않았다. 현 체제는 발전보다는 생태 위기와 불평등, 그리고 가난을 양산하기 때문이다.

보프는 무엇보다 오늘날의 지배적인 체제인 자본주의가 사회악과 동시에 생태악을 초래한다고 주장한다(보프, 1996, 33). 따라서 자본주의 질서로 인해 발생되는 반생태적 결과들에 대해 지적할 필요가 있다고 말한다. 사실상 자본주의는 불과 수 세기에 걸쳐 급격하게 세계를 돌이킬 수 없게 변화시켰다. 제이슨 W. 무어가 지적한 것처럼 "화폐자본의 능력을 통해서 상품 형태를 중심으로 부와 자연과 권력을 생산하는 근본적으로 지구적인 양식이 출현"한 것이다(무어, 2020, 109). 보프는 이런 자본주의하에서 자연이 더욱 고문을 당하고 있고, 과학기술에 체계적으로 약탈당하고 있다고 본다. 따라서 "스스로 자멸하는 발전"을 이끄는 극단적인 자본주의 체제의 조건들로부터 자연을 벗어나게 해야 한다는 입장이다(Boff, 2005, 74-76).

보프는 자본주의뿐 아니라 인간 중심주의 사상에서도 벗어나야 한다는 입장에 서 있다. 왜냐하면 인간 중심주의는 우리 모두가 상호 의존적 관계망 속에 살고 있다는 현실을 잊게 만들며, 이런 측면에서 볼 때 '우주적 연대'라는 보편적 법칙을 부수는 이념이기 때문이다(Boff, 2003, 130). 창조 설화를 다루는 제사문서(「창세기」 1장 1절-2장 4절)는 구원신학을 강조하며 창조의 목적이 인간에게 있고, 인간 이외의 다른 피조물은 인간을 위한 피조물이라는 입장인 반면, 야훼 문서(「창세기」 2장 4절 이하)는 모든 피조물의 연결성과 평화로운 관계를 강조한다는 차이가 있다. 야훼 문서는 창조의 목적이 인간이 아닌 안식일에 있으며, 하느님은 모든 존재들이 안식일의 쉼 속에서 행복을 누리도록 창조했다는 것을 보여 준다(임홍빈, 2008, 145-149). 나오미 클라인(Naomi Klein)은 하느님이 아담에게 필요한 것을 주려고 세상을 창조했다는 논리가 서구 사회에 퍼지며 인간 중심주의가 확산되었다고 주장한다(클라인, 2021, 192). 이것은 서구 사회에 만연해 있는 성경 해석의 오류가 얼마나 뿌리 깊은지 잘 보여 준다. 이런 현실 때문에 보프는 창조신학의 핵심 메시지로 야훼 문서에 더욱 집중한다. 그는 하느님의 모상대로 만들어진 인간을 하느님의 대리자로 자처하고 세상 만물에 대한 지배를 정당화한 것처럼 해석했던 기존의 오류를 극복해야 할 것으로 보고, 창세기 2장 15절의 "가꾸고 돌보도록"이란 구절을 통해 "돌봄(cuidado)"의 신학을 복원해야 할 필요가 있다고 주장했다(보프, 1996, 50-55).

보프의 생태신학은 범신론(Panteísmo)이 아닌 범재신론(Panentesmo)에 서 있다. 범신론은 "모든 것은 신이다"라는 것을 말하며, 범재신론은 "하느님과 피조물이 항상 밀접히 관련되어 있으나 서로 구별된다"는 점을 강조하는 개념이다(보프, 1996, 58-59). 샐리 맥페이그(Sallie McFague)는 "존재하는 모든 것은 하느님 안에 있고 하느님은 만물 안에 계시다. 그렇지만 하느님은 세계와 동일한 분이 아닌데, 이는 하느님이 세계에 의존하지 않는 방식으로 세계가 하느님께 의존해 있지 않기 때문이다"고 범재신론을 설명했다(지벨리니, 2000, 145, 재인용). 비슷한 논리로 이순성은 "자연은 하느님이 창조한 계시의 실재로서 인간이 그 안에서 하느님뿐 아니라 하느님과 인간의 관계를 깊이 있게 체험할 수 있는 현장"이라고 설명했다(이순성, 1998, 6). 『사목헌장』 36항은 "누구나 피조물들의 말 속에서 하느님의 계시와 말소리를 언제나 들어왔다"는 점을 분명히 했다(이순성, 1998, 12, 재인용). 범재신론은 인간이 자연 속에서 그리고 인간들 사이에서 하느님을 체험할 수 있는 이유를 설명하고 있는 것이다.

보프는 생태학을 환경생태학, 사회생태학, 문화생태학, 경제생태학 등으로 세분화할 것이 아니라 통전적(holística) 생태학 혹은 통합적(integral) 생태학으로 나아가야 한다고 주장했다(Boff, 2003, 131-134). 사회와 문화 모두 "생태계라고 하는 거대한 복합체"에 속하기 때문이다(보프, 1997, 251). 보프는 생태학이 세계가 서로 연결되어 있고, 상호 의존적인 네트워크를 이룬다는 점을 가장 명확하게 보여 주는 장점이 있다고 말한다.

레오나르도 보프는 일찍이 지구를 모든 인류가 함께 평화롭게 공존해야 하는 공간이란 의미에서 '공동의 집(Casa Cumún)'이라고 표현했다(Boff, 2005, 84). 하지만 그는 지구는 단순히 인간이 거주하는 장소로만 이해하지 않고 인간 자체가 지구와 분리할 수 없는 하나라고 인식한다. 그래서 생물학자인 제임스 러브록(James Lovelock)이 주장한 가이아(Gaia) 가설을 수용하는 것이다. 러브록은 "생명과 그 환경은 본질적으로 상호 접속되어 있다"라고 주장했다(Boff, 2009, 358). 보프에게 지구는 가이아로서 거대한 생명체이자 생명을 가진 유기체들의 공동체이다(Boff, 2009, 145-146). 그는 우주인들처럼 지구 밖에서 지구를 볼 때 이 가이아로서의 지구를 실감할 수 있다고 설명하고, 지구와 인류는 하나의 유일체인 가이아를 이루고 있다고 주장한다. 그에 따르면 인간도 가이아에 속하는 것이다(Boff, 2003, 133). 같은 의미에서 라틴아메리카 원주민들이 인식하는 대지의 모신(母神)인 파차마마(Pachamama)라는 용어도 자주 사용한다. 이 파차마마는 안데스 원주민들에게 대지의 신이란 이미지로 나타나지만 동시에 지구 자체를 가리키기도 한다. 생명을 주고 부양하는 어머니로서의 자연을 강조한 용어라고 할 수 있다.

보프는 근대 문명이 낳은 폐해들을 수정하고 이를 극복하기 위해서는 도구적 자연관, 극단적 자본주의, 인간 중심주의를 넘어서야 한다고 설파한다. 그는 자연 파괴를 조장하거나 방임했던 우주관을 대체할 수 있는 새로운 우주관을 수립해야 한다고 주장한다(Boff, 2005, 132). 이는 가톨릭 생태신학의 개척자인 토마스 베리(Thomas Berry) 신부가 주장했던 바이기도 하다(이재돈, 2010, 273). 보프는 새 우주관의 수립과 같은 의미로 패러다임 전환의 필요성을 언급한다. 토머스 쿤(Thomas Kuhn)의『과학혁명의 구조』에서 설명하는 패러다임에서 영감을 받은 보프는 지구와 인류를 위해 새로운 패러다임의 전환이 필요하다고 역설하는 것이다. 패러다임은 한 시대의 성원들의 가치나 사고를 규정하는 틀로서의 인식 체계를 말한다. 자연 위에 군림하는 주인이라는 패러다임이 생태 위기를 초래한 구시대의 인식 체계라면, 지구를 살아있는 유기체로, 그리고 자연을 형제자매로 보는 패러다임은 새로운 세계관과 연관이 된다는 것이다(Boff, 1996). 보프는 이처럼 해방신학의 도식인 착취와 해방 도식을 환경 문제로 확장하여 적용하면서 '생태해방신학'을 정식화하는 데 기여했다.

4 프란치스코 교황의 회칙 『찬미받으소서』

1) 회칙 『찬미받으소서』의 등장 배경

프란치스코 교황의 회칙 『찬미받으소서』가 반포되는 데는 아래의 네 가지 요소가 중요하게 작용했다. 첫째는 기후변화 문제로 인해 발생하는 다양한 생태 위기가 심화되는 상황과 이에 대한 과학자들의 경고가 이 회칙을 작성하도록 자극했다. 기후변화 문제는 인류의 생존을 위협했고, 공동의 집인 지구의 존립 자체를 흔들고 있기 때문이다. 회칙은 땅의 탄식과 진통을 겪고 있고, 누이와 어머니인 자연이 울부짖고 있다는 말로 이야기를 시작한다(2항).[3]

둘째, 교회 내적으로 창조신학과 생태신학이 급속하게 발전하고 확산한 것이 영향을 미쳤다. 인류의 미래가 인간과 자연 간의 관계 설정에 달려 있는데도 하느님이 세계와 피조물을 창조했다고 믿는 신앙인들 사이에 생태 의식이 충분하지 못하다는 교회 내적 비판이 있었다. 생존의 터전인 지구가 파괴되는 상황에서 교회는 침묵하고 방관하는 태도로 일관하며 인류 공동의 문제에 적절히 대응하지 못했다는 것이다(최광선, 2016, 126). 따라서 구스타보 구티에레즈 신부 같은 인물도 교회가 구원과 해방, 그리고 창조 세계 돌보기 사이에 어떤 상관성이 있는지 시급하게 씨름해야 한다고 호소했다(카스티요, 2021, 12).

---

3 이후 이 글에서 밝히는 항들은 특별한 언급이 없는 한 모두 회칙 『찬미받으소서』에 해당한다는 점을 밝혀 둔다. 또한 성서 구절의 출처를 밝힐 때 페이지로 하지 않고 장과 절로 하듯이, 회칙은 그 출처 표기를 항으로 표기한다. 여기서도 그 법칙을 그대로 따른다.

셋째, 기후 문제를 다루는 국제 정상 회담이 성과 없이 끝나고, 국제적 합의가 이루어지지 못하는 상황에서 이해관계가 없고 정치적으로 중립적인 교황이 적극적인 움직임을 보여야 할 필요성이 증가했다. 2015년 회칙『찬미받으소서』가 반포되기 이전까지 모든 국제 협정이 효과적으로 기후변화에 대응하지 못한다는 비판이 있었다. 합의가 도출되지 않거나 어렵사리 성사돼도 구체적 실천으로 이어지지 못했다. 교황은 같은 해 12월에 예정되어 있던 '제21차 유엔 기후변화협약 당사국 회의(COP21)'를 앞두고 기후변화 대응을 국제 사회에 촉구하기 위해 이 문서를 반포했다(오형훈, 2020, 5-6).

마지막으로 중요한 것은 이 회칙이 교회의 가톨릭 사회 교리의 발전 과정에서 탄생했다는 점이다. 회칙『찬미받으소서』는 130년 가까운 가톨릭 사회 교리의 전통과 그 진보 과정이 있었기에 출현할 수 있었다. 사회 교리는 가톨릭교회가 다양한 사회 문제에 대한 교회의 가르침을 담은 문서들을 의미한다.[4] 가톨릭 사회 교리를 칭할 때 '가톨릭 사회론'이란 용어로도 자주 사용된다.[5] 이 문서들은 사회 문제 앞에서 성서, 거룩한 전통, 교부들의 가르침을 토대로 복음의 빛과 이성을 결합해 성찰하고 신도들에게 행동 지침과 가치 판단의 기준을 제시하려는 목적을 가

---

4 교황이 집필을 주도해 선포하는 회칙, 교서, 사도적 권고뿐 아니라 공의회 최종 문서, 각국의 주교회의 공식 문서들도 사회 교리 문서에 포함된다. 하지만 최고 권위는 교황이 선포하는 회칙과 공의회 문서라고 할 수 있다. 교황이 발표하는 문서나 연설에는 등급이 있다. 중요도에 따라 회칙, 교서, 권고, 담화, 연설이나 훈화, 강론 등이 있다. 회칙이 가장 수신자의 범위가 넓고 사회적 영향도 더 크다.

5 이 글에서는 프랑스, 이탈리아, 스페인, 라틴아메리카 등에서 많이 쓰는 용어인 '사회 교리'라는 용어를 사용할 것이다. 이 나라들에서는 이미 이 용어가 일반화되어 있기 때문이다.

지고 있다. 사회 교리는 사회 문제를 윤리신학을 통해 성찰하고 신도들에게 윤리 규범을 제시하려는 노력 속에서 발전했다. 그러나 토소가 강조한 것처럼 사회 교리도 크게 보면 교회의 복음화 활동의 일환이자 그 과정에 통합된 부분이라고 할 수 있다(Toso, 1998, 28).

가톨릭 사회 교리에서 생태 문제를 본격적으로 다루기 시작한 것은 라틴아메리카 출신 프란치스코 교황이 처음이다. 그 이전에는 오히려 자연 보호나 생태라는 관점보다 자연의 활용과 지배라는 관점에서 언급하는 일이 잦았다. 교황 요한 23세는 회칙 「어머니와 스승(Mater et Magistra)」 189항에서 다음과 같이 강조했다.

> 하느님께서는 당신의 선과 지혜로써 자연에 거의 무진장한 생산 능력을 주셨고, 인간에게는 적정한 도구를 사용하여 자연 자원을 자기 생활의 필요와 요구에 맞게 변화시킬 수 있는 창의력을 부여했다. (……) 인간은 온갖 과학기술을 활용하여 자연의 힘에 대한 심오한 지식을 갖추고 **자연의 지배를 날로 더욱 확대해야 할 것이다.** 오늘날 과학기술 분야의 진보는 이 문제와 관련하여 미래에 대한 거의 무한한 희망을 보여 주고 있다.(강조는 필자)

그러나 이런 낙관론과는 달리 생태 위기에 있어 서구 그리스도교가 그 책임에서 자유로울 수 없다는 비판들이 등장했다. 1967년 린 화이트는 「생태 위기의 역사적 뿌리(The Historical Roots of Our Ecological Crisis)」라는 논문에서 인류가 직면한 생태 위기가 기독교적 세계관과 불가분의 관계에 있다고 주장했다. 특히 모든 종교 중에서 가장 인간 중심적 특성을 보인 서구 그리스도교가 인간을 자연보다 우월한 존재로 묘사하고 자연에 대한 지배를 신의 이름으로 정당화했다는 점을 비판했다(White, 1967, 1203-1207). 그는 생태학적으로 봤을 때 인간에게 자연에 대한 통제 불가능한 힘을 부여하게 되는 단초를 그리스도교가 제공했다고 본 것이다. 이런 비판은 교회 외부뿐 아니라 내부에서도 나타나기 시작했다. 생태신학자들이나 창조신학을 발전시킨 학자들은 '정복하고 지배하라'라는 말을 하느님이 인간에게 자연을 지배하고 약탈해도 좋다는 의미로 내어 준 허가장이 아님을 밝히며 기존의 해석적 오류를 정정하는 데 기여했다(카스티요, 2021, 119-125).

환경 문제가 점차 인류의 긴급한 문제로 부상하자 가톨릭교회도 문제를 심각하게 인식하기 시작했다. 베네딕토 16세 교황은 2008년 '제21차 세계 평화의 날 담화'와 그 밖의 교황 문헌 중에서 처음으로 지속가능한 발전의 필요성을 강조했고, 지구를 '우리 공동의 집'이라고 표현하며 생태 문제의 중요성을 강조했다(오형훈, 2020, 43). 이처럼 교황의 문서들을 통해서 볼 때 교회 내부에서도 생태 문제에 대한 인식이 확산되고 있었음을 확인할 수 있다. 그러나 생태 문제와 관련한 가톨릭 사회 교리 차원에서 가장 획기적인 변화는 라틴아메리카 출신 교황이 등장하면서 나타났다. 프란치스코 교황은 회칙『찬미받으소서』를 작성하기에 앞서 생태 문제와 연관된 철학, 신학, 사회과학 서적들과 자연과학자들의 견해뿐 아니라 타 종교의 가르침도 성찰했다. 이것은 생태 위기 자체가 전 지구적 문제이고 가톨릭교회 차원의 문제만이 아니며 전 인류의 최대 현안이라는 인식 때문이다.

2) 회칙 『찬미받으소서』의 핵심 내용과 원리

프란치스코 교황은 회칙 『찬미받으소서』가 "우리 후손들, 지금 자라나는 어린이들에게 어떤 세상을 물려 주고 싶습니까?"(160항)라는 질문을 성찰하기 위해 작성되었다고 밝혔다. 세대 간 정의의 문제를 언급하는 것이지만 이 회칙이 작성된 이유를 드러내는 문구라고도 할 수 있다. 그는 먼저 과학자들이 끊임없이 기후변화가 초래하는 위기들을 경고하고 있다는 점을 상기시킨다. 그리고 현재의 체제나 모델이 지구의 지속성을 보장할 수 없다는 점도 분명히 한다. 현 세대의 남용, 낭비, 파괴의 결과를 미래 세대가 짊어져야 하는 것은 부당하다고 강조하며 미래 세대의 불안을 대변한다. 교황은 구체적으로 물 문제와 생물 종 다양성 감소, 각종 오염 문제, 과생산과 과소비 문제를 지적한다. 이 모든 것이 인간의 삶의 질을 저해하며 충만한 삶을 방해하는 요소라고 주장한다(17-61항).

프란치스코 교황은 회칙 『찬미받으소서』를 통해 통합생태론(La ecología integral)을 제안하고, 이런 시각에서 생태 문제를 볼 것을 촉구한다(137항).[6]

생태론은 살아 있는 유기체들과 그 유기체가 성장하는 환경의 관계를 연구합니다. 여기에는 반드시 사회의 삶과 존속의 조건에 대한 성찰과 논의가 따르게 됩

---

6 그는 환경생태학, 문화생태학, 경제생태학, 생활방식, 윤리 분야에서의 생태 문제에 대한 학문적 진보를 인정하지만, 각 분과 영역에 고립되지 않는 통합적 접근을 주문한다.

니다. 또한 발전, 생산, 소비의 모델들에 대한 의문을 제기하는 솔직함이 있어

야 합니다. **모든 것이 서로 관계를 맺고 있다는 사실은 아무리 강조해도 지나치**

지 않습니다. 시간과 공간은 서로 동떨어진 것이 아니며 원자나 아원자 입자조

차도 따로 떼어 놓고 생각할 수 없습니다. 지구의 물리학적, 화학적, 생물학적

구성 요소들이 서로 관련되듯이, 생물종들도 우리가 결코 그 전체를 알고 이해

할 수 없는 관계망을 형성하고 있습니다.(138항, 강조는 저자)

교황이 생태론에 통합적(integral)이란 수식어를 붙인 이유는 생태론

자체가 자연환경 문제를 다룬다는 제한적 인식에 함몰되는 경향이 있어

이 한계를 탈피할 필요성이 있었기 때문이다. 그의 생태론의 핵심은 라틴아

메리카의 대표적인 생태해방신학자인 레오나르도 보프가 "모든 것은 모든

점에서 모든 것과 관련되어 있다(보프, 1996, 15)"라고 표현한 것과 다르

지 않다. 좀 더 종교적 용어로 표현하자면 관계성은 하느님께서 인간을

포함해 창조하신 모든 피조물이 서로 연결되어 있다는 것이며, 그 관계성

밖에 존재할 수 있는 것은 아무것도 없다는 의미이다. 따라서 인간과 피조

물, 즉 창조 세계의 관계는 서로 양육하고 돌보는 관계라는 것이다(백종

원, 2017, 44). 커버는 이 회칙이 사회 문제를 통합적 생태론으로 접근한

다는 점에서 사회 교리의 역사에서 하나의 전환점이 됐다고 평가했다

(Kerber, 2020, 64). 바오로 6세 교황이 회칙 「민족들의 발전(Populorum

Progressio)」에서 통합적 인간 발전 문제를 다루고, 그 후로 출간된 사회

교리 문헌들이 지속가능한 발전 문제를 성찰했다면, 프란치스코 교황

은 통합적 전망을 생태론에 적용하면서 지속가능한 발전과 통합적 인

간 발전을 서로 연결시켰다고 볼 수 있다(Cruz & Mallimaci, 2017, 78).

프란치스코 교황은 생태 위기의 근원에 기술력, 기술 관료적 패러다임의 세계화, 인간 중심주의가 있음을 지적한다(101-136항).[7] 생태 위기의 근원들을 다룬 이 부분은 가톨릭 신학자 로마노 과르디니(Romano Guardini)의 사상과 시각을 그대로 반영하고 있다.[8] 교황은 기술 혁신을 통한 산업 문명의 폭발적 확산 속에서 힘을 올바르게 사용하도록 교육받지 못한 현대인들이 생태적 재앙을 저지하지 못했다고 평가하고, 과학기술의 진보가 진정한 사회적, 도덕적 진보와 동행하는 것이 아니면 위험할 수 있다는 점을 명확히 했다(105항). 인간의 책임과 의식, 그리고 양심의 발전과 함께 성장하는 것이 아니라면 진보라고 할 수 없다는 입장을 견지했다. 왜냐하면 그가 보기에 발전은 공동체 전체의 삶의 질과 관련된 문제이기 때문이다(140항). 기술 관료적 권력 패러다임을 말하면서 교황은 단기적 이익에 눈먼 경제 집단과 기술이 맺은 동맹의 횡포를 다음과 같이 고발한다.

국제 정치의 반응이 얼마나 미약한지 놀라울 정도입니다. 환경에 관한 세계 정

7　회칙『찬미받으소서』는 기술 관료적 패러다임 부분을 언급하는 부분에서 토마스 베리(Thomas Berry)의 '초월적 과학과 기술'이란 개념을 차용했다. 최광선은 이 패러다임이 "경제와 정치를 지배하고 있으며, 구조적으로 빈부격차와 생태 파괴를 불러일으키는 글로벌 자본주의 경제 시스템의 기초(최광선, 2016, 132)"가 되었다고 주장하며, 이 사상은 베리의 것이라고 설명했다. 교황은 현대인이 과학 기술의 맹신에 빠져 지구가 황폐화되더라도 발전을 이루면 과학 기술이 우리와 지구를 구원할 것이라는 과학 · 기술만능주의라는 환상에 쉽게 빠질 수 있음을 경고한다(60항).

8　장동훈은 회칙『찬미받으소서』의 3장 전체가 로마노 과르디니 사상의 지배를 받고 있음을 지적했다. 특히 근대의 종말, 기술 지배적 패러다임과 인간 소외, 그릇된 인간 중심주의의 출현이란 주제들은 온전히 그의 사상에서 길어 온 것이다(장동훈, 2018, 204-213).

상 회담의 실패는 우리의 정치가 기술과 금융에 지배당하고 있다는 사실을 숨김없이 보여 줍니다. 너무나 많은 특정 이익 단체들이 있고, 경제적 이익 단체들은 손쉽게 공동선을 장악하고 그들의 계획에 영향이 없도록 정보를 조작하기에 이릅니다. 「아파레시다 문헌」은 "생명의 원천을 무분별하게 파괴하는 경제 집단들의 이익이 천연자원을 다루는 일에서 우선시되어서는 안 된다"고 말합니다. 경제와 기술의 동맹은 그 즉각적 이익과 무관한 모든 것을 결국 배제시켜 버립니다. 그래서 여기에서는 기껏해야 피상적인 말, 어쩌다 하는 자선 행위, 마지못해 보이는 환경에 대한 관심만을 기대할 수 있을 뿐입니다.(54항)

교황은 "지난 두 세기의 성장이 언제나 통합적 발전을 이끌지 못하고 삶의 질을 개선하지 못하였다"(46항)는 점을 분명히 한다. 그는 환경 보호가 빠진 상태의 발전은 핵심이 빠진 거짓 발전이라고 본 것이다. 생태신학자 대니얼 카스티요는 이처럼 교황이 개발주의 패러다임과 기술 관료 체제를 세계화와 연결시켜 비판한다는 점을 강조했다(카스티요, 2021, 129-133). 교황은 세계화 프로젝트의 사회경제적 구조가 생태 문제나 사회 위기에 적절히 대응하기를 어렵게 만들었다고 판단한다. 물질의 소비에 기초한 경제 체제와 더 많은 경제적 이익 창출만을 중시하는 합리성의 전개는 자연 파괴와 사회적 불평등을 강화시켰기 때문이다. 시장 절대주의는 경제적 패권을 지닌 세력의 배를 불리고 대다수 인간들에게는 큰 도움이 되지 못한다고 본 것이다.

교황은 시장의 논리로 환경 문제의 해결이 불가능하다는 입장을 보인다. 시장 자체가 통합적 인간 발전을 보장하지 않는다는 점을 분명히 했다(Cruz & Mallimaci, 2017, 79). 자본주의 체제에서는 환경이나 생태도

재화나 제품으로 전환되고 오히려 더 경쟁력 있는 상품으로 전락할 수 있기 때문이다(Girardi, 2014, 126).

교황은 지난 500년간 무제한적인 성장이 가능하다는 발전에 관한 신화가 인류를 악몽처럼 지배했고, 인류가 자연을 인간에게 봉사하는 원자재나 자원으로 격하시켰음을 인정한다. 이것은 서구 근대 사유의 영향이 도구론적(혹은 기계론적) 관점을 일반화시켰고, 이에 토대를 둔 논리들이 인간과 동물, 자연을 포함한 모든 존재를 평가하는 척도로 작용했기 때문이다. 특히 인간 중심주의가 자연과 피조물의 내재적 가치를 부인하도록 하는 데 기여함으로써 생태적 민감성을 둔화시키는 요소였다고 평가한다(92-105항). 따라서 교황은 자연이 우리 인간만을 위한 배경이 아니며, 오히려 인간이 피조물의 일부일 뿐 아니라 자연의 한 부분을 이룬다는 점을 회칙의 여러 곳에서 강조한다(139, 141항).

교황은 기존의 발전주의가 발전의 방향을 경제적 성장에만 맞추었고, 자연과 인간에 대한 약탈을 방치했다는 점을 지적한다. 서구 근대 논리에 바탕을 둔 현 경제 체제가 인간의 존엄성, 특히 체제 자체에서 버림받은 자들의 존엄성에 미치는 부정적 영향은 물론, 지구의 지속가능성 자체를 위협했고, 존재의 '물질화'와 자본에 대한 우상 숭배를 초래한다고 본다. 극단적 자본주의가 득세하고 시장 절대주의가 유일한 세계의 규칙이 되어 가는 현실에서 교황은 경제와 발전에 대한 다른 개념과 이해 방식을 찾으라고 요청할 뿐 아니라, 인류가 발전을 새롭게 정의해야 하는 시점에 도달했다고 주장한다(194항).

교황 프란치스코는 특별히 재화의 보편적 목적, 공동선에 봉사하는 경제 또는 노동의 존엄성과 같은 원칙을 제안한다. 공공재인 기후(27항),

공동의 집(24항)이란 표현을 통해 재화의 보편성을 강조한다. 특히 그는 사유 재산이 자연스러운 권리이고 필요하지만, 물질적 재화의 보편적 목적에 부합해야 한다는 측면에서 사회적 성격을 다음과 같이 강조했다.

> 오늘날 우리는 신앙인이든 아니든 모두, 지구가 본질적으로 공동 유산이므로 그 열매는 모든 이에게 유익이 되어야 한다는 사실에 동의합니다. (……) 하느님께서 모든 이를 위하여 세상을 창조하셨기 때문입니다. 따라서 모든 생태적 접근은 가장 취약한 이들의 기본권을 배려하는 사회적 관점을 포함해야 합니다. 그래서 사유재산이 재화의 보편 목적에 종속된다는 원칙, 그리고 이에 따른 공동 사용 권리는 사회 활동의 '황금률'이고 "윤리적 사회적 질서 전체의 제1 원리"입니다. 그리스도교 전통은 사유 재산권을 절대적이거나 침해할 수 없는 것으로 인정한 적이 없으며, 모든 형태의 사유 재산의 사회적 기능을 강조하였습니다.(93항)

회칙 『찬미받으소서』에서도 다른 사회 교리 문서에서와 같이 공공선, 연대성이 핵심 원리로 부각되어 있다. 또한 공동체적 시각과 약자인 타자에 대한 배려가 묻어난다.[9]

프란치스코 교황은 기후변화와 불평등에 의한 사회적 위기를 타파

---

9 백종원은 회칙 『찬미받으소서』의 핵심 원리로 공공선, 연대성, 세대 간 정의를 언급했고, 프란치스코 교황의 회칙 『모든 형제들』을 분석한 방종우는 프란치스코 교황의 사상의 토대로 공동체성과 타자성을 중요하게 평가했다(백종원, 2017, 29-35; 방종우, 2021, 96-130). 공동체성과 타자성의 시각은 회칙 『찬미받으소서』에서도 중요한 배경이 되고 있다. 특히 회칙 『찬미받으소서』는 다른 문서들보다 공동체성과 세대 간 정의의 원리를 강조하는 특징을 보인다.

하고 그 대안을 찾는 데 있어 공동체적 차원을 강조한다. 공동체적 시각은 타자에 대한 인정과 존중에 토대를 둔다. 이 뿌리에서 책임감이 형성되기 때문이다. 교황은 그러면서 새로운 발전 개념에는 공동체성, 공공선, 연대라는 원리들이 중심축이 되어야 한다는 점을 분명히 한다. 왜냐하면 근대 이후 계속적으로 공동체 의식이 약화되어 왔기 때문에 근대적 삶의 방식을 극복하기 위해 공동체성을 필수 불가결한 것으로 본 것이다.

교황은 생태 위기를 극복하는 방안으로 생태 영성, 생태 교육, 그리고 중용적 자세를 제시한다. 영성과 교육이 신도들과 사람들의 생활 양식과 의식을 변화시킬 수 있다고 믿기 때문이다. 특히 생태 영성의 핵심은 '생태적 회심'으로 종합된다. 생태적 회심은 피조물에 대해 파괴적이었던 지난 삶의 양식을 반성하고 하느님이 창조한 피조물과의 조화로운 관계로 전환하는 것을 의미한다. 여기에는 인간 스스로 일부 욕구를 다스리고 공동체나 타인을 위해 개인주의에서 벗어나는 것이 포함된다(204, 208항).

그가 보기에 생태 위기는 인간 활동이 불러온 재앙일 뿐 아니라, 윤리 문제이기도 하다. 따라서 교황은 바르톨로메오 총대주교의 말을 인용하며 환경 파괴가 공공선을 해치고 하느님 창조에 대한 파괴임으로 죄라고 말한다(8항). 실제로 2008년 교황청 내사원은 환경 파괴를 죄의 범주에 포함시켰다(오형훈, 2020, 132). 교황이 생태적 회심을 촉구하는 것은 창조주인 하느님과 피조물인 자연, 그리고 인간 간의 조화로운 관계의 회복을 바라기 때문이다. 일상에서 돌봄의 문화가 확산되도록 하는 것으로 윤리적 또는 영적 각성을 촉구하기 위한 것이다(231항).

5 남반구의 생태 사상:
기후위기와 불평등을 바라보는 희생자들의 시각

해방신학이 학계에 등장했던 초기에는 생태 문제와 그 심각성에 대해 깊이 성찰하지 못했다. 해방신학이 생태 문제를 인식하기 시작한 것은 가난한 사람들의 비참한 처지를 통해서였다. 농촌과 열대 우림 속에 거주하는 가난한 사람들은 자연재해에 취약했고, 동시에 비참한 가난은 그들로 하여금 화전과 같은 생태계 파괴를 주도하기도 했던 것이다.

레오나르도 보프는 한마디로 가난한 사람들, 그리고 체제의 희생자의 눈으로 세상을 바라보았고 신학 체계를 구축했다. 해방신학자들의 인식의 출발점은 가난한 사람들이고, 그들의 상처였다. 그가 추구하는 목표는 이들이 겪는 고통과 상처의 치유와 이들의 해방이었다. 보프는 "가난한 사람들에 대한 우선적 선택"이라는 해방신학의 모토에 충실했다.

보프는 해방신학과 생태 담론이 어떻게 연결되는지 설명하면서 두 담론 모두 착취와 억압, 불평등의 현실이 초래하는 상처와 고통에 대해 강조한다고 말한다. 기후위기로 인한 지구의 절규나 가난한 사람들의 울부짖음이 결국 같은 불의와 착취라는 비극적 현실에 뿌리를 두고 있기 때문이다.

해방신학과 생태 담론은 공통된 것을 갖고 있다. 이 둘은 피 흐르는 두 상처들에서 출발한다. 가난의 상처는 전 세계에 걸쳐 존재하는 수천만 가난한 사람들의 사회 형태를 파괴하고 있다. 다른 상처는 지구에 조직적으로 가해지는 공격이다. 이것은 우리의 행성 지구의 균형을 붕괴시켜 가는 중이다. 우리 시대에 지구가 발전이라는 명목으로 지구촌화된 사회들이 자행하는 약탈에 노출되어 생존의 위협을 겪고 있다. 성찰과 실천 두 노선 모두 울부짖음을 자신들의 출발점으로 갖는다. 생명과 자유와 아름다움을 향한 가난한 사람들의 울부짖음(탈출 3, 7 참조)과 억압하에서 신음하는 지구의 울부짖음(로마 8, 22-23 참조)이 그것이다. 둘 다 모두 해방을 추구하는데, 하나는 가난한 이들에 의한 가난한 이들 자신의 해방이다. 이것은 가난한 이들이 조직되고 의식화된 능동적 주체로 행동하는, 그리고 대의에 따라 투쟁하는 다른 존재들과 연대하여 소통 체계를 형성할 주체로 행동하는 가난한 이들의 해방을 겨눈다. 다른 하나는 지구의 해방이다. 이것은 지구와 인간 존재들 사이의 새로운 계약을 통해서, 그리고 지구와 인간 사이의 형제적 관계 안에서, 또 다른 생태계들을 존중하며 미래 세대들의 생명의 질을 훌륭하게 지켜 가는 지속가능한 발전과 더불어 실현될 것이다.(보프, 2018, 225-226)

보프는 마치 별개일 것 같은 해방신학과 생태론이 서로 연결되는 지점이 사회적 억압과 착취 등과 같은 인간의 참상임을 지적했다. 그는 지구 환경과 생태계가 온전히 유지되기 위해서는 먼저 불의나 불평등이 극복되어야 하며 사회적 생태계와 생명들의 관계가 정당하게 서 있어야 한다는 점을 강조한다.

이 인간 참상이 해방신학이 생태론을 성찰하는 출발점이다. 달리 말하자면, 사회 생태가 그 출발점인데, 해방신학은 인간 존재들, 창조계에서 가장 복잡한 존재들이 서로 관계를 형성해 가는 방식과 인간 존재들이 자연 안에서 다른 존재들과 자신들의 관계를 조직화해 가는 방식에 관심을 갖는다. 현재는 매우 착취

적이고 참으로 잔인하게 배타적인 체제하에서 이러한 관계가 발생하고 있다. 우리는 억눌린 이들과 배제당하는 이들의 울부짖음에 직면해 있다(보프, 2018, 240).

보프는 생태 정의의 실현을 위해서는 사회 정의가 절박하게 필요하다고 주장한다. 그는 기후위기를 극복하기 위해서는 무엇보다 사회적 정의가 실현되어야 한다는 입장이다. 생명을 보전하기 위해서는 기본적 존엄이 존중되어야 한다는 것이다.

보프는 자본주의 사회 체제와 축적 시스템에서 노동자들이 착취당하는 것과 같은 논리로 자연도 착취당한다고 주장한다. 즉 자연이 마치 근대 이후 수 세기 동안 슈퍼마켓에 진열된 상품처럼 언제나 소비될 준비가 된 자원으로 취급당했다는 것을 의미한다. 보프는 무엇보다도 자연이 인류 전 구성원이 함께 살아갈 터전이며 공동의 유산임을 강조한다.

보프는 불평등 문제를 인류의 공존과 평화를 위협하는 요소로 본다. 그는 우주선에 비유해 지구의 불평등 상황을 지적했다. 지구의 인구 5분의 1이 객실에 앉아 편안하게 여행하면서 생산물의 80%를 소비하고 있는 반면 나머지 5분의 4는 짐칸에 타고 있으며 단지 생산물의 20%를 소비하며 굶주림과 불편함을 겪고 있다고 언급했다. 불공정한 상황과 체제를 인식한 짐칸의 사람들은 반란을 성공시켜 체제를 변화시킬지 아니면 실패하여 우주선과 함께 나락으로 떨어질지 선택하게 될 것이라고 경고한다(보프, 2018, 239).

생산의 증대와 물질적 풍요를 진보로 정의한 자본주의는 경이로운 물질적 발전을 이루었다. 약 300년간 자본이 주도하고 기술적 발전이 보조하면서 인류는 전례 없는 풍요를 구가했다. 그러나 이러한 변화는 비인간적인 측면들을 내포하고 있었고, 생태계에도 심각한 부작용을 선사했다. 보프가 먼저 강조하는 것은 환경적 폐해보다도 가난한 사람들이 당하는 피해였다. 그것은 수많은 사람들이 당하는 고통과 때 이른 죽음과 관련이 있었다. 따라서 그는 최소한의 사회 정의가 보장되는 체제가 필요하다고 지적한다. 동시에 지구 역시 서구 근대성이 주도한 발전 모델과 자본 축적 체제로 인해 자연이 절규하고 있다고 주장하며, 가난한 사람들과 지구가 모두 동일한 문제와 원인으로 인해 고통받기에 둘 모두는 해방을 목표로 나가야 한다고 선포했다. 그는 가난한 사람들이 평화를 찾고 지구도 평화를 찾을 때 사회 정의와 생태 정의가 완성된다고 본다.

보프는 가난한 사람들의 해방뿐 아니라 모든 인간 존재들이 모두 해방되어야 하며, 지구를 착취하고 모두를 노예화하는 패러다임으로부터도 해방되어야 한다고 주장한다(보프, 2018, 242). 구스타보 구티에레즈가 지적한 것처럼 가난과 불의, 불평등은 인간을 비인간화하는 요소이며 악이다(구티에레즈, 1990, 367-376).

프란치스코 교황도 기후위기나 불평등과 관련해서 기본적으로 보프의 인식과 맥을 같이하고 있다. 프란치스코 교황은 생태 문제를 단순히 환경 위기의 문제로 축소하지 않고 가난한 사람들의 절규와 연결 지으면서 두 재앙이 같은 뿌리에서 파생된 문제임을 지적한다. "우리는 환경 위기와 사회 위기라는 별도의 두 위기가 아니라, 사회적인 동시에 환경적인 하나의 복합적인 위기에 당면한 것입니다"(139항)라는 시각을 견지한 것이다. 그는 볼리비아 주교단의 문서에서 "일상생활의 체험과 과학 연구는 가장 가난한 이들이 모든 환경 훼손의 가장 심각한 영향을 받는다는 것을 보여 줍니다(48항)"라는 문장을 인용하며 기후변화의 피해가 지역적으로는 제3세계, 사회적으로는 약자에게 더 크게 나타난다는 점을 분명히 했다.[10] 따라서 교황은 자연, 즉 창조 세계를 돌보는 것은 곧 환경 파괴를 막는 것이지만, 그것은 동시에 사회 정의의 실현도 촉진한다고 본다.

프란치스코 교황은 『찬미받으소서』에서 특별히 세계적 불평등 문제를 언급하면서 이 문제가 환경 문제와 깊이 연결되어 있다고 주장한다. 그는 불평등한 분배 문제와 소비 문제를 지적한다.

현재의 분배 방식에서는 소수의 사람들이, 보편화될 수 없는 방식으로 소비할 권리가 자신에게만 있다고 믿습니다. 지구가 그러한 소비로 발생하는 쓰레기조차 감당할 수 없기에 그렇다는 것입니다. 그런데 우리는 생산된 식량 전체의 거의 3분의 1이 버려지고 있다는 것을 알고 있습니다. 우리가 음식을 버릴 때마다, 그 음식은 마치 가난한 이들의 식탁에서 훔쳐 온 것과 같은 것입니다. 국가와 세계 차원에서 인구 밀도의 불균형에 대해서도 관심을 기울여야 합니다. 소비 증가는 환경오염과 교통, 쓰레기 처리, 자원 손실, 삶의 질과 관련된 문제들이 서로 얽힌 결과로 복잡한 지역 사정을 일으킵니다.(50항)

---

10 파리협정에서도 선진국과 비선진국을 자주 구별하는데 이것은 기후변화 피해가 약소국과 사회적 약자에게 더 크게 나타나기 때문이다. 비선진국 당사자들이 이런 논리를 계속 주장하며 자신들의 의견을 국제적 협정에 반영하려 노력하는 이유는 선진국과 비선진국의 입장이 다르기 때문이다(오형훈, 2020, 51).

동시에 사회적 불평등은 사회의 가장 취약한 부분인 가난한 사람들에게 그 폐해를 집중시킨다는 점을 상기시킨다.

인간 환경과 자연환경은 함께 악화됩니다. 우리가 인간 사회의 훼손의 원인들에 주의를 기울이지 않는다면 환경 훼손에 적절히 맞서 싸울 수 없습니다. 사실 환경과 사회의 훼손은 특히 이 세상의 가장 취약한 이들에게 영향을 미칩니다.(48항)

교황은 환경 문제와 불평등 문제를 마치 별개의 것처럼 분리해서 다루는 태도를 비판한다. 특히 가난한 사람들의 절규와 환경 문제의 심각성은 같은 뿌리를 두고 있다고 지적했다.

때로 사람들은 말로는 '환경'을 옹호하면서도 이러한 태도를 취합니다. 그러나 오늘날 우리는 참된 생태론적 접근은 언제나 사회적 접근이 된다는 것을 깨달아야 합니다. 그러한 접근은 정의 문제를 환경에 관한 논의에 결부시켜 지구의 부르짖음과 가난한 이들의 부르짖음 모두에 귀를 기울이게 해야 합니다.(49항)

프란치스코 교황은 환경에까지 심각한 폐해를 양산하는 이런 불평등한 상황과 구조는 한 국가 내에서만 일어나는 것이 아닌 세계 차원에서, 즉 국가와 국가 간에도 나타나는 상황임을 강조한다.

불평등은 개인에게뿐만 아니라 모든 나라에 영향을 미칩니다. 그렇기 때문에 불평등은 국제 관계의 윤리도 생각해 보게 합니다. 현실적인 '생태적 빚'은 특히 남반구와 북반구 사이에 발생한 것으로 환경에 영향을 미치는 상업적 불균형, 그리고 특정 국가들이 장기간에 걸쳐 천연자원을 지나치게 이용한 사실과 관련됩니다. 산업화된 북반구의 시장을 충족시키려고 천연자원을 수출한 결과로 금광 지역의 수은 오염과 동광 지역의 아황산 오염과 같은 지역적 피해가 발생하였습니다.(51항)

교황은 아프리카 사례를 대표적으로 언급하지만 동시에 자신의 고국인 아르헨티나 파타고니아-코마우에 주교단의 성탄 메시지를 인용하면서 제3세계의 상황을 묘사한다.

일부 부유한 국가들의 엄청난 소비로 야기된 온난화는 세계의 가장 가난한 지역, 특히 아프리카에 영향을 미칩니다. 아프리카에서는 기온 상승이 가뭄과 맞물려 농업에 막대한 피해를 주고 있습니다. 고체와 액체 상태의 독성 물질을 개발도상국에 수출하고, 자본을 대는 나라에서는 결코 할 수 없는 방식으로 저개발국에서 기업을 운영한 데 따른 오염으로 발생되는 피해도 있습니다. "우리는 이러한 방식으로 운영되는 기업들이 흔히 다국적이라는 것에 주목합니다. 그들은 선진국, 이른바 '제1세계'라고 불리는 국가에서는 절대로 하지 않을 짓을 이곳에서 저지릅니다. 일반적으로 그들이 기업 활동을 중단하고 철수하고 나면, 실업, 활기 없는 마을, 천연자원의 고갈, 삼림 파괴, 지역 농업과 축산업의 몰락, 노천광의 웅덩이, 훼손된 언덕, 오염된 강, 유지가 불가능한 사회 시설과 같은 인간과 환경에 부담이 되는 짐만 남게 됩니다."(51항)

교황은 이런 국가 간의 불평등 문제의 책임을 지적하면서 그동안 개발을 통해 이득을 취한 선진국에 더 큰 책임이 있다고 꾸짖는다. 그는 생태 문제는 모든 사람, 모든 국가에게 책임이 있지만 그것은 한마디로 차등적 책임임을 주장한다.

> 가장 가난한 지역과 나라들은 환경 영향을 줄일 수 있는 새로운 방식을 채택하기가 어렵습니다. 그에 필요한 과정을 개발하고 그 비용을 충당할 만한 여유가 없기 때문입니다. 우리는 기후변화에 관하여 차등적 책임이 있다는 것을 끊임없이 인식해야 합니다.(52항)

레오나르도 보프와 프란치스코 교황은 라틴아메리카적 시각, 즉 그들이 살아왔던 남반구의 시각을 잃지 않고 희생자, 가난한 사람들, 개발도상국의 입장에서 기후위기 문제를 성찰한다. 라틴아메리카에서 환경과 생태 문제를 생각하는 지식인이라면 가난과 불평등 문제는 피해 갈 수 없는 주제이다. 이들은 가난과 불평등 문제의 해결 없이 생태 위기를 극복할 수 없다는 것을 잘 알고 있다. 그래서 선의의 사람들, 세계 시민, 신도, 정치 지도자들을 향해 가난과 불평등 문제 해결을 위해 전 인류가 노력할 것을 촉구하는 것이다.

제 2 장

안데스 중부 호수 티티카카의 생태학으로 본 두 부족민의 불평등

/

윤춘식

/

1 들어가며

기후변화는 최근 한국 문학에서도 이슈가 되고 있다. 『창작과 비평』 199호(2023년 봄)의 「자본주의 악천후와 이행의 감각」에서는 지구온난화 현상, 불평등, 폭염과 오염이 다루어졌다. 기후 재난과 현실 감각, 사회적 약자의 권리를 충분히 보장하지 못한 사회 제도의 미흡함을 언급하는 것이 아니라, 애초에 특정 부분을 누락한 그 구멍 난 토대 위에서 작동하는 정치, 사회적 차별과 불평등의 논의이다. 사회의 부조리한 병폐와 모순에 대한 증상을 작품의 의미를 따라 설명하고 있다. 자본주의의 위기와 더불어 생태 환경의 위협에서다.

이 인공호수는 32년간 물을 간 적이 없다.

사람이 죽어도 떠오르는 것만 건졌다.

(……)

인공호수에 32년간 무엇이 빠지고 또 건져졌는지

알 수 없는 것처럼

아무것도 믿기지 않았다

—김상희의 시, 「어떻게 생겼나요?」

인공호수는 도시 속에 인위적으로 만들어진 또 다른 자연이다. 비(非)자연화를 추구하는 도시의 시스템과 사회화된 자연(공간)의 시스템과의 만남이다. 죽음을 삼킨 채 잠잠하게 32년간 물을 간 적이 없는 인공호수는 ① 호수의 생명체에 대한 무관심, ② 전 지구적 생태 위기를 거론하는 거대 담론에 속한다. 최근 한국 시와 소설에는 여름이나 빛의 이미지가 전례 없이 자주 등장하는 편이다. 왜 다른 계절이 아닌 여름인가? 그리고 어둠이 아니고 빛인가? 섬세한 분석이 필요하겠지만 세계 전체를 지배하고 있는 거대한 담론은 계절이나 기후, 그것도 무더운 여름이다. 세계 문학 역시 변화무쌍하고 광범위한 기후의 영역들과 생태계를 소재로 삼고 있다. 상처받고 상실해 가는 비정상적 상태를 작품 활동의 동기로 삼는다. 그러기에 대중에게 더욱 큰 영향을 끼치는 것이다. 닥쳐올 위기를 소홀히 할 수 없다는 이정표와도 같다.

우리 또한 먼 곳에 흥미를 갖고서 연구하고 있다. 과연 우리의 담론이 오늘 이야기하고자 하는 그 대상들에게 전달될 수 있을까? 결국 소통의 문제이다. 생태계에 대한 문학의 자각은 이제 먼 곳과 가까운 곳의 삶이 동시적이라는 사유에서 출발한다. 위협은 먼 곳에도 있지만 가까운 내 발밑에서도 감지된다. 가령, 안데스는 먼 남아메리카 대륙에 존재하지만, 내 발밑에도 빙하가 있고 오염이 있으며 낭떠러지도 있다는 것이다. 즉, "날씨가 나를 망친다"라는 비평 의식을 담고 있다. 이렇게 최근의 문학 또한 생태계와 기후변화, 기후 붕괴에 접근하고 있다. 중남미의 문학도 예외는 아닐 것이다.

페루의 문화인류학자이며 작가인 호세 마리아 아르게다스(José María Arguedas)라는 인물이 있다. 마리오 바르가스 요사는 청년 시절까지 아르게다스의 영향을 받으며 그를 따랐지만, 훗날 아르게다스를 비판했다. 요사는 아르게다스가 문학적으로는 빼어난 작품을 썼지만 그것은 아름다운 거짓말이자 시대착오적인 유토피아에 지나지 않는다는 맥락의 비평, 『케케묵은 유토피아: 호세 마리아 아르게다스와 원주민주의 픽션(La Utopía arcaica: José María Arguedas y las ficciones del Indigenism)』을 썼다.

요사는 혁명적 헌신으로 알려진 라틴아메리카 원주민 운동의 가장 중요한 구성원 중 한 명인 아르게다스에게 가까이 다가간다. "아르게다스에 대한 나의 관심은 그의 작품 때문만은 아니다. 그의 작가 정신도 특권적이고 한심하다. 먼저 두 세계, 두 언어, 두 문화, 두 개의 역사적 전통으로 나누어진 나라에서 그는 두 현실, 백성의 비참함과 위대함에 대한 친밀한 지식을 획득했기 때문에 특권을 누렸다. 다음으로 그러한 대립적인 두 세계에 뿌리를 내리고 있었던 것이 결국에는 뿌리째 뽑히는 사람으로 만들었기 때문에 한심하다. 인류학자, 대학 교수, 전투적 지식인, 이렇게 아르게다스는 좋은 사람이자 좋은 작가였지만, 극도의 민감성, 관대함, 독창성 및 이데올로기적 혼란으로 인해 환상, 사적 기억 그리고 서정에 대한 자연스러운 소명을 포기하고 사회, 토착과 혁명적 문학을 만들어 내도록 그가 활동한 미디어 분야 및 지식인으로서 받는 정치적 압력"이라고 평가했다. 그러나 요사는 페루 원주민의 토착 세계를

〈그림 1〉 • 마리오 바르가스 요사의 『케케묵은 유토피아』.

출처: 아마존 웹사이트.

소홀히 했던 결과 1990년 대통령 선거에서 알베르토 후지모리(전 페루 대통령)에게 패하는 요인이 되었다 해도 과언이 아니다.

요사는 십대에 아르게다스에게 사숙하기도 했지만, 아르게다스가 안데스의 원주민 세계를 누구보다 존중하며 지향했었던 인디오화 자체는 수용하지 못했다. 따라서 원주민들의 표밭을 겨냥했던 후지모리에게는 요사와는 달리 대선에 당선될 수 있었던 실제의 역사, 즉 안데스 원주민에 대한 문화적 존중과 이해의 문제가 대선의 당락을 결정지었던 것이다. 이러한 일련의 정치적 배경을 갖고 있는 안데스 중부권의 불평등 문제는 그곳의 인디오들을 대상으로 삼게 된다. 그렇다면 과연 그곳을 관통하고 있는 안데스 산맥과 티티카카 호수를 어떻게 담론으로 담아낼 수 있을까? 앞서 말한 인공호수가 아닌 안데스의 이 거대한 자연 호수를 말이다.

한국의 크리스천에게는 이스라엘의 갈릴리 호수가 더욱 친근할 것이다. 티티카카 호수 전체 면적은 약 8,300제곱킬로미터 크기로, 갈릴리 호수의 50배에 달한다.

1) 빙하가 여기 있었다

"파스토루리(Pastoruri) 빙하가 여기 있었다(2015년 표지판)." 주위에는 바위뿐, 멀어져가는 얼음 덩어리의 맨 앞부분은 수 백 미터 떨어져 있다. 페루의 우아스카란(Huascarán) 국립공원 코르디예라 블랑카에 위치한 눈이 빠르게 녹아드는 기후변화의 현장, 여기에 온 것을 환영한다. 한 때 얼음 동굴로 유명했던 곳이 둘로 갈라져 대부분 호수로 변했다. 현재는 얼음 조각을 떼어 내지 말라고 요청받는다. 지금은 더 큰 손상을 막기 위해 빙하의 몇 부분을 밧줄로 묶어 놓았다. 마크 라이너스(Mark Lynas)가 쓴 『최종 경고: 6도의 멸종』에 의하면 그의 부친 시대인 1980년대 지질 탐사대의 발자취를 살펴보면서, 우아리(Huari)라는 작은 도시 위쪽 동부의 외딴 빙하로 가는 여정에서 2002년 그 빙하는 사라지고 없었다.

페루에서 가장 높은 봉우리가 솟아 있는 주요 도시인 와라스(Huaraz) 주민들은 가뭄을 맞게 된다. 물의 90%를 빙하 속의 물(담수)에 의존하고 있기 때문이다. 이러한 담수가 없다면 농지에 공급할 관개 시설도 무용지물이 될 수밖에 없다. 수도 라파스 주변의 생활은 산악 빙하로부터 흘러오는 물 공급량에 있어 연간 평균 15%를 얻는다. 건조한 시기에는 의존량이 많아져 무려 공급의 85%까지 증가한다. 최근 블랑카 산맥에서 빙하 3분의 1을 잃었다.

2 폭염 난민의 증가 추세: 온실가스와 기후 상승

2000년대 초반 극도로 더웠던 여름과 같은 폭염이 1세기에 두 번 정도 찾아올 것이란 예상을 벗어나 이제는 10년에 두 번 꼴로 닥치게 된다. 예를 들어 지상 온도가 섭씨 3도 상승하면 페루의 우아스카란 국립공원의 경우 빙하 전체의 82%를 잃게 될 것이라는 연구 보고가 있다. 즉 대규모의 빙하가 용해되어 안데스산맥 빙하 전체의 92%가 상실될 수 있다는 시나리오다. 그 결과 안데스산맥에는 바위산 돌덩어리만 남아 벌거숭이 더위 산맥이 형성될 것이다(사막 산맥). 담수의 공급, 수력 자원, 생수의 기갈, 관개 시설, 농경지 상실과 생명의 고갈을 초래하게 될 전망이다.

2019년 한 연구에 따르면 눈과 얼음 또한 상실의 범위에 속한다. 알래스카에서 뉴질랜드에 이르기까지 그 중간에 있는 안데스 산맥도 예외가 아니다. 극지방의 해빙이 사라질 때와 마찬가지로 태양 복사선을 반사하는 밝은 색의 눈과 얼음이 적어지므로 온난화 과정도 더욱 탄력을 얻어 가속화될 것이다. 이론적인 산술의 속도보다 실제적인 경험의 속도가 더욱 빠를 것으로 예상한다. 우주에서 보는 지구는 빛의 개성을 잃고서 얼음 덮개를 가졌을 때보다 조금 덜 밝게 비치게 된다(얼음은 단지 얼린 물이 아니기 때문이다).

얼음은 지구 전체의 온도를 조절하는 역할을 하기에 얼음이 사라지면 우리 행성을 시원하게 유지할 수 있는 장치는 아무것도 없다. 엘니뇨 현상도 큰 몫을 가한다. 태평양 동부 열대 지역이 한랭기로 전환될 때 발생하는 엘니뇨의 반대 현상인 라니냐 역시 발생 빈도가 75% 증가할 것

〈그림 2〉• 티티카카 호수의 위치.

출처: http://wikipedia.org/titicaca.

이라고 예상한다. 극단적인 라니냐가 극단적인 엘니뇨 뒤에 따라오는 경우, 그에 따라 안정적인 기후 조건은 줄어든다. 1988-1999년 사이 미국 최악의 가뭄 사태, 베네수엘라의 홍수와 산사태로 약 5만 명이 사망했던 예가 있다. 얼음이 없는 남극을 상상할 수 없다(남극의 아포칼립스).

〈그림 3〉에서 보듯이 티티카카 호수는 페루와 볼리비아 양국 사이에 위치한 호수로, 항해할 수 있는 담수 가운데 세계에서 가장 높은 곳에 존재한다. 〈그림 3〉의 스페인어 신문은 필자가 부에노스아이레스에서 '엘 티엠뽀 라티노(El Tiempo Latino, 2000-2005)' 신문사를 운영할 때 창안했던 남미 복음화의 가장 열악했던 지역을 옮겨 놓은 남미 선교의 창이다. 절묘하게도 티티카카 호수와 한 부분이 겹치는 지점도 있어 대조해 보았다(직사각형으로 표시한 지역). '티티카카'라는 말은 케추아어로 '퓨마(titi)의 바위(caca)'라는 의미이다. 아이마라어로 '카카'는 회색

〈그림 3〉 • 케추아어와 아이마라어 분포지역(좌)과 남미의 미션 창(우) .

출처: el Tiempo Latino de Argentina. año 1.No4.2002.

을 뜻한다. 호수 주변의 원주민 부족들이 퓨마와 재규어 같은 동물을 숭배해 붙여진 이름이라고 한다. 연구자가 1999년 태양의 섬을 처음 방문했을 때, 선창 뒤편 언덕 위로 높은 돌계단을 걸어 올라가 수직 동굴 아래에(지하 약 12미터 정도) 표범을 두고서 상징적으로 사육하고 있던 것을 기억한다.

호수의 자리는 안데스 산맥 해발 3,810미터 고지대이다. 호수의 면적은 약 8,300제곱킬로미터에 이른다. 형상이 다소 복잡하며 지도에서 보았을 때 동에서 서로는 대략 80킬로미터, 북에서 남으로는 대략 190킬로미터쯤 된다. 지리적인 특징은 호수 주변의 크고 작은 강으로부터 담수가 유입되며 남쪽에 있는 데사과데로 강을 통해 빠져나가는 구조다. 다만

이 강은 전체 담수량 중 겨우 5% 정도만 내보낼 뿐이며 대부분은 증발 등으로 소실된다.

수심은 평균 130미터 정도이나 동쪽의 볼리비아 방향으로 갈수록 깊어지는 구조이다. 최대 수심이 276미터에 달한다. 한때는 수면이 점점 낮아져 호수가 차츰 말라 간다는 설이 있었으나 실은 계절에 따라 수면이 유동, 주기적으로 반복하고 있는 현상이라 하겠다. 수심이 깊은 이유는 2개의 코르디예라 사이에 호수가 자리하고 있기 때문이다. 나스카 해양 지각판이 남아메리카 해양 지각판 아래로 미끄러져 들어가면서 지표가 휘어져 습곡이 생긴 것이다. 북쪽보다 남쪽이 더 빠르게 융기하고 있어서 남쪽의 호안선은 점점 멀어지고 있다. 이런 현상으로 인한 차이는 극히 미미한 수준이다.

그리고 호수 안에는 크고 작은 41개의 섬이 있다. 몇몇 섬은 원주민의 거주터가 되고 원주민들은 어업 등으로 생계를 유지한다. 호수 가운데는 갈대로 만들어진 거대한 섬들이 떠 있다. 인디오 '우로스족'이 토토라(totora)라는 갈대(부들)로 만든 인공 섬 위에서 생활한다. 이들은 수세기 전에 아이마라 족과 케추아 족을 비롯한 이웃 부족들의 박해를 피해 육지를 떠났다. 그렇지만 멀리 떨어져 있는 섬이 아닌, 우로스족 인디오들의 주식인 감자, 유카, 오카, 퀴누아는 호숫가 주변의 땅에서 자라는 식물들이다. 뭍에서 완전히 떠나 호수 한가운데 거주지를 세우면, 여러 이유로 거주지가 침수되거나 화재, 분쟁 등으로 인해 소실되는 피해를 입을 때, 육지의 다른 부족들의 도움을 받거나 주민들이 일시로 대피하는 등의 위기 대책을 세우기가 어려워지므로, 적당한 연안 지대에 수상 거주지를 세우는 것을 말한다.

〈그림 4〉• 우로스족은 호수면 위에 토토라(갈대류)로 인공 섬을 만든다.

출처: www.alamy.es.

그 외 역사적으로 티티카카 호수 일대는 과거 잉카 제국이 발원한 곳이며, 동시에 그 유민들인 케추아인들이 거주하는 공간이므로 잉카 시대의 많은 유적과 유물, 무형문화재들이 잘 보존된 지역이다. 이 호수 지역은 고산병의 위험에 노출되어 있음에도 불구하고 페루와 볼리비아 양국의 가장 관심 높은 여행 방문지로 손꼽는다.

1) 기후변화: 사라진 겨울 오아시스에 새로운 표지판들

안데스 중부의 파스토루리 빙하(페루)는 수많은 방문객들을 5,000미터 높이의 안데스 봉우리로 이동시켰고 스키를 타고 눈을 가지고 즐겼던 곳이다. "현기증 나는 봉우리를 오르십시오"라는 안내가 끊이지 않던 세계의 천연 유산이었다. 얼음과 눈의 밝기는 보안경의 사용이 의무화될 정도였다. 그러나 기록상 가장 더웠던 10년을 포함해 20년이 채 되지 않아 파스토루리는 사라져 가고 현재 면적은 9,000평방 피트(ft²)가 조금 남았다. 해빙으로 인해 검은 바위가 드러났고, 스커트에 있는 여러 개의 작은 호수의 물이 불어나 이제는 하나뿐이다. 당국은 불안정한 형태를 감안, 등반하는 것을 금지하고 있다. 이제 방문객들은 완전히 실망하고 떠나야만 한다. 1990년대에 연간 방문객이 10만 명으로 추산되었던 것과 비교하면 지난해에 파스토루리 방문객 수가 2만 명으로 감소한 것도 가장 인상 깊은 지역인 코르디예라 블랑카(Cordillera Blanca) 주민 수천 명의 생계 수단인 관광산업을 잠식했다.

페루의 빛, 눈 덮인 산. 그러나 주민들은 현재 파스토루리가 10년 안에 영원히 사라지기 전에 마지막으로 체험할 수 있도록 새로운 프로그램을 유치하기 위해 노력하고 있다. 과거 페루 안데스 산맥의 겨울 오아시스였던 파스토루리를 홍보하는 대신, 빙하는 기후변화를 면밀히 모니터링하는 장소로 리브랜딩되었다. 즉 '기후변화 루트'를 오픈해 최근 수십 년간 안데스 빙하의 50% 이상을 쏠어버린 원인이 된 기온 상승에 대한 새로운 대응책으로 기후변화에 따른 로드맵을 보도록 하는 데 주력하는 것이다. 페루인들은 얼음이 녹는 것을 늦추기 위해 톱밥으로 얼음을 단열하려고 노력했고, 햇빛을 반사하기 위해 이미 노출된 바위를 흰색으로 칠했다(스위스의 푸르카패스 인근 글레처에 있는 알프스 봉은 가장 오래된 론 빙하 일부가 녹는 것을 방지하기 위해 특수 흰색 천에 덮여 있다고 전해진다. 겨울의 오아시스를 지키려는 눈물겨운 헌신이다).

이 실험은 일부 빙하의 후퇴를 약간 늦추었지만 파스토루리를 덮고 있던 얼음 블록을 되돌릴 수는 없다. 파스토루리와 700개의 다른 페루 빙하가 있는 우아스카란 국립공원의 경우도 복원이 불가능하다. 기술적으로 파스토루리는 겨울에 얼음을 만들어 여름에 방출하지 않기 때문에 더 이상 빙하로 간주되기 어렵다. 얼음의 상실, 상실만 있을 따름이다. 더 이상 축적은 없다. 페루에서는 이른바 열대 빙하의 70%가 이 안데스 산지에 집중되어 있다. 특히 구조적으로 기온 상승에 민감한 지대이다.

한편, 이곳은 지구온난화의 영향을 세계에 보여 주기에 완벽한 위치에 있다고 본다. 조망이 훨씬 더 넓다. 과거의 오아시스 빙하가 이제는 온난화 실습 현장이 되고 있다. 빙하가 어떻게 사라지는지 보고 슬프다고 표현할는지 모르나 한때 얼음으로 뒤덮인 산을 올랐다면 이제는 황토로 뒤덮인 늪을 횡단하게 될 것이다. 물 냄새를 맡아 보면 손바닥에 잡힌 몇 방울이 맑은 오아시스에서 흘러나온 것이 아니라 쇠 냄새가 날 수도 있다. 수년 동안 덮여 있던 산의 바위는 얼음이 녹은 채 광물을 방출하고 카드뮴과 철과 같은 높은 수준의 중금속을 함유하고 있기 때문에 물을 사용하기에는 부적합하다. 새로 노출된 암석은 또한 화석화된 해양 종을 드러낼 수도 있다. 파스토루리는 여전히 인상적인 얼음덩어리지만 방문객들, 심지어 과학적인 관심을 가진 전문인들조차 천천히 사라져 가는 그것을 보기 위해 올지는 불분명하다. 어떤 이는 만년설 대신 얼음이 없는 허전한 바위산 오르기를 선택할지도 모른다.

우리에게 기후변화(붕괴)를 가까이에서 보는 것은 매력적이지 않다. 한때 빙하였던 것을 바위로 보는 지금은 꽤 지루하고 무겁게 들릴 수도 있다. 이렇게 안데스 중부의 겨울 오아시스는 점차 수명을 달리하고 있는 것이다.

2) 빙하의 눈물

해발 3,090미터 페루의 고산 도시인 우아라스에서 연구하는 마르코 자파타(62세)는 빙하만 30년 넘게 연구한 지질학자이다. 대학에서 지질학을 전공한 그는 페루 농업부 산하 국가자연자원연구소(INRENA)에서 1970년대부터 일해 왔다. 페루 정부에서 재정 지원을 줄이자 지난 2022년 연구소를 그만뒀다. 한때 40명이 넘던 연구원은 지금은 절반도 채 안 되는 15명뿐이란다. 이 연구소는 '남미의 알프스'로 불리는 안데스 블랑카 산맥의 빙하가 어떻게 움직이는지 관찰해 왔다. 해마다 페루 안데스 산맥의 빙하는 계속해서 산 정상 쪽으로 후퇴해 1970년에 723.4제곱킬로미터이던 빙하는 2003년에는 27.1%나 줄어들었다. 국제 사회는 선진국의 무분별한 개발로 지구온난화가 가속되면서 앞으로 30년 후엔 페루에서 빙하가 모두 녹아 없어질지 모른다는 자파타의 연구 결과에 주목했다. 지구온난화를 걱정하는 언론과 비정부 기구(NGO)가 자파타의 연구 결과를 자주 거론하면서 뚜렷한 대책을 갖고 있지 못한 페루 정부는 곤혹스러워하고 있다.

2001년 이후 해마다 그가 직접 관찰·촬영한 페루의 파스토루리 지역의 빙하 사진은 빙하가 얼마나 빠르게 녹고 있는지 생생하게 보여 준다. 안데스산맥에서 가장 높은 곳인 해발 6,768미터의 우아스카란 빙하가 녹고 있는 모습을 본다.

〈그림 5〉• 안데스 산맥의 우아스카란 빙하.
출처: www.gob.pe/noticias.

　1970년 5월 31일 앙카시 대지진으로 마을 전체가 빙하와 진흙 더미
로 묻혀 버린 대참사의 현장인 융가이 마을(해발 2,500미터)을 보자. 앙카
시 지역 해안에서 발생한 지진은 45초 동안 이어지면서 우아스카란 빙
하를 뒤흔들었다. 바위와 얼음, 눈이 뒤섞인 눈사태로 진흙더미가 한순
간에 평온에 잠긴 마을을 덮쳐 8,000여 명이 매몰돼 사망했다. 1962년
에도 무게를 이기지 못한 빙하가 밀려들어 4,000여 명의 목숨을 앗아간
참사가 일어났다. 눈사태로 동강난 성당 건물과 형체를 분간하기도 어
려운 찌그러진 버스의 잔해가 그대로 있다. 마을은 흔적도 없이 사라진
대신 추모공원이 한복판에 들어서 있지 않은가. 어처구니없는 것은 대
재앙의 현장인 마을 끝자락에 학교 건물이 들어서 있다. 자연재해는 반
복되고 있는데도 페루 정부는 과거의 악몽을 잊어버린다. 페루가 대재

앙의 위험에 다시 노출되고 있는 것은 선진국의 무분별한 경제 개발과 직접 연관돼 있다.

페루의 온실가스 배출 비율은 세계의 0.1%에 불과하지만 안데스산맥의 빙하가 녹는 바람에 물 위기가 현실로 다가왔다. 인구의 70%가 사막 지역인 해안에 몰려 사는 페루에서는 빙하에서 나오는 물이 주요한 수자원이다. 하지만 지구온난화에 대비하는 국제 사회의 움직임은 더디기만 하다. 미국 상원은 2020년까지 온실가스를 지금보다 20% 줄이는 기후변화 법안을 제안했으나 아직 제대로 심의조차 못하고 있는 실정이다. 온실가스 규제에 반발하는 대기업들의 로비가 만만치 않다. 하루가 달리 새 공장을 짓고 있는 온실가스 최대 배출국 중국은 구체적인 감축 목표치도 내놓지 않는다. 페루 정부 또한 당장 돈이 되는 광산 채굴업에 열중할 뿐 빙하의 운명에는 무관심하다. 지구가 더워지면서 제2, 제3의 융가이 사태는 언제든지 일어날 수 있다.

3 티티카카, 국적의 이중적 역할

1) 티티카카 조사 보고서들[1]

티티카카 호수는 안데스산맥 사이 중부에 위치한다. 총면적이 8,400제

---

1 볼리비아 국제원자력기구 공보실, 엘로디 브루사드 제공. Broussard, Elodie(2022), "Oficina de Información al Público y Comunicación del OIEA", February 18.

곱킬로미터인 티티카카는 280만 명의 사람들이 의존하는 세계의 자연경이 중 하나다. 호수의 53%가 페루 영토에 속한다. 볼리비아의 국제원자력기구(Organismo Internacional de Energía Atómica, OIEA)는 녹는 빙하와 관련하여 볼리비아 습지의 물 매장량 연구를 지원한다. 티티카카 호수면은 물의 최소 할당량에서 30센티미터 떨어져 있다고 한다. 『엘 꼬메르시오(El Comercio)』 신문이 수집한 최근 보고서(2022.02.18)에 의하면 LTA(호수 권한 감독청, Lake Titicaca Authority)에 경고했다. 그 성명서에 "우리는 갈대 지역, 어류 번식지, 고유종 서식지의 손실과 사회경제적 활동의 감소를 피하기 위해 수자원 사용에 대한 제한을 적용하기 시작해야 한다"고 말했다. 보고서에 따르면 기후변화의 영향으로 수위가 81센티미터 낮아져 해발 3,808.25미터로 1949년 이후 가장 낮았다. LTA는 2022년 시작된 엘니뇨 현상으로 인해 11월부터 이듬해 1월 사이 안데스 지역의 강수량이 40-50% 감소할 것으로 내다봤다.

볼리비아와 페루의 외무부는 이미 상황을 통보받았으며 LTA는 페루 쪽의 상류 지역과 강 유역 사이의 수역을 규제하는 '최종적으로 점진적인 수문 폐쇄를 채택할 필요성'을 포함하여 양국 정부, 특히 볼리비아에 위치한 하부 유역과 관련해 몇 가지 조치를 권고했다. 물의 감소가 계속되면 "호수의 환경 및 경관 수질이 저하되고 이주가 증가할 것"이라고 지적했다.

2) 티티카카 호수의 오염을 제거하려는 네트워크

페루와 볼리비아에서 온 50명의 원주민 여성들이 300만 명에 달하

〈그림 6〉 • 티티카카 호수에서 오염 물질들을 수집하는 모습.
출처: https://www.lahora.com.ec.

는 사람들의 생명이 의존하고 있는 호수의 오염 제거를 촉진하기 위해
함께 모였다. 아이마라 커뮤니케이터 로사 할하(Rosa Jalja)는 코파카바
나(볼리비아) 마을의 호숫가에 있는 오염된 수초를 보여 준다. 한 무리의
여성들이 페루와 볼리비아가 공유하는 신성한 호수인 티티카카 연안에
서 매일 병, 비닐봉지, 캔을 수집하고 있다.

양국 사람들의 생명이 이 생태계에 직접적으로 의존하고 있지만, 그
물은 그곳에 거주하는 공동체, 무분별한 방문객 및 악재의 광부들에 의
해 오염된다. 이 문제는 장소의 생태계가 변경되고 물을 소비하는 사람
들의 건강이 위험에 처하면서 수년에 걸쳐 악화됐다.

〈그림 7〉· 티티카카 일부의 녹조 현상과 폐수 오염.
출처: www.idl.org.pe.

"우리는 호수를 인격체로 간주합니다."

2016년에 결성된 원주민 수비수 네트워크의 구성원 중 한 명인 로사 할리아는 강조한다. 티티카카는 페루와 볼리비아 사이의 1,126킬로미터 유역을 따라 이어진다. 많은 사람들이 주 수입원인 송어 양식으로 생활한다. 호수는 또한 농작물에 지대한 물을 대준다. 그래서 수입원이 사라지고 주민의 식량이 오염되며 이들의 건강에 심각한 영향을 미치고 있는 것이다.

잉카 후예의 신성한 호수는 페루의 푸노 만(灣) 주변에 위치한 페루와 볼리비아 23개 도시의 배수구에서 나오는 오염된 물의 하수구가 되어 있다. 다른 오염원은 상류에 위치한 금광에서 발생한다. 이곳에서는 수천 명의 비공식 광부가 매년 수 톤급의 수은을 사용하여 금속을 정화하고 독성 폐기물이 강을 통해 호수에 도달하게 된다. 페루와 볼리비아 정부는 호수에 대한 환경 복구 계획을 승인했지만 실제로는 거의 수행되지 않았다. 이러한 이유로 지난 5년 동안 양국의 원주민 여성 50명이 오염을 제거하고 보존하는 데 도움이 되는 행동을 조정했다.

4 페루 푸노 지역의 티티카카 오염

약 10년 동안 푸노의 고지대에 있는 티티카카 호수의 입구 역할을 하고 있는 13개의 강들 중 하나인 코아타 분지의 주민들은 강이 오염되었다고 비난해 왔다. 국립수자원국(National Water Authority)과 같은 기관의 분석 결과 비소, 납, 붕소, 철, 망간, 나드륨 및 기타 잠재적으로 유해한 물질이 발견됐다. 유조선을 통한 물 공급이 불규칙하기 때문에 이 지역 주민들은 우물에서 물을 마시는 것 외에 다른 대안이 없다. 지도자들은 행정부가 문제를 해결하겠다고 약속하지 않을 때, 이따금 푸노-훌리아카(Puno-Juliaca) 고속도로를 차단, 물리적으로 대응하는 일도 심심찮게 발생한다. 무엇보다도 그들은 훌리아카에 폐수 처리장 건설을 요구한다.

코아타 강이 오염으로 어두워지기 시작한 이후로 '루피노 코힐라'는 점점 더 홀로 남겨졌다. "나는 여기서 나를 희생하며 살고 있어요. 여기서 나가야만 해요. 증가하는 오염을 보셨습니까?" 페루 남부 푸노의 고지대 지역인 코아타 지역의 공동체인 카라타 하부에 남아 있는 몇 안 되는 주민 중 한 명인 47세의 남자가 말한다. 코아타 강은 티티카카의 주요 지류 중 하나다. 배로 몇 분 거리에 세계에서 가장 높은 호수 입구가 있다. 221,097명의 주민이 살고 있고 람빠(Lampa), 산로만(San Román), 우안카네(Huancané) 그리고 푸노 지방을 가로지르는 이 강의 유역은 앞서 언급했던 티티카카 호수의 13개 유역 중 하나이다. 2019년 국립수자원국의 보고서에 따르면 이러한 물에는 비소, 납, 망간, 나트륨, 중탄산염, 염화물, 오일, 그리스 및 기타 물질이 허용 기준을 초과하는 것으로 나타났다. 코아타 강 유역과 티티카카 호수의 '오염 방지 연합전선(Unified Front Against Contamination of the Coata River Basin)'과 담당 연합회장인 펠릭스 수아사카(Félix Suasaca)에게 주어진 임무와 책임을 인식하게 하는 것은 많은 노력을 의미한다. 수아사카는 이렇게 말했다.

우리는 이 싸움을 10년 이상 전에 시작했습니다. 우리는 많은 동원과 파업을 했고, 푸노-훌리아카 고속도로를 마비시켰고, 토로코차 강을 덮었습니다.

펠릭스 수아사카는 계속 말한다. "우리는 비상사태를 열두 번 선언했습니다"라고 주장했다. 그리고 그 열두 번 동안 그들은 우리에게 물통에 약간의 물만 가져다주었지만 그것은 완화책에 불과하다고 지적했다. 마리아 필링코(María Pilinco)는 샘물처럼 보였던 강을 기억한다. 그는 거기에서 당나귀나 말과 함께 운반하는 큰 북에 물을 실어 집으로 가져 왔다고 말한다. 코아타 강 유역의 수천 명의 주민들에게 깨끗한 물에 대한 접근은 현실로 되돌리기 거의 불가능해 보이는 기억일 뿐이다. 그들의 상황이 개선되지 않는 것에 대한 패배와 좌절에도 불구하고 코아타 사람들은 계속해서 깨끗한 물을 요구할 것이다.

〈그림 8〉• 카를로스 플로레스 기자의 수집 활동과 방치되는 오염들.
출처: 『로스 안데스(*Los Andes*)』, 2015년 6월 25일자.

1) 우로스 거주자 자신이 티티카카를 오염시킨다

1980년대 중반 우로스 제도는 매년 끊임없는 홍수로 인해 많은 수의 섬이 티티카카 보호구역의 북부에서 남부로 옮겨졌다. 그 후 섬의 수가 줄어들어 가장 중요한 섬만 남게 되었으며 그중 일부는 투피리, 산타 마리아, 트리부나, 토라니파타, 추미, 파라이소, 카피, 티티노, 티나혜로 및 네그로네 섬이다. 이러한 이유로 현재 87개의 섬이 등록되어 있으며, 윌리 강 유역에 있는 섬과 동일한 지구이다. 주목할 것은 관광 지구에 따라 대응하면서 섬의 숫자가 늘어나기도 하며 동시에 인구 과잉과 기본 서비스 부족으로 인해 막대한 환경 위협이 따른다. 빅토르 팡카는 말하기를 "우리는 호수에서 직접 물을 모으고, 일부는 아이들이 마실 수 있도록 끓이기도 하지만, 대부분 아무런 지원도 일어나지 않아요. 어떻게 해야 할까요?"라고 묻는다. 가족들 모두가 비위생에 노출되어 있는 건강상의 위험을 알고 있다. 그들은 위생 서비스가 없는 상태에서 호수에서 배변을 보는 것과 같은 불행한 관습을 초래한다. 그들이 소비하는 물은 섬에 살고 있는 약 500가구에 해당하며, 모두들 환경오염에 일조하면서 동시에 위협을 받고 있다. 오염의 영향을 통제하기 위한 위생 프로젝트가 실행되지 않으면 여기 주민들은 심각한 환경적 결과를 초래할 것이다.

현재 티티카카 보호구역 및 호수 특별 프로젝트와 관련된 다른 기관은 한 발짝 물러나 있는 형편이다. 우로스 지역 대표자들이 지적한 대로 기껏해야 환경 교육에 집중하고 있을 뿐이라고 비평한다. 매년 30만 명 이상의 외국인 방문객과 50명 정도의 내국인이 로스 우로스 제도를 방문하는 것으로 추정한다. 관광객들이 남긴 수입으로 인해 우로스족이 가난한 인구로 간주되지 않음을 의미하며, 이로써 위생 혜택 프로그램의 수혜자가 될 우선권이 없어지게 된다. 이러한 개인이나 그룹의 공개되지 않은 적은 수익 때문에 해당 지역의 오염 수준이 어느 정도인지에 관해서 무관심해도 되는 것인가? 그리고 그런 결과로써 방문객에게 미치는 영향은 어떠한가? 푸노의 주민들이 소비하기 위해 물을 모으는 것이 티티카카에 해를 끼치는 원인이 될까? 아무도 대답하고 싶지 않은 질문이고 모두가 갈대 뒤에 숨기고 싶어 하는 문제인 것 같다.

(1) 푸노의 불길: 2022년 11월 9일 새벽 3시 50분

푸노의 현지 언론은 불이 갈대 사이로 번졌다고 자세히 설명했다. 푸노 소재 42중대 소방관들이 현장에 도착해 불길을 잡으려 했으나 호수에 파도가 일면서 작업이 난항을 겪었다. 그날 밤 푸노에 있는 떠다니는 섬 로스 우로스에서 화재가 발생, 시민과 소방관이 힘을 합쳐 4시간 동안 물적 피해를 남긴 사건을 어렵게 진압했다. 이와 관련해 재해 위험 및 보안 관리를 위한 지역 사무소장인 호세 루이스 파레데스(José Luis Paredes)는 민방위가 받은 마지막 보고는 10헥타르 손실, 야생 동물 피해와 연기 흡입으로 영향을 받은 50명의 사람들이 의료 시설에서 치료를 받았다고 설명했는데, 푸노 종합병원에서는 화재 확산을 막으려는 시민들을 돕기 위해 해군, 소방대, 페루 경찰(PNP)의 참여가 필요하다고 강조했다.

(2) 조상들의 부적절한 관습

마찬가지로 파레데스는 위협이 시민들이 현재 계절에 벌이는 관습으로 인해 이러한 유형의 화재가 섬 지역에서 자주 발생한다고 말한다. 과학적으로 그것이 밝혀지지도 않았고 그리고 사실로 입증된 것도 아니지만, 이러한 화재를 일으키는 것이 갈대를 더 나은 방식으로 재생시킬 것이라고 믿는 조상의 나쁜 습관에서 시작된 것이라고 선언했다. 화재의 영향은 시간이 지나도 개선되지 않는다는 데 문제가 드러난다. 푸노 지역비상운영센터(COER)의 지역 책임자는 지금까지 푸노 지역에서 172건의 등록된 화재와 52건의 미등록 화재가 발생해 4,000헥타르 이상의 목초지가 피해를 입었다고 보고했다. 한편, 이러한 관습을 기피하기 위한 언론과 사회 단체의 공표에도 불구하고 이러한 조상 관습을 절제하려는 인식은 받아들여지지 않고 있다. "우리는 2021년 화재의 70%

를 극복했어요. 우리는 우리 지역의 환경, 농업 및 가축에 해를 끼치는 이러한 유형의 화재를 방지하기 위해 지방 자치 단체와 협력하고 있습니다"라고 파레데스는 RPP 지방 TV 방송에 출연해 강조했다. 그는 이러한 시나리오에서 시민 교육과 관련해 섬 해안에서 대부분 발생하는 화재를 진압하기 위해 기술 교육을 받고 있다고 선언했다. 그는 이번에 소방관과 경찰의 도착이 지연된 것은 티티카카 호수의 파도가 세고 고르지 못했기 때문이라고 변명했다.

2) 오염으로부터 티티카카를 복구하는 데는 10억 솔이 들 것이다

2013년 9월, 동시다발로 오염되는 부정적인 파노라마의 한 보고서에는 티티카카 호수가 페루와 볼리비아의 경이로움 중 하나로 간주되며 두 국가 역사의 기준점이 되는 것은 사실이지만, 호수의 물은 끊임없는 오염으로 고통받고 있다는 조사 결과가 실렸다. 쓰레기, 하수 및 화학 폐기물은 볼리비아와 공유하는 '물의 거울'이 매일 받는 오염 물질이다. 티티카카는 매년 라 링코나다(La Rinconada)와 아나네아(Ananea) 같은 광산 캠프에서 나오는 수은 및 카드뮴 폐기물 외에도 약 10만 톤의 쓰레기를 받는다. 반면 하수처리장은 한 곳도 없다. 호수에는 약간의 통제도 없이 쓰레기를 버리는 배수관 입구가 59개 있다. 여기에 농작물을 훈증하는 데 사용되는 병원 폐기물과 화학 물질이 추가된다.

파노라마의 보고서에 따르면 환경부(MINAM)는 호수를 복구하기 위해 페루 화폐 약 10억 솔(Sol)이 필요하며 처리장, 위생 매립지, 준설을 통한 청소 등에 투자될 것이라고 밝혔다. 환경부는 티티카카 호수의 복구가 국가 및 지역 정부와 시민사회의 다양한 부문의 지원과 작업으로 시작되었다고 보도했다. 또한 이 국경을 넘는 호수의 환경적 질을 개선하는 것을 목표로 하는 특정 임무를 가진 4개의 작업 그룹이 있다고 밝혔다. 실무 그룹은 경제적, 환경적, 법적, 사회적 관점 등 다양한 관점에서 문제를 다룰 것이다. 마찬가지로, 이 중요한 호수를 더 잘 관리할 수 있도록 지방 및 지역 조직이 강화되어야 한다. 하지만 현실은 다르다. 그들의 상황이 개선되지 않는 것에 대한 패배와 좌절에도 불구하고 코아타 사람들은 계속해서 깨끗한 물을 요구하고 있다.

3) 페루 지역의 우로스 제도와 볼리비아 지역의 코파카바나

한편, 볼리비아 쪽 산맥을 이루는 코르디예라 레알(Cordillera Real)은 정확히 동부 코르디예라의 안데스 산맥 일부이다. 볼리비아, 라파스 동쪽, 에콰도르에 위치하고 있으며 서부 코르디예라와 고지대로 분리되어 있다. 스페인 군대가 16세기 중반에 남미 지역에 도착했을 때, 그들은 산의 아름다움에 놀라 이 일대를 'Cordillera Real'(Real은 '왕실' 혹은 '진짜'를 의미한다)이라고 불렀다. 고대에 이 산은 아이마라 문명에 의해 숭배되었지만 빙하로 덮여 있었기에 등반되지 못했다. 이 산맥은 코르디예라 오리엔탈로도 불리며 볼리비아에서 가장 동쪽에 있는 주요 산악 지대이다.

그것은 볼리비아 국토를 따라 약 750마일(1,200킬로미터)에 걸쳐 남북으로 뻗어 있다. 동쪽으로 아마존강 유역의 저지대와 서쪽의 알티플라노(Altiplano) 고원을 구분한다. 레알 산맥은 그 범위 내에 여섯 개

〈그림 9〉 • 티티카카를 지나는 양국의 국경선 및 우로스 제도와 코파카바나.

출처: http://elpais.com/2018/10/31/ciencia.

의 작은 산맥으로 구성되어 있다. 다시 세 개의 코르디예라 크루세스를 (Cordillera Tres Cruces) 통해 서쪽으로 산악 지대가 연결된다. 아이마라 부족과 케추아 부족의 주요 거주 지역은 코르디예라 산맥의 산기슭이 되는 셈이다.

이곳 역시 오염에서 자유롭지 못하다. 잔류성 유기 오염 물질(POPs) 은 자연적 또는 인위적 기원의 유기염소 화합물로 독성이 있으며 광분해, 화학적 및 생물학적 분해에 저항성이 있으며, 환경 생태계에서 높은 지속성, 동식물 증식 및 생물 축적성을 가진다. 오염 물질은 생식계, 내

분비계, 기형 발달에 악영향을 미치고 동식물의 일부 면역 기능에도 영향을 미친다고 한다. 이러한 화합물은 주로 기단의 미립자 물질에 부착되어 장거리 이동이 가능하며 증발 및 재침착 과정을 통해 따뜻한 지역에서 추운 지역으로 이동하여 그것이 한 번도 사용된 적이 없는 외딴 지역에서도 발견된다.

4) 신성한 호수 티티카카

'습지의 날'에 페루, 볼리비아, 독일의 환경 운동가들은 티티카카 (2022년 올해의 생태계 위협받는 호수)의 오염이 물과 그 주변에 사는 사람들의 생명을 위협한다고 경고했다. 페루와 볼리비아를 구분하는 국경에 무관심한 코자오(Collao)고원 전체에 마을이 분포되어 있는 우로스 (Uros)지역의 구전 전통에 따르면, 그들의 조상은 갈대 기지에 건설한 인공 섬에 피신하여 잉카의 포위 공격에서 살아남았다고 전한다. 티티카카 호수는 베네수엘라의 마라카이보 다음으로 남미에서 가장 큰 호수이며, 또한 '티후안틴 수유'의 역사에서 중요한 위치를 차지하고 있다. 잉카 연대기 작가 가르실라소 데 라 베가(1539-1616)는 티티카카를 잉카 제국의 창시자들이 태어난 곳으로 간주했다.

여전히 '안데스의 신성한 호수'로 묘사되는 이 습지가 결국 "2022년 올해의 위협받는 호수"로 선정되었다는 것은 얼마나 아이러니한 일인가? 독일의 환경 단체인 GNF(Global Nature Fund, 글로벌 자연 기금), 페루의 환경 및 사회 개발 센터인 '세다스(CEDAS)' 그리고 볼리비아의 '열대 회귀선(Trópico)'은 오염 수준이 생태계와 그 지역에 사는 300만 명에 달하는 사람들의 생계를 위협한다고 밝혔다. 우기는 연간 6개월에서 3개월로 줄어들어 동식물 종의 생존이 위험에 처했다. 호수의 수위가 크게 떨어지지만 수요는 해마다 증가하며 거의 오염과 같은 속도로 증가한다. 어업은 떠다니는 섬과 티티카카 해안의 주민들에게 근본적인 역할을 한다. 그러나 1980년대 중반 이후 오염도가 증가함에 따라 주민들은 가족 단위로 다른 활동에 전념할 수밖에 없었다. 또한 농작물에 사용되는 비료는 호수에 유해한 흔적을 남기고 말았다. 더욱이 티티카카 주변의 인구 증가는 수생 자원에 엄청난 압력을 가하는 요인이다. 하수 및 광업 폐기물의 투기는 눈에 잘 띄는 곳에 흔적을 남긴다. 〈그림 7〉과 〈그림 10〉에서 보듯 페루의 푸노만에서는 표면의 상당 부분이 개구리밥으로 덮여 있다. 이 식물은 두꺼운 양탄자처럼 펼쳐져 빛이 호수 깊숙이 도달하는 것을 차단한다. 그 층 아래에서는 수렁이 되기 때문에 동식물에 충분한 산소가 공급되지 않는다.

물속의 비소는 어떤가? 인터랙티브 다큐멘터리는 밝힌다. 볼리비아 쪽 상황도 불길하기는 마찬가지다. 엘 알토의 산업 및 가정용 폐수 처리 공장은 30만 명이 배출하는 폐기물을 처리할 수 있는 능력이 있지만, 마을에는 100만 명의 인구가 있다. 따라서 많은 양의 오염된 물이 호수로 방류된 채 흘러든다. 동시에 분지에서 이루어지는 통제되지 않은 채광은 아연과 수은과 같은 중금속으로 물을 오염시킨다.

5) 오염에서의 생존 전망

티티카카 오염에 노출된 대상들은 누구인가? ① 300만 명에 달하는

〈그림 10〉 • 페루, 푸노만(灣)의 적조 현상 방제.
출처: www.idl.org.pe.

거주주민 공동체, ② 방문객, ③ 광산 채굴 광부들로 구성된다. 산업은 무엇인가? ① 송어 양식, ② 농작물, 농업 용수, ③ 식량(곡물)과 식수 오염으로 건강 위협, ④ 경제력과 수입원의 상실 및 감소이다. 티티카카 호수의 신성함은 그들이 21세기 현대 사회에서도 계속 제사를 올리고 있다는 것에서 입증된다. 이는 그들이 호수를 인체로 보는 자연과의 조화 및 일체 사상에서 비롯된다. 23개의 배수구와 59개의 배수관에서 산출되는 수은 사용량은 이미 그 한계를 넘었다. 그러나 하수처리장이나 오염 해법은 없다. 하수처리장과 위생매립지 그리고 준설 등 과제 또한 끝이 없다. 국경을 넘나드는 이 엄청난 자원의 호수에 관리와 감독청은 있으나 주인이 없는 것일까? 경제, 환경, 법적 법안 및 사회적 관점이라는 실무 그룹과 행정적 미사여구는 있으나 어디에도 실천이 없는 것이다.

5 안데스 공동체 협력

안데스 공동체(Comunidad Andina)는 1969년 카르타헤나 협정을 바탕으로 창설된 남아메리카 4개국(콜롬비아, 에콰도르, 볼리비아, 페루, 본부는 리마)의 경제 협력체다. 1996년까지의 명칭은 안데스 협정(Pacto Andino) 또는 안데스 그룹(Grupo Andino)이었다. 2005년 기준으로 회원국 4개국의 총 인구는 9,900만 명, 면적은 470만 제곱킬로미터이다. 준회원국으로 아르헨티나(2005년), 브라질(2005년), 우루과이(2005년), 파라과이(2005년)와 칠레(2006년)를 영입했다. 그 외 옵서버 회원국이 있다. 안데스 공동체 협력국의 취지는 다음과 같다.

우리는 현대적인 해결책이 없는 현대적인 문제에 직면해 있다. 지구북반구에서는 세계에 적용되는 정치 이론이 발달했다. 모든 커뮤니티와 그룹 회사에는 지난 30년 동안 위대한 변혁적 관행이 남부에서 있어 왔다. 중·남미는 북부 대륙에서 생산된 이론과 소통하지 않는 남부에서 생산된 변혁적 실천을 가지고 있다. 또한 정치 이론은 유럽 중심의 문화를 역사적 틀로 삼고 있는데, 이는 토착 문화와 같은 비서구 문화와 공존해야 하는 맥락에서 더 절실하다.

1) 볼리비아 외교부의 역할

볼리비아 외교부의 발표에 의하면(2022년 3월 27일자 에콰도르 키토 소식) 안데스 외무장관 회의 및 제50차 안데스 국가공동체(CAN) 위원회 대표들과의 연장 회의에서 회원국 고위 당국은 임시 의장단의 작업 계획을 평가하고서 그 결과를 강조했다.

요약하면, ① 하위 지역의 이익을 위해 진행 중인 조치, ② 회의에서 토착민에 대한 공공 정책을 조정하기 위한 기관을 제도화하고 정부 당국과 원주민 자문 위원회 간의 대화 강화, ③ 위원회의 목적으로 원주민의 권리에 관한 안데스 정부 당국 위원회가 구성됐다. ④ 원주민 부족을 위한 소지역 생존 전략, 프로그램 및 프로젝트 구축의 효율성을 개선하기로 했다. ⑤ 발전 중 CAN에서 관광객이 개인용 차량의 진입, 영구 및 임시 퇴장에 대한 규정 채택도 강조됐다(참고로, 임시 관광 그룹의 창설, 연간 미화 약 100만 달러 규모의 커뮤니티 이니셔티브 기금 집행을 위한 규정 승인 안데스 공동체 회원국의 국제 로밍 서비스를 위한 새로운 도매 요금제 적용 등이 포함되었다). 회원국들이 강조하는 또 다른 발전은 하위 지역에서 전자 상거래 및 전자 송장 발행을 촉진하기 위한 일반적인 프레임워크는 물론 지역 가치 사슬 개발의 우선순위 지정과 국가 간 경험의 상호 작용 및 교환이다.

2) 에보 모랄레스(2006-2019) 실각 이후의 관심사와 라틴아메리카 근대 식민성 탈피 바르게 보기

볼리비아의 에보 모랄레스 대통령은 지구온난화의 원인은 선진국들의 무분별한 개발과 이를 초래한 자본주의 체제 자체에 있다고 일침을 가했던 정치인이다. 그는 기후변화의 해결을 위해 정부가 아닌 전 세계 사람들이 직접 나서야 한다고 역설했다. 그는 국제 회의를 통해 기후변화 국제법원 설치 등을 제안한 바 있었다. 그러나 정치에 투신해 온 그의 삶의 후기는 이 모든 것들을 수렴하기에는 그 결과가 좋지 못했다.

　케추아와 아이마라 부족민들의 전통적으로 추구하는 것은 '충만한 삶(수막 카우사이, sumak kawsay), 풍요로운 삶(수마 카마냐, suma qamaña)에 관한 월터 미뇰료식(式)의 관점이다. 수막 카우사이는 케추아어이고 수마 카마냐는 아이마라어이다. 그것은 자본에 의한 식민지 개발을 비판하는 탈식민지적인 선택인 것이다. 이는 추상적인 보편성의 운명이 아니라, 실행을 위한 많은 길을 앞에 둔 안데스 원주민이 가지는 인식의 선택이며, 철학적 사고의 범주를 이룬다고 보았다.

　위에서 말한 수막 카우사이는 '조화로운 삶'이라고도 번역할 수 있다. '수막 카우사이'는 파차마마(pachamama)의 조화로운 삶이라는 뜻을 포함한다. 서구적인 공간 관념에서 자연은 인간의 바깥에 존재하는데, 그런 분리는 안데스 지역 문명에서는 성립되지 않는다. 풍요로운 삶(vivir en plenitud)은 또 다른 번역으로 가능하다. 이를 행복한 삶이라고 번역한다면, 비(非)아이마라 민족이나 케추아 사람들, 혹은 쿠이추아(Quichua) 언어 사용자들에 의해 이해되는 것보다 이해하기에 유리한 근접 번역으로 본다. 아무튼 월터 미뇰로의 접근법으로 본다면, 아이마라 사람들의 철학을 스페인어 재래식 판본으로 번역하는 것은 차이를 평준화시켜 제거하는 위험을 초래한다고 보았다. 그럼에도 불구하고 그 개념이 '발전'으로 번역되는 경우가 대표적이다. 그 개념은 '풍요로운 삶'으로 번역될 수도 있는데, 그런 의미는 개발과 성장을 위한 모든 프로젝트들에 대하여 대항한다는 것이다. 이런 뜻에서 서구의 '개발'이라는 말은 아이마라 언어의 본질을 잃지 않고 번역될 수가 없다는 것이다. 왜냐하면 아이마라 언어와 세계관은 서구 세계관과 자본주의 경제에 귀속되는 어떤 개념에도 맞닿는 공간이 없기 때문이다.

　이것은 결국 '발전'이 개선을 약속하는 한편 더 나은 삶을 위하여 풍요롭고 조화로운 삶으로부터 정확히 멀어지는 것을 약속하는 개발의 수사적 이야기라는 관점이다. 그는 볼리비아의 모랄레스 대통령이 수차례에 걸쳐 유엔에서 파차마마의 미래를 옹호하는 연설을 했다는 것으로 실례를 든다. 하여 2009년 4월 22일 유엔은 '국제 어머니 대지의 날' 선포 주창자로 모랄레스 대통령을 승인했다. 안데스 지역 주민들에게 어머니 대지는 곧 파차마마이다. 실로 대단한 승인이 아닐 수 없다.

　하지만 서구의 개발주의자들에게 있어 자연은 여전히 '가이아'(그리스어 Gaia)인 것이다. 이 용어는 일종의 역설로써 자연은 인간과 별개로 존재하되 유기체이며 그래서 인간은 자연을 이용하며 정복되어야 한다는 생각에 대항하는 뜻이다. 안데스 지역에서 파차마마의 이름으로 충만함과 풍요가 실행되고 있다는 것은 놀랄 일이 아니다. 그렇지만 유엔에서 선언한 그 연결 개념은 '어머니 대지'이고, 그 아래 파차마마, 가이아, 그 이외의 동등한 의미의 이름들이 자신들의 자리를 잡고 확인받을 일이다.

　각각의 이름 안에는 주체성, 기억, 삶의 방식, 어휘, 채널 그리고 간단히 말해 세계관이 있다. 2009년 유엔에서 행한 연설에서 에보 모랄레스는 네 가지 제안을 내놓았다.[2]

　① 첫 번째는 생명관이다. 그것은 어떤 생태계도 어떤 종의 동물이나 식물도, 어

2　www.un.org/en/ga/64/pdf 참조.

떤 만년설의 산, 강 혹은 호수도 무책임한 인류의 태도에 의하여 멸종되거나 제거되거나 오염되지 않을 권리이다.

② 두 번째 원칙은 '파차마마'(어머니 대지)가 그 생명 역량을 재생할 수 있어야 한다는 것이다. 여기서 핵심은 다시-생성이라는 말이다. 이는 경제 이론에서 '천연자원'의 인공적 상품으로의 변형을 설명하는 용어들인 생산과 재순환과 관련하여 하나의 선택을 제공한다.

③ 세 번째는 쾌적한 삶의 원리 즉 오염의 제거이다. 이는 이른바 '충분한 이윤(good profit)'을 확보하기 위하여 한계를 두지 않고, 생산하는 방식 대신에 '즐거운 삶(buen vivir)'을 확보하기 위해 필요한 만큼 생산하는 구체적인 방식을 의미한다.

④ 네 번째는 만물과 함께 만물 사이에서 조화를 이룰 권리이다. 이는 먼저 인간 존재들 간에, 다음으로 인류와 파차마마 간에, 우리 모두가 상호 의존적으로 살아가는 전체 체계의 부분임을 인정받을 권리이다.

위에서 언급하는 '즐거운 삶'이 곧 아이마라어로 '풍요로운 삶'(스페인어 vivir en plenitud)과 상통한다. 이 지점에서 '개발'은 더 이상 자유를 위한 선택이 아니다. 그것은 조화를 파괴하는 것을 의미한다. 예를 들어 제초제나 유전자 변형 종자들을 사용함으로써 자연을 오염시키며 인공적 재생으로 변형시켜서 결과적으로 조화롭고 완전한 삶을 가로 막게 된다. 여기서 성공은 목표가 아니다. 풍요롭게 사는 '수마 카마냐(suma qamaña)'가 목표인 것이다. 즉 탈식민지적인 전망과 지평, 개념과 담론

등을 계속 창안해 내자는 것이다.

6 두 부족 사이의 불평등 사안들

티티카카 호수를 중심한 양대 부족의 언어권은 알려져 있다시피 케추아어와 아이마라어가 우선하며, 간간이 나우아틀(Nauatl)어 그리고 키체(Quiché)어가 선을 보인다. 먼저 페루 전역에서 케추아어가 30%, 아이마라어가 22% 통용하며, 다음으로 볼리비아 내에서 케추아어가 39%, 아이마라어가 24% 통용하고 있다. 단연코 티티카카 호수 지역의 언어 분포는 케추아어가 앞선다. 페루 정부는 케추아어 사용자를 대략 800만 명에 달한다고 보고한 바 있다.

이 절에서는 안데스 중부권의 사회와 불평등 관계를 다룬다. 안데스 중부권의 핵심 사안이라 할 수 있는 페루와 볼리비아의 양국 국경 지역에 대한 불평등 이해는 우리들의 과제에 커다란 지적 인식을 요한다. 아이마라 부족은 스페인의 식민 정치 아래서 집단적으로 독립성을 유지한 채 저항력이 뚜렷했었다. 양국을 동시에 마주하는 접경지 푸노(페루)의 경제 활동이나 코파카바나(볼리비아)의 지역 문화는 기본적으로 자신의 공동체를 중심으로 운영되고 있다. 현재도 원주민의 경제 체제는 큰 변화 없이 전통적인 생산 방식을 활용한다. 과거의 식민지 체제와 새로운 국가 건설(공화정) 과정에서 제기된 영토 경계선과 분리 정책은 아이마라 부족민에게 서로 다른 국적 아래 놓이게 했다. 이러한 강제적 국경 분리는 곧 혈연의 이산을 초래했고 분리의 경계선상에서 정신적·공간적 고통을 감내하도록 요구했다. 그럼에도 불구하고 아이마라 어 사용은 동질의 정체성을 유지케 했던 것이다.

푸노 지역의 아이마라 공동체는 전통적인 '아이유(Ayllu)' 체계를 토대로 운영한다. 아이유란, 그 원류는 고대 잉카 시대 원주민의 사회·경제구조였으나, 가족 단위인 아이유는 안데스를 중심한 케추아와 아이마라 사이의 전통적인 공동체 형태를 말한다. 특성상 티티카카를 둘러싼 전역의 토착 지역 지방자치제의 모델이다. 따라서 현재도 그들의 공간개념은 국경의 분리에 종속되지 않고 가족과 혈연 중심으로 공동체의 동일성을 유지하고 있다. 국경선 분리 문제에 관해서 야기된 역사적 과정을 약술해 보면 아래와 같다.

아이마라 왕국이 당시 안데스 중앙을 배경으로 평균 해발 4,000미터에 달하는 티티카카 호수 주변의 부족들을 통치하고 있을 무렵, 1540-1560년, 알티플라노 고원(Altiliano, 현재의 볼리비아, 페루, 칠레 북부와 아르헨티나 일부까지 뻗어 있음)을 중심한 타키 온코이(Taki-Onqoy) 종교·정치 운동과 반(反)식민 저항 운동이 확대되었다.

① 1895-1932년, 독립 후 보호지역에 내의 개인 소유권 주장 및 저항 세력.

② 1915년, 원주민의 토지 소유권 저항 운동 본격적인 전개.

③ 1920년, 페루 정부의 헌법 개정을 통한 원주민 공동 토지 소유 재인정. 양국 모두 스페인 군대와의 전쟁에 승리함으로써 독립을 쟁취. 1921년, 페루의 독립 선언과 1925년, 볼리비아의 독립 선언이 성취된다.

④ 1925년, 양국의 초기 국경선 분할 및 양쪽 부족민의 자유 통행, 일상 유지. 페루 정부의 국경 수비 강화 정책.

⑤ 1932년, 페루와 볼리비아 양국 영토 티티카카 호수 내 직선 분할 합의.

⑥ 1938년, 국경선 재협상 실행(하루아침에 원주민의 국적이 바뀜). 카오스 시대, 정치 갈등.

⑦ 1945년, 볼리비아 원주민의 의회 활동 가능과 참여 승인.

⑧ 1952년, 볼리비아 민족혁명으로 원주민의 정치 활동 활성화.

⑨ 1969년, 농지개혁 추진. 인종의 정체성보다는 사회 계급과 신분의 실상 본격화.

⑩ 1958년, 페루 정부가 발행한 토지소유 증명서를 근거로 과거 시대의 소유권 투쟁 확산. 국경 분리의 문제와 토지 소유권 문제로써 원주민 문화의 이해관계와 충돌이 빚는 불평등.

볼리비아는 1994년 이후부터 지방분권제가 추진되어 지방자치권(라파스, 오우로, 포토시 등), 원주민에 속한 공동 토지의 자치권 인정 및 티티카카를 중심으로 양국 부족 통합을 실현했다. 양국 간의 공간적 분리는 지역의 평준화나 부족의 해체를 이루지 못하고, 오히려 아이마라족의 강한 결속을 다지게 하여 외부와의 경쟁과 대립 관계만 부추기게 되었다. 그 틈새로 비록 고유한 문화적 전통은 사라졌으나 외부와의 구별이 부족 정체성 확립에 커다란 동기가 된 것은 부정할 수 없다.

동시에 양국이 국경 지대에 대해서 인식하는 정도는 큰 차이를 나타낸다. 페루의 케추아 공동체 입장에서 국경은 남동부의 거의 소외된 외

곽 지역에 속하며, 볼리비아(아이마라)의 경우 국경 지역은 수도 라파스와 근접한 곳에 위치해 공동체의 경제, 교육, 문화 환경에 적지 않은 영향력을 끼치고 있다. 하지만 대부분의 원주민들은 여전히 전통을 이어가는 삶을 유지한다. 한때는 국경의 혼돈 지대를 거점으로 한 밀수시장이 번성하기도 했다. 아이마라 부족의 특징은 언어뿐만 아니라, 삶과 규범에 있어서도 티티카카 중심으로 전통적 유산을 보존하고 있다. 그들의 종교, 신앙에서 자연과 정령 숭배 사상은 여전히 견고하며, 파차마마에 대한 숭배도 오늘날까지 이어진다.

나아가 양국 국경 지대의 아이마라 부족은 아이유 공동체에 기초한 토지 운영을 통해서도 부족의 동질감을 계승하고 있다. 이러한 국경은 원주민 사회의 삶의 터전일 뿐만 아니라 토지소유권을 둘러싼 반목과 분쟁의 공간으로 확대될 수 있는 위협을 안고 있다. 실제로 국경지역에 대한 무관심 및 공동 경작지에 대한 소유권을 박탈한 시대도 있었다. 이로써 두 부족 간에 정치적 갈등을 겪기도 했던 것이다.

기독교 복음화와 세계 선교에 있어서도 아이마라 부족과 케추아 부족에게 기독교인의 형태적인 변화를 기대할 수 있으나 가치관이나 세계관의 변화까지는 오랜 시일이 걸리는 훈련 사역의 까닭도 여기에 있다고 할 수 있다.

7 나가며

다시 처음으로 되돌아간다. 담론은 문자 그대로 담론이다. 안데스 산맥의 흰빛을 발하는 설원, 거기 끝없는 산악 지대의 한가운데는 세계 최고의 높이를 가진 호수가 있다. 기독교인들에게는 친근한 이스라엘의 갈릴리 호수와는 전혀 반대 지형을 이루는 호수이다. 공통점이 있다면 모두 바다로 기억되고 있다는 점이다. 티티카카는 안데스 중부권 양국의 국경을 접하는 원주민의 전통적 경제 지구이자 적어도 4개권 이상의 언어를 사용하는 다국적 거대 호수이다. 그 찬란한 역사와 경이로운 신화들, 호수의 경관미에 더 이상의 수사가 무어 필요할까! 그런데 그 안데스가 병들어 용해되고 있다는 서글픈 증후를 드러내고 있다.

"파스토루리 빙하가 여기 있었다(2015년 표지판)." 불과 8년 전의 설원 이야기이다. 양국이 접해 있는 국경 지역의 티티카카 호수는 가뭄과 오염으로 몸살을 앓고 있는 중이다. 그 호수에는 안데스 산맥 아래로 13개의 크고 작은 강으로부터 강물이 유입된다. 23개의 배수구와 59개의 배수관에서 검출되는 수은 사용량은 한계치를 넘은지 오래다. 티티카카는 매년 '라 링코나다' 및 '아나네아'와 같은 광산 캠프에서 나오는 수은 및 카드뮴 폐기물 외에도 약 10만 톤의 쓰레기를 받고 있다. 그러나 하수처리장이나 오염 해법은 멀다. 하수처리장과 위생매립지 그리고 준설 등 과제 또한 끝이 없다. 그 가운데서 겪는 케추아 부족과 아이마라 부족 간의 삶의 질은 곧 사회적·민족적인 차별과 불평등으로 회귀된다. 가난 자체가 문제되는 것이 아니라, 애초에 인종과 지역 부분을 누락시킨 그 구멍 난 토대 위에서 작동하는 정치, 사회적으로 식민화되었던 차별로 인해서다.

그들과 소통하는 생존의 방식은 무엇일까? 네 가지로 간추려 본다. 정치적 책략과 부정 착복, 그리고 인재에 앞서 허물어지고 있는 자연 빙하의 상실, 기후변화와 붕괴로 인한 홍수와 가뭄, 대기 가스와 온실화 현상. '마크 라이너스'가 『최종 경고: 섭씨 6도의 멸종』에서 강조한 대로 기온이 섭씨 1도씩 오를 때마다 빙산과 식량이 사라지는 재앙이 진전되고 있는 것이다. ① 현재 300만 명에 달하는 티티카카 공동 거주민의 환경들, ② 비공개 광산 채굴 기업들과 수천 명에 이르는 광부들, ③ 송어 양식과 농작물에 미치는 재해, 농업 용수의 오염, ④ 식량 생산 저하와 식수 오염으로 인해 건강에 위협 받는 원주민 사회, 압박 받는 경제력의 감소가 그 결과들이다. 안데스 공동체를 살리자는 갸륵한 구상으로 아이마라 부족민 출신 대통령마저 유엔 총회에 출두해 직접 호소했으며, '파차마마'까지 동원해 종교 · 생태계적인 외교를 펼쳤음에도 불구하고 지도자는 불명예로 실각된 상태이다.

그러므로 기후변화가 기후 붕괴로 치닫기 전, 기후위기를 막기 위한 국제 사회의 의지가 집결되고 명문화된 실천 강령의 중요성이 시대의 요청이라 사료된다. 2015년 채택된 '파리협정(Paris Agreement)'은 산업화 이전 수준 대비 지구 평균 기온의 상승을 섭씨 2도보다 현저히 낮게 유지하며 섭씨 1.5도로 제한하기 위해 장기 목표를 두고 달성하는 것을 골자로 삼고 있다. 오늘의 주안점은 기후 회복력과 적응력 배양과 온실가스 저배출 발전이다.

지금까지 온실가스를 오래 배출해 온 선진국이 한층 많은 책임을 지고 개발도상국이 기후변화에 대처하는 데 지원해야 한다. 안데스의 설원과 빙하 그리고 티티카카 호수의 맑은 물을 복원하기 위해 시행할 수 있는 모든 것을 해야 할 것이다. 2020년부터 선진국은 개발도상국 기후변화 대처 사업에 매년 최소 10억 달러(약 118조 원)를 지원하기로 약속했다. 그리고 앞으로 5년마다 해당되는 국가들이 저탄소 및 감축 약속을 지키는지 검토할 것이라는 명문 협약을 맺었다. 하지만 원주민들에게도 코스모 공동체의 도의적 책임은 따르게 될 것이다. "기껏해야 환경 교육이냐?"라는 저항은 서로에게 유익하지 못하다는 자각도 필요하다.

이 연구에서는 재교육의 이론도 중요하지만, 인류 문화에 가장 긍정적인 효력을 가져오는 문학적 서두로 접근해 보았다. 필자는 "땅을 정복하라"(「창세기」 1장 28절)는 말의 뜻을 피조 세계를 무력으로 침탈, 붕괴시키며 오염 덩어리로 만들라는 의미로 해석하지 않는다. 땅을 숭배하라는 정령 사상은 더욱 아니다. 오히려 질서 있게 다스리며 아름답게 가꾸라는 청지기로서의 문화적 사명으로 받아들인다. 이에 대한 생존 전망을 제시하는 데 그 의의가 있다고 본다.

제 3 장

브라질의 불평등, 생태교육학, 전환마을 운동

/

양은미

/

1 들어가는 말

생태 위기 시대의 불평등은 매우 방대한 주제이다. 이 방대한 주제에 접근하기 위해 이 글에서 또 하나의 핵심어로 삼은 생태교육학(ecopedagogia)은 지속가능한 사회, 지속가능한 지구를 위해 이 위기 속에서 국가와 시민의 관계가 어떠해야 하느냐 하는 질문에 대한 고민과 과정의 열린 답일 수 있다.

브라질 사회의 불평등이란 특성, 그에 대해 내가 인식하는 틀이 얼마나 좁고 일방적인지 인식하게 된 계기들이 있다. 브라질 유학 당시 한국 기업에서 파견된 지역 전문가들이 듣던 포르투갈어와 브라질 문화 수업에 참여하게 됐다. 선생은 자신이 파벨라(favela) 출신임을 말하며 아직도 자신의 형이 파벨라에 남아 있다고 말했다. 많은 이들이 정부의 도움으로 파벨라를 벗어나게 돼도 다시 파벨라로 돌아가게 되는 경우가 많다는 것이었다. 파벨라라는 곳이 극심한 폭력과 범죄, 비참함의 장소로 연상되는 한국에서 그런 결정은 이해하기 어려운, 한심하기까지 한 결정으로 보인다. 당시 나의 생각이 그랬다.

또 하나의 일화가 있다. 첫 학기 초반 수업에서 나의 발언으로 분위기가 냉랭해진 적이 있다. 정확히는 기억이 안 나지만, 한국 사회도 1980년대 이전까지 경제 · 정치적으로 매우 어려운 시기를 겪었지만 한국에서는 개인의 가정 형편이 미래를 결정하지 않으며, 의지와 열성이 있으면 신분 상승이 가능하다는 취지의 말이었다. 결국, 아무리 돌려 말했어도, 브라질의 빈부격차와 불평등, 빈곤층이 겪는 어려움은 의지박약의 문제라는 것으로 결론지을 수 있는 발언이었다. 물론 나는 비하의 의도가 없었고 단지 성숙한 관찰과 판단을 위한 타자의 기준이 부족했을 뿐이었다. 그 자체가 얼마나 편협한 사고와 언행을 만드는지 전에는 전혀 생각해 보지 못했다. 수업이 끝난 뒤 교수는 나를 조용히 불러 브라질의 빈부격차와 불평등에 대해 간략히 설명한 후, 타 문화권에서 이제 막 브라질에 온 나의 발언이 학우들에게는 매우 상처가 되고 오만하게 들릴 수 있었음을 상기시켜 주었다.

라틴아메리카 사회의 불평등에 대한 우리의 사고는 대개 위와 같은 틀에서 시작된다. 문득 생각해 본다. 침략과 식민의 기억으로 인해 한국과 일본의 관계는 늘 매우 강도 높은 긴장감이 전제돼 있다. 한국은 독립과 해방을 거쳐 이제는 적어도 물리적 · 거시적으로 일본과 분리된 상태에서 그 기억을 다루게 되었다. 그리고 그 기억은 세대를 거쳐 희석될지언정 그것을 어떻게 다루느냐는 한국인의 정체성에 계속해서 유의미하게 작용한다. 라틴아메리카의 상황은 어떤가. 침략한 자와 침략당한

자, 정복한 자와 정복당한 자, 유린한 자와 유린당한 자가 물리적으로 한 공간에서 같은 국적을 갖고 살아간다는 것은 어떤 경험일까. 라틴아메리카를 다루기 시작한 후 숱하게 전제하고 말하는 식민지의 경험, 탈식민, 불평등과 같은 이 사회의 특성을 한 번도 우리의 식민지 기억이나 현 상황과 연결해서 생각해 보지 못했다. 우리에게 일본은 적이기도, 동반자이기도, 우리가 좋아하는 대중문화의 창작자이기도 하다. 일본을 향한 감정과 생각은 한 개인에게서도 주제와 시점에 따라 단순하지 않은 복합적 형태로 내재해 있다. 그러나 두 국가가 분리돼 있고, 따라서 서로 다른 삶의 터전과 법 제도를 비롯한 다양한 사회적 제도와 가치에 따라 독립된 일상을 향유하기에 두 사회는 각종 모순과 문제를 내포할지언정 크게는 자기네 국경 안에서 유사한 형태의 정체성과 국민 정서를 각각 '건설'하는 것이 가능하다. 외교적인 이슈가 크게 두드러질 때가 아니면 아프거나 불편한 역사와 기억을 어느 정도 외면하고 살아갈 수도 있을 것이다.

반면 라틴아메리카는 어떤가. 브라질을 생각해 보자. 브라질의 교육학자 모아씨르 가도치(Moacir Gadotti)는 21세기 브라질 사람으로서 자신 안에 있는 인디오성과 흑인성, 그리고 브라질 인종성의 기반이 되는 인디오-흑인-백인 간의 혼종성을 인정한다. 다시 말해, 이 모든 이질적 성분들로 이루어진 브라질 사람들이 브라질 국민이라는 하나의 정체성을 가지고 있음을 상기시킨다. 그와 동시에 가도치는 하나로서의 우리가 아닌, 브라질 사회에서, 주로 백인에 의해, 명백한 타자로 대상화된 인디오와 흑인의 존재를 지적한다. 가도치는 브라질 '발견' 500년이 지난 지금, 변화를 위한 현재의 점검을 제안하며 "우리는 지난 500년간 '인디오'와 '흑인'에게 어떻게 했는가?"라는 질문을 던진다(Gadotti, 2000, 21). 그들을 '그들'이라 칭하며 정복하고 유린하고 덮은 축에 속하는 밝은 피부의 브라질인이 그들에게 무엇을 했고 어떻게 대했는지를 명료하게 분리해 자문한다. 이러한 질문은 시비의 여지 없이 '브라질의 건강한 통합과 온전한 우리 됨을 위한 분리해 생각하기'를 제안하는 것이다. 독립 이후 현재까지의 브라질 사회는 그들 사회에 유입된 (인종 또는 민족적) 이질적 요소들 중 가장 우월하다고 생각되는 요소를 기준으로 표준화되고 통일된 국민의 표본을 만들기 위해 노력해 왔다. 공식 인구조사 카테고리상에서 방대하고 복잡한 혼혈을 아우르는 명칭으로 사용되는 '빠르두(pardo)'라는 명칭 대신 대중적으로 통용되는 '모레누(moreno)'라는 용어는 그 이질적 요소들을 낱낱으로 다뤘을 때 수반되는 불편하고 갈등 섞인 긴장을 덮으려는 브라질 사회의 심리를 잘 보여준다. 다행히 매우 늦었지만 1980년대 말부터 브라질의 다양성을 말하는 것이 공론화됐고, 이질적 요소들이 브라질의 문화를 풍족하게 하고 브라질 국민이 유연한 정체성을 갖게 하는 데 기여한다는 것으로 흑인과 원주민에 대한 브라질 정부의 '공식적' 입장을 전향했다.

이후 흑인성과 원주민성은 브라질인이라는 '우주적 인종(raça cósmica)'에 녹아든 재료로 인정되는 데 그치지 않고, 브라질 여타 구성원과 구별되는 정체성으로 언급되는 것이 이상하지 않은 시대가 되었다. 하지만 19세기 말 브라질이 소위 근대 국가의 옷을 걸치기로 한 때부터, 이제 브라질에 인종은 없고, 따라서 인종차별에 대해 말하지 않기로 하자는 일방적 합의가 강력히 작용했다. 즉 이들이 처한 불평등 상황이 인종적인 것이 아니라 사회적이고 경제적인 차원의 것으로만 여겨지는 상황이 바뀐 것은 아니라는 말이다. 이는 브라질의 흑인과 원주민들로 하여금 자신들이 받는 차별을 피부색이나 인종, 민족성에 따른 것이 아니라 가난과 낮은 교육 수준 때문인 것으로, 따라서 그들이 노력하고 좋은 교육을 받으면 부자도 되고 좋은 직업을 얻어 사회적 인정을 받을 수 있다고 믿게 했다. 브라질은 그런 사회여야 했다. 이것이 한동안, 20세기가 다 끝나갈 때까지도 브라질 사회의 정체성 형성에 작용해 온 가공된 진실이었다. 이 글에서 조명하고자 하는 것이 인종이나 피부색에 따른 불평등의 속성 자체는 아니다. 그러나 브라질 사회의 불평등이 단순히 사회경제적인 차원, 또는 개인의 노력으로 단숨에 극복할 수 있는 차원의 것이 아니며, 거기에는 위와 같은 배경이 작용한다는 사실을 이해하는 것은 이 주제를 다루려 할 때 보일 수 있는 최소한의 배려다. 여기서 집중하고자 하는 사실은 그런 노력으로 브라질의 국민은 만들어졌으나 시민은 없다는 것이다. 브라질 정부, 지배 계층이 기획한 이 모든 자기기만의 결과는 꾸준히 쌓여 온 '국민'의 각성이었다. 1950-1960년대 브라질 사회의 격동은 그런 억압되고 가공된 국민 정체성과 삶에 대한 국민의 반발의 표출이었다. 파울루 프레이리를 비롯한 진보적 지식인들에 의해 비판적 자기 인식과 세계 읽기의 통로로서 문해 교육은 브라질뿐 아니라 라틴아메리카, 전 세계 저발전 지역에까지 도입되었다.

이후 지금까지 꾸준히 브라질 사회의 자기 성찰, 라틴아메리카와 브라질의 진정한 정체성을 구축하기 위한 움직임들이 이어졌으나, 급속한 산업화와 도시화가 진행되며 사회경제적 불평등이 가속화되는 반면 브라질의 시민성 개념은 그에 걸맞게 업데이트되지 않았다. 시민성의 개념은 현 상황에 부응해 변화되어야 한다(김병연, 2015). 그렇다면 현재의 시민성은 어떤 상황을 전제하고 고민해야 할까? 여기서는 빈곤과 불평등의 심화, 그리고 환경과 생태적 위기라는 두 가지 맥락을 상정하고자 한다. 제러미 리프킨은 인류가 당면한 가장 큰 위기는 단연코 기후변화라고 말한다. 기후변화는 생태계의 교란과 파괴를 가져오며 코로나19 팬데믹 또한 그렇게 설명될 수 있다(리프킨, 2020). 이는 결국 인간 사회에 직접적인 영향을 미치고 환경·생태적 위기는 가장 취약한 지역, 계층에 가장 직접적이고 위협적이다. 국가의 대응은 당연히 중요하다. 그러나 그것이 다가 아니다. 이러한 위기 속에서 당사자들이 움직이기 시작했다. 시민의 개념과 역할이, 시민성 건설의 주체가 시민에게 돌아왔다.

2 브라질의 환경·생태 불평등?: 불평등 문제에 접근하는 21세기의 방식

불평등에 대해 말하는 것은 항상 어렵다. 라틴아메리카와 브라질이 얼마나 불평등한 사회인지, 얼마나 빈부격차가 극심한지 객관적인 자료를 통해 보여 주는 것은 많은 보고서와 논문, 책이 성실히 해내고 있다. 하지만 왜 브라질이 그 많은 자원을 갖고도 여전히 세계에서 가장 불평등한 사회라는 꼬리표를 떼지 못하는지, 어떻게 그 상황을 바꿀 수 있는지와 같은 질문에 대답하는 것은 결코 간단한 일이 아니다. 나아가 지금은 이 지역의 가난한 사람들이 처한 환경과 생태적 위협으로 인한 불평등 혹은 불평등에 기인한 생태적 취약성에 대해서도 고민할 것을 요구하는 시대다.

불평등과 빈곤은 따로 떼어 놓을 수 없다. 여기에서 이 둘의 다양한 개념을 정리해 보는 시도를 하지는 않겠다. 단, 이 글과 관련해 주목하고 싶은 빈곤과 불평등의 속성 몇 가지는 짚고 넘어가고 싶다. 아마르티아 센에게 빈곤은 단순히 저소득 상황이 아닌 특정한 가능성이 박탈된 상황이다(센, 2013). 센은 자유로운 개인의 역량을 강화하는 사회적 조건을 강조했다. 빈곤층을 지원하려면 현금 지원뿐 아니라 사회에 참여할 수 있는 능력을 갖추도록 돕는 것이 필요하다는 것이다. 실제로 이런 센의 접근법은 국제 사회에서 진지하게 받아들여져 1990년 유엔개발계획(UNDP)에서 발표하는 인간개발지수(HDI)의 도입에 영향을 끼쳤다(김윤태, 2018). 또 하나 중요한 차원은 사회적 배제다. 사회적 배제는 고용 문제 악화, 청년 실업 증가, 이민 증가, 인구 고령화 등의 현상이 두드러진 1990년대 빈곤 관련 정책에서 중요한 요소로 고려되기 시작했다(김윤태, 2018).

불평등은 상대적 빈곤의 강화, 사회 참여를 위한 능력 배양 기회의 박탈로 인한 것으로 볼 수 있으며, 그러한 기회의 박탈은 특정 계층에게 더욱 가혹하다. 절대적 빈곤 인구는 감소했지만 상대적 빈곤과 여러 차원의 불평등을 호소하는 목소리와 글은 여기저기서 쏟아져 나온다. 특히 그중 기후위기 등 자연환경과 생태계의 파괴로 인해 인류에게 미치는 폐해가 커지면서 사람들은 환경 불평등, 재난 불평등, 기후 불평등을 이야기하기 시작했다. 이에 따라 환경 정의와 기후 정의와 같은 현재의 불평등의 양상에 부응하는 정의의 실현이 요구되고 있다. 라틴아메리카가 직면한 환경 문제는 아마존의 무분별한 개발과 벌목이 불러온 삼림 황폐화, 해수 오염, 쓰레기의 폭발적 증가, 댐 건설로 인한 생태계 파괴, 도심 하천 오염 등 한국의 기사를 통해 알려진 것만도 그 종류와 범위가 다양하다. 가장 흔히 말하는 환경 불평등의 의미를 짚어 보자. 환경 불평등이란 개인 및 사회적 그룹이 환경 시설과 환경적 위협에 차별화된 방식과 정도로 노출된 상황으로 정의될 수 있다. 다시 말해, 깨끗한 공기, 녹지, 깨끗한 물과 같은 환경 재화에의 접근과 홍수, 산사태, 오염 등의 환경적 위협에의 노출이라는 관점에서 볼 때 사람들이 동등한 위치에 있지 않은 것을 뜻한다(Torres, 1997). 문제는 사회경제적 취약 계층에 속해 교육과 정치, 문화적 차원에서 사회 참여의 폭이 넓지 않은 사람들은 환경 위기로 인한 폐해에도 더 쉽게, 더 빈번하게, 지속적으로 노출되고 있을 확률이 높다는 것이다. 많은 경험적 연구들이 실제로 더 열악한 사회경제적 여건과 더 많은 환경적 위협에의 노출이라는 사실 간에 명백한 상관관계가 있음을, 즉 환경 불평등이라고 규정할 수 있는 객관적 상황이 존재함을 보여 준다(Alves, 2007, 2). 브라질을 포함한 라틴아메리카에서도 관찰되는 불평등 현실 역시 그렇다. 특히 인종(혹은 당사자들은 '피부색'이라고 말하고 싶어 하는 외모상의 특징), 성별, 소득 수준, 출신국 등 한 개인의 다양한 배경으로 인한 불평등 상황은 거의 항상 환경 불평등 상황으로 이어진다. 웅베르뚜 쁘라치스 아우비스(Humberto Prates da Fonseca Alves)는 이를 "사람들이 환경적으로 불평등하다면 그것은 다른 방식으로도 불평등하기 때문이다"라고 간단히 정리했다(Alves, 2007, 2). 환경 불평등에서 '환경'의 자리에 '재난', '기후', '생태' 등을 넣어도 상황은 비슷하다. 따라서 라틴아메리카의 환경, 생태, 기후 차원에서의 불평등을 말하는 것은 결국 라틴아메리카의 전반적인 불평등 상황을 말하는 것이며, 따라서 환경 불평등 문제가 주목받는 것은 불평등 문제는 역사적이고 구조적인 문제라 다루기가 어렵다는 방관적, 회의적, 염세적 태도를 조금은 바꾸게 해줄 수 있다는 점에서 고무적 현상이라고 볼 수 있다. 왜냐하면 환경 불평등 문제에 그토록 주목하는 것은 사실 사회경제적 약자가 입는 폐해 때문이라기보다는 환경 불평등을 심화시킨 환경과 생태계의 파괴로 인한 문제가 전 세계, 부자와 가난한 자 상관없이 모두의 일상을 관통하고 있기 때문이다. 그래서 지금이야말로 그렇게 공허하게 라틴아메리카의 만성적인 문제라 말해지는 라틴아메리카의 불평등 문제를 조금은 더 진실하게, 다양한 계층에 속하는 사람들이 함께, 그들의 문제가 아니라 내 문제로 인식하고 이야기를 나눠 볼 수 있는 때인 것이다.

세계에서 가장 불평등한 나라라고 여겨지는 브라질은 얼마나 불평등한 사회인가. 여기서는 브라질의 환경 혹은 생태적 차원의 불평등을 가장 직관적으로 이해할 수 있는 불평등의 대표적 상황들만 언급하겠다. 즉, 환경과 생태계 위기라는 상황과 그 상황의 한가운데에 있는 사람들이 누구인가에 관한 이야기다. 한국에서 가장 빈번하게 듣는 브라질 환경 관련 소식은 아마존 열대우림의 개발에 관한 것들이다. 농업과 목축업을 위한 무분별한 벌목과 화재, 그로 인한 생태계 파괴와 원주민의 터전 상실, 그리고 학살에 관한 내용이 주를 이룬다. 아마존 열대우림의 삼림 벌채는 꾸준히 증가해 왔다. Imazon의 관측에 따르면 2023년 1월과 2월에 행해진 아마존 삼림 면적은 523제곱킬로미터로, 2008년부터 2023년까지 관측을 시행한 이래 연 누적 면적 2위에 해당하는 수치다(Imazon, 2023). 그 외 브라질의 주요 삼림 지역의 파괴도 만만치

Desmatamento Acumulado Janeiro e fevereiro - SAD

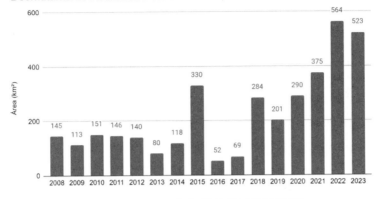

〈그림 1〉• 2008-2023년 연도별 아마존 삼림 벌채 면적.

출처: Imazon, 2023.

않았다. 세하두(Cerrado) 지역 절반 이상의 삼림이 파괴됐고, 세계 최대의 열대 습지 빵따나우(Pantanal)가 불법 화재로 중대한 피해를 보았다. 2020년 한 해에만 습지의 표면 29%가 불탔고, 이는 축구장 600개가 넘는 면적에 해당한다. 한편 MapBiomas의 조사에 따르면 2020년 브라질 삼림 파괴의 95%에서 불법 활동의 정황이 포착됐다(Ecoticias, 2021).

화재든 벌목이든 다양한 형태로 파괴되는 삼림 지역은 대부분 원주민 보호구역이다. 2022년 9월 하반기 불법 화재와 벌목으로 가장 많은 피해를 당한 땅은 홍도니아 주의 우루-에우-우아우-우아우(Uru-Eu-Wau-Wau), 아마조니아 주의 자까레우바/까따우익시(Jacareúba/Katawixi), 빠라 주의 뭉두루꾸(Munduruku), 마라녀웅 주의 아라이보이아(Araribóia)였다(Instituto Socioambiental, 2022). 불법으로 영토를 점유한 개발자들은 나무를 베어 낸 후 불을 질러 그곳의 식생을 완전히 파괴한다. 아직 식물 채집과 사냥, 낚시 등 거주지 고유의 생태적 환경에 의지해 생활하는 원주민들에게 삼림 파괴는 사활이 걸린 문제다. 심지어 브라질령 아마존 열대우림 내 보호구역 토지가 페이스북을 통해 불법 거래되고 있다는 사실도 드러났다. BBC의 보도에 따르면 온라인 플랫폼에서 제공하는 광고 서비스 마켓플레이스에 해당 토지들이 매물로 올라 있고, 그 면적이 축구장 수천 개를 합친 것에 달할 만큼 방대하다 (El Periódico, 2021). 이로 인해 직접적인 영향을 받는 원주민들은 실제 그곳에 거주하고 있어도 소유권을 합법적으로 인정받고 있지 못한 경우가 많다. 법의 허점을 노린 부동산 중개인들은 대개 불법적 형태로 보호구역 내 토지를 점유하고 소유권을 증명하지도 못하는 상태에서 거래를 한다.

요지는 브라질의 주요 삼림 지역에서 발생하는 이러한 사건의 최대 피해자가 원주민이라는 것이다. 브라질의 원주민의 약자로서의 지위는 다른 글에서도 이미 여러 번 논했다. 전체 인구 1%에도 못 미치는 원주민이 브라질에서 가진 지위 혹은 이미지는 보호 대상자, 정해진 영역에서 조용히 살아야 할 부류, 브라질의 여러 지명에 붙여진 유산과도 같은 이름 정도에 불과했다. 이들은 대부분 사회적으로 종종 인구 통계에서 누락되기도 하는 소수 그룹이며 보건 위생 및 기초 교육이 보장돼야 할 취약 계층에 속한다. 한마디로 총체적으로 불평등한 상황에 놓여 있다는 말이다. 이러한 지위와 이미지는 원주민 자신의 정체성에도 영향을 미친다.

물론 위 사례에서 원주민은 브라질의 특수한 불평등 상황, 그중에서도 환경 · 생태 불평등 양상을 집약적으로 보여 주는 예이다. 그러나 인종이나 피부색 차원에서 접근하지 않더라도 브라질의 취약 계층이 생태·환경적으로 열악함을 보여 주는 사례는 많다. 2019년 1월 25일 브라질 남동부 미나스 제라이스 주 브루마징유(Brumadinho)의 광산 폐기물 저장 댐 붕괴 사건도 그중 하나다. 당시 댐 세 개가 한꺼번에 붕괴되면서 토사물이 마을을 덮쳐 270명이 사망하고, 3명이 실종되었다. 조사 결과 이미 오래전부터 댐의 붕괴 징후가 발견됐고 댐의 관리 기업인 발리(Vale) 사는 그것을 인지하고 있었음에도 불구하고 아무 조치도 취하지 않은 것이 인정돼 미나스제라이스 검찰은 발리 사의 임원과 독일 관리기업 TÜV SÜD를 기소했지만 아직까지 제대로 된 처벌은 이뤄지지 않은 것으로 알려졌다(Mansur, 2023). 이 사고로 마을은 토사에 파묻히고 폐기물이 방류된 강의 오염으로 낚시 및 강물의 식수 사용 및 농업 용수로의 사용이 금지됐다. 발리 사는 2015년 마리아나 시의 광산댐 붕괴로 이미 환경 범죄로 기소된 적이 있기에 브루마징유 사태는 환경 범죄에 대한 정부의 대응과 시민사회의 인식에 다시 한번 강한 경종을 울렸다. 올리베이라 외(2019)는 당시 마리아나와 브루마징유 사태를 다룬 사설에서 이 사고를 환경 파괴의 관점뿐 아니라 국제 자본으로 움직이는 대기업의 무책임한 자연 자원 채취와 그로 인해 야기되는 경제적·영토적·환경적·사회적 불평등의 문제, 또 그것이 초래하는 보건위생상의 불평등의 관점에서 바라볼 필요가 있음을 지적했다. 실제 이 사건으로 댐을 관리하던 발리 사의 근로자와 지역 공동체가 겪고 있는 어려움이 생각보다 심각함이 드러났다(Oliveira et al., 2019). 그런 종류의 댐이 입지한 곳에서 가장 피해를 입는 사람은 자연히 폐기물을 직접 관리하는 노동자와 지역 주민일 수밖에 없다. 마리아나와 브루마징유 사태뿐 아니라 폐기물 등 유독성 물질로 인한 피해 대책, 그리고 직원 및 주민의 건강을 위한 상시 관리가 충분히 이뤄지지 않는 경우가 많다. 사고로 인해 폐해가 극명해진 이후에도 그에 대한 대처는 미비하다.

위 사태들을 바라보는 또 하나의 시선은 토양 악화에 대한 우려다. 하상섭은 라틴아메리카가 현재 직면한 가장 심각한 생태 · 환경 문제를 복잡하고 광대한 과정에서 발생하는 토양 악화라고 지적한다(하상섭, 2022, 202). 아마존의 불법 화재로 인한 토지 질 변화, 브루마징유 테일링 댐 폐기물 방출로 인한 수질 및 토양 오염, 아마존 유역 여러 댐 건설로 인한 토지 유실 및 토양 환경 변화 등은 브라질이 누리고 있는 천혜의 자연환경의 지속가능성을 위해 브라질이 앞으로 구체적으로 대응해야 할 심각한 문제다. 좀 더 근본적으로 바라보면 이러한 문제들은 브라질을 포함한 라틴아메리카의 불평등한 토지 소유라는 식민 유산에 대해 생각하게 만든다. 하상섭은 이 현상을 '생태적 식민화'로 부른다.

> 인간과 사회의 관계에서 불평등한 토지 소유가 라틴아메리카 식민 유산의 전형이라면 인간과 자연의 관계, 개발과 보호의 관계에서 이 지역의 토지는 또 다른 생태적 식민화를 경험하는 중은 아닐까. '수탈된 대지' 라틴아메리카 지역의 토지를 둘러싼 갈등이 점차 다양한 영역에서 첨예화하고 있다.(하상섭, 2022, 205)

브라질에서 원주민이나 흑인과 같이 인종 혹은 피부색과 불평등의 상관관계를 보여 주는 연구는 많다. 그리고 환경 인종주의라는 용어가 있을 만큼 환경 불평등과 피부색/인종이 연관이 있음을 보여 주는 것도 전혀 어렵지 않다. 그래서 오히려 불평등과 인종의 상관관계 자체에 집중하는 것은 여기서 지금 필요한 일은 아니라고 본다. 다시 한번 그런 상황들을 인종이나 피부색이라는 키워드를 중심으로 분석하는 것은 이미 도출된 연구 결과를 확인하는 것 외에 큰 의미가 없기 때문이다. 아울러, 앞에 제시한 환경과 생태, 재난과 연관된 불평등 상황을 보여 주는 사건이나 사고, 그리고 브라질 사회의 일상적 상황을 나열하는 일 역시 어려운 일이 아니다. 그러나 그 역시 여기서 하려고 하는 일은 아니다. 이 글은 분명 환경과 생태적 위협으로 더욱 심각해진 불평등 상황을 고려하고 있지만, 브라질 사회가 겪고 있는 구체적인 환경 및 자연 생태적 차원의 불평등 상황을 다루지는 않는다. 대신 환경과 생태의 위기가 전 계층, 전 지역을 아우른다는 특성 때문에 이미 기존의 취약 계층이 노출돼 있었고, 악화된 환경 혹은 생태적 불평등 양상에 더 많은 관심이 집중된 지금이 불평등 전반의 문제를 새롭게 논하기에 적절한 때라는 믿음이 이 글의 출발점이다. 실제로 우리가 그토록 집중하는 환경 및 생태적 위협에 노출된 피해자와 피해 지역에서 필요한 것, 어쩌면 가장 먼저 그리고 본질적으로 수정돼야 할 것은 자연환경과 생태계의 복원보다는 사회경제적 차원을 포함한 불평등 자체이고, 그것을 위해서는 시선과 접근 방식의 제고가 필요하기 때문이다.

그러면 불평등 문제에는 어떻게 접근해야 하는가? 그보다 거대해 보이는 불평등 문제는 해결될 수 있는 '문제'가 맞긴 한가라는 의문이 든다. 그러다 최근에 "A desigualdade é humana e tem cura"라는 제목의 기사를 읽었다. '불평등은 인간의(인간에 관한) 것이며 치료책이 있다'는 뜻이다. 그렇다면 우선 그 전제에서 출발해 보기로 하겠다. 빈곤, 불평등 문제의 해결에서 전에는 국가의 역할이 강조되었다면 지금은 시민의 주체적 역할의 중요성이 강조되고 있다. 굳이 유수한 학자를 인용하지 않더라도 참여 예산, NGO, 마을 공동체 등 각 지역 공동체나 시민단체가 공동의 목표를 가지고 상향식 의사결정을 통해 민주적 방식으로, 운영 가능한 단위와 방식으로 세계가 당면한 문제들을 해결해 나가는 것을 어렵지 않게 접할 수 있다. 거기에는 정부와의 협력이 있을 때도 있고 없을 때도 있다. 여기서 주목하고자 하는 것은 그러한 시민, 혹은 우리가 생태적이건, 환경적이건, 혹은 더 큰 범주건 간에 불평등과 불균형 문제라고 말하는 것들의 가장 직접적이고 작은 단위의 당사자인─피해자이자 가해자인─개인들의 모임이 일상에서부터 가능한 변화들을 만들어 내고자 하는 시도들이다. 브라질 시민사회가 불평등 상황에 대응하기 위해 '생태'라는 키워드를 달고, 또는 명시적 및 체계적으로 내세우지 않아도 생태적 차원의 노력으로 특징지을 수 있는 일련의 실천들은 생태교육학의 관점에서 하나의 지향점, 유사한 방법론을 가진 일련의 현상으로 보는 것이 가능해 보인다. 이들이 지향하는 것은 이 세계와 각자의 삶의 지속가능성을 위해 정부에만 의존하는 것이 아닌 구성원 각자의 생태(적) 시민 됨이며, 여기서 생태는, 유추할 수 있듯 자연 생태 그 이상의 의미를 가진다.

3 '지구헌장'과 생태교육학의 등장

흔히 생태교육학으로 통용되는 이 개념은 시기와 장소에 따라 다른 이름을 갖기도 한다. 생태 교육의 필요성에 대한 자각이 일기 시작하고 국제 사회에서 공론화되기 시작한 초기에는 이 새로운 모델의 교육학을 '발전의 교육학(pedagogia do desenvolvimento sustentável)'이라 불렀다. 프란시스꼬 구띠에레스 뻬레스(Francisco Gutierrez Perez)는 1990년 대 생태교육학이라는 용어를 고안해 냈으며, 브라질에서는 이와 함께 가도치가 명명한 '땅의 교육학(pedagogia da terra)'이라는 이름이 널리 사용된다. 이 글에서는 특별한 설명이 필요한 경우를 제외하고는 생태 교육학이라고 부르기로 한다.

환경과 생태적 고려를 포함하는 새로운 발전 모델의 필요성에 대한 논의의 등장은 1970년대로 거슬러 올라간다. 1972년 6월 스톡홀름 유엔인간환경회의에서 환경 문제와 발전 모델에 대한 문제가 처음으로 국제 사회 의제로 등장한 것이다. 환경 파괴를 대가로 달성하는 경제 성장의 문제와 지속가능성에 대한 우려가 제기됐으며, 이는 스톡홀름 선언으로 이어져 전 세계에 생태적 경각심을 불러일으킨 전환점이 됐다. 그러나 이때의 결의는 회의의 이름에서 보듯, 또 스톡홀름 선언의 다른 이름인 인간환경선언에서 짐작할 수 있듯 개발도상국과 공업국 중심의 약속으로, 아직 인간 중심의 환경, 인간을 위한 환경 파괴 문제의 해결에 집중하고 있다는 한계를 가졌다. 1992년에는 히우지자네이루에서 열린 유엔환경개발회의(United Nations Conference on Environment and Development, UNCED)는 히우회의 외에도 에코회의라는 별칭이 붙을 만큼 세계가 직면한 환경과 생태적 위협에 대한 논의가 심화됐다.

생태교육학의 직접적인 기반이 되는 것은 1999년의 지구헌장(Earth Charter)이다. 지구 헌장은 공정하고 지속가능하며 평화로운 21세기 인류 사회를 만들어 나가는 데 필수적인 윤리와 규범을 담은 국제 선언문으로, 세계적 협의 과정을 거쳐 작성됐으며 환경 위기에 대한 세계적 인식이 강화되면서 점점 더 다양한 단체의 지지를 받고 있다. 그 핵심은 세계적인 상호 의존성과 인류를 포함한 더 큰 생명 사회, 다음 세대의 번영을 위한 공동 책임을 인식시키기 위해 노력하자는 것으로 요약할 수 있다. 1987년 국제 환경 및 개발 위원회는 지속가능한 개발을 실천하기 위해 새로운 기준을 제시할 '헌장'의 필요성을 담은 보고서를 발간했고, 1992년 유엔환경개발회의에서 본격적인 논의가 시작됐다. 특히 유엔환경개발회의의 부대 행사로 NGO가 참석하는 글로벌 포럼(92 Global Forum)에서 민간 단체와 개인의 결집은 위기에 빠진 환경을 위한 전 지구적 노력의 필요성에 대한 동의와 의지를 보다 구체화한 계기였다. 165개국에서 1만 7천 명의 개인과 7,650개의 단체 등 약 3만 명이 참여할 정도의 대규모 결집이었다. 한국에서도 참가를 놓고 우여곡절이 있었으나, 결론적으로 리우회의 참석은 환경 문제를 둘러싼 정부와 민간 단체의 협력 필요성과 더불어 민간 단체의 국제적 연대 필요성을 상기시킨 의미 있는 행보였다. 이어 1994년 유엔환경개발회의 이후 관련 논의와 실천이 전 세계적으로 확산된다. 1997년 지구헌장위원회가 구성된 데 이어 2000년 6월 29일에는 드디어 지구헌장위원회가 파리 유네스코에서 개최한 본부 회의에서 만장일치로 지구헌장을 채택하고 네덜란드 헤이그 평화의 전당에서 지구헌장이 정식으로 출범했다.

지구헌장의 원칙은 4개의 장에 걸쳐 총 16개의 조항으로 명시돼 있다. II장을 생태적 온전성(Ecological Integrity)에 관한 독립된 장으로 할당하고 있으며, 그 외에도 모든 장에서 환경과 생태에 관한 고려와 현대 사회가 처한 문제 전반, 특히 빈곤과 폭력의 문제 해결에 있어 환경과 생

〈표〉 • 지구 헌장 16개 원칙.

I	생명 공동체에 대한 존엄과 보호	1. 다양성을 지닌 지구와 생명체를 존중한다.	2. 이해와 동정과 사랑을 바탕으로 생명 공동체를 보호한다.	3. 정의와 참여와 지속성과 평화를 바탕으로 민주주의를 건설한다.	4. 현재와 미래 세대를 위하여 지구의 아름다움을 보전한다.
II	생태적 온전성	5. 생물 종 다양성과 생명을 유지하는 자연적 천이에 특별한 관심을 가지고 지구의 생태적 시스템의 온전성을 지키고 복원한다.	6. 환경 보호의 최선책으로 유해 요소를 제거하고, 이에 대한 지식이 한정된 경우에는 예방적 접근을 시도한다.	7. 지구의 재생 능력과 인권과 그리고 사회의 안녕을 가능케 하는 생산, 소비, 재생의 형태를 적용한다.	8. 생태적 지속가능성에 대한 연구를 진척하고 습득된 지식의 자율적인 교류와 폭넓은 적용을 촉진한다.
III	사회경제적 정의	9. 빈곤은 윤리, 사회, 환경의 측면에서 반드시 없애야 한다.	10. 모든 경제 행위와 경제 제도가 모든 면에서, 공정하고 지속가능한 방식으로 인간의 개발을 촉진하도록 보장한다.	11. 성적 평등과 형평을 확고히 한다. 성적 평등과 형평은 지속가능한 개발의 선행 조건이다. 또한 교육, 건강 보호, 경제적 기회에 대한 접근을 누구에게나 보장해야 한다.	12. 모든 사람들의 인간 존엄성과 건강 그리고 영적 충만을 돕는 자연 및 사회 환경에 대한 권리를 차별 없이 부여하며 특히 토착민과 소수자들의 권리에 각별히 관심을 쏟아야 한다.
IV	민주주의, 비폭력, 평화	13. 모든 단계에서 민주주의의 바탕을 둔 기구들을 강화하고, 그 조직 운영에 있어서 투명성과 책임을 보장하고, 의사결정에 있어 모든 이의 참여를 유도하며, 정의를 구현할 수 있게 한다.	14. 공교육과 지속가능한 삶의 방식을 위해 필요한 지식, 가치, 기술들을 배울 수 있는 평생교육을 통합한다.	15. 모든 살아 있는 생명을 존중과 사려로 대한다.	16. 관용, 비폭력, 평화의 문화를 증진한다.

출처: Earth Charter.

태에 기반한 접근의 필요성을 부각하고 있는 것이 눈에 띈다. I장 3조의 b항에서는 "안락하고 의미 있는 삶을 영위하도록 사회적 · 경제적 정의를 증진하는 것은 생태적인 책임이다"라고 명시했다. 사회경제적 정의를 다루는 III장 9조에서는 "빈곤은 윤리, 사회, 환경의 측면에서 반드시 없애야 한다"라고 함으로써 빈곤이 가난한 자들의 경제, 사회, 윤리적 측면뿐 아니라 그들이 처한 열악한 환경, 개발로 인한 환경 파괴의 폐해에 이르기까지 모든 영역을 아우르는 것임을 상기한다. IV장 '민주주의, 비폭력, 평화' 16조 g항의 "평화란 스스로와, 다른 사람과, 다른 문화와, 다른 생명과, 지구, 또 우리가 구성원으로 있는 더 큰 전체와의 상호 유기적 관계 속에서 유지, 존속되는 전체성임을 인지한다"는 내용은 I장 3조 b항에서 말하는 생태적 책임의 의미를 보완해 주는 것으로 이해할 수 있다. 즉, 여기서 말하는 생태적 책임은 일차적으로 자연 생태에 대한 인간의 책임으로 이해할 수도 있겠지만, 그와 함께, IV장에서 강조한 인간과 인간이 속한 지구, 지구 공동체의 다른 인간-비인간 구성원과의 상호 유기적 관계로서의 생태로 이해하는 것이 가능하다.

4 브라질의 생태교육학

중요한 것은 이 같은 논의는 무엇보다 전 세계적으로 일고 있는 대안 사회를 향한 실천, 사회 운동과의 긴밀한 맞물림, 상호작용 속에서 지속됐다는 것이며, 생태교육학이라는 분야 자체도 마찬가지로 하나의 철학으로서 동시에 사회 운동으로서 지속적인 건설 과정에 있다는 사실이다. 즉, 앞서 설명한 흐름을 타고 등장한 생태교육학은 세련되게 정립된 하나의 이론이라기보다는 지구의 위기, 환경 문제, 불평등 문제와 같은 현실 세계의 움직임으로 특히 학교 안보다는 밖에서 일어나는 사회운동으로부터 탄생한 교육학이다(Gadotti, 2000).

여기서 생태교육학으로 통용하고 있는 'ecocidadania'라는 용어는 스페인 출신으로 코스타리카에서 활동하는 프란시스꼬 구띠에레스 뻬레스가 1990년대에 만든 용어로, 브라질에서는 교육학자 모아씨르 가도치가 이를 바탕으로 '땅의 교육학' 개념을 중심으로 생태교육학 논의를 시작했다. 가도치가 이를 주제로 한 논문 외 여러 글을 투고하고 2000년에『땅의 교육학(Pedagogia da terra)』이라는 책을 내면서 본격적인 논의를 위한 기반이 마련됐다고 볼 수 있다.

생태교육학이 무엇인지를 말하려면 먼저 '에콜로지(ecology)'에 대해 말하지 않을 수 없다. 거의 모든 학문 분과가 그 앞에 'eco'를 붙이고 생태적인 무엇인가를 고민하는 모양새를 취하는 지금 과연 각 학문이 의도하는 '생태'적 차원의 고려가 어떤 성격, 방향을 취하고 있는지 주목할 필요가 있다. 생태적 고려를 중요시하는 다양한 학문 줄기에서 공통으로 전제하고 있고, 이 글에서 집중하고자 하는 생태의 의미 혹은 속성은 '관계'다. 생태는 무엇보다 관계다. 동·식물뿐 아니라 인간 간 관계, 인간-비인간 관계를 모두 포함한다. 여기서 비인간은 생물은 물론 땅, 공기, 물과 같은 무생물도 포함하며, 결국 지구 공동체의 구성 요소 전체를 아우른다. 1990년대 레오나르도 보프는 이제 생태(계)를 "모든 것들의, 자기 자신과 실제로 혹은 잠재적으로 존재하는 모든 것들 간의 관계와 상호작용"으로 이해해야 한다고 했다(Boff, 1996b, 15, 재인용;

Gadotti, 2000, 90).

생태교육학에서 말하는 '생태적 의식(consciência ecológica)' 갖기, 또는 '생태적으로 문해력 갖추기(ecologicamente alfabetizado)'는 바로 이처럼 인간 및 비인간 존재들과의 유기성 혹은 유기적 관계 맺기의 출발점인 비판적 자기 읽기와 세계 읽기의 다른 말이다. 다른 방식으로 세계를 바라보고 다르게 생각하기, 즉 사유의 맥락을 구조에서 협동의 네트워크(배움의 커뮤니티), 구조에서 과정으로 바꾸는 것이다(Capra, 1993, 8-9, 재인용; Gadotti, 2000, 79). 이제 이런 기본적인 '생태'에 대한 이해를 바탕으로 생태교육학이라는 용어의 정의보다는 그 주요한 특성 혹은 지향점을 파악함으로써 의미를 이해해 보기를 제안한다. 무엇보다 불평등과 새로운 시민성 정립의 필요성과 관련해서는 생태교육학의 지향점을 크게 아래의 다섯 가지로 분류해 봤다.

첫째, 생태교육학은 '일상적 삶(vida cotidiana)'으로부터 존재하는 것들의 의미를 배울 것을 독려한다(Gutierrez and Prado, 1999). 가도치는 교육과 시민성의 정립에 있어 일상성의 고려에 대한 촉구가 프레이리의 초기 연구에서부터 드러남을 우리에게 상기시킨다(Gadotti, 2000, 80). 앞서 인용한 프레이리의 유기성, 즉 인간이 자기 자신이 속한 현실과 동떨어져서는 진정으로 삶을 살고 있다고 할 수 없다는 말은 각 개인의 일상(성)을 소외하는―자의건 타의건―교육은 진정한 해방의 교육일 수 없다는 말로 표현할 수 있다. 서구식 근대화 모델을 추구했던 라틴 아메리카의 교육이 최근까지도 일상성의 소외를 추구하거나 전제하는 일방적 교육 모델이었음은 이미 널리 알려져 있다. 즉, 브라질 역사에서 국민이라는 단위로 뭉뚱그려진 채 오랫동안 덜 인간적이거나 비시민으로 간주돼 왔던 구성원들이 분명히 존재하며, 그들의 일상성 회복은 자신의 삶과 자신이 속한 사회의 건설에 참여하는 구성원으로서의 생태적 시민이 되기 위해 반드시 필요하다(양은미, 2022, 118). 참여란 결국 유기적 관계를 맺는 것이고, 일상성 회복은 브라질 사회를 구성하는 다양한 구성원들 간의 유기적 관계 형성에 선행돼야 할 노력이다. 이는 불평등을 구조보다는 과정으로 보고 브라질 사회의 구성원이 균형 있게 그 과정에 참여해야 한다는 말이기도 하다.

둘째, 생태교육학은 앞서 설명한 본질인 관계로서의 유기성을 충실히 구현하고자 한다. 즉, 지구를 구성하며 함께 배우는 주체들인 인간 및 비인간 생태 간 유기적 관계를 촉진한다. 불평등 혹은 억압 현실과 관련해 프레이리는 인간이 자신의 현실과 통합(integrado)되어 있지 않은 채로는 진정으로 사는 것이 아니라고 주장하며 다음과 같이 교육에서 유기성(organicidade)의 중요성을 설명한다.

> 교육적 행위 과정의 유기성(organicidade)은 그 과정이 그것이 처한 시간과 공간 조건과 통합성(integração)을 가져야 함을 전제한다. 그래야만 그 같은 조건들을 수정하거나 바꿀 수 있기 때문이다.(Freire, 1959, 9)

여기서 조건들이란 브라질과 라틴아메리카의 불평등과 같이 많은 사람의 인생을 조건 짓는 개선 혹은 혁명적으로 전복돼야 할 현실로 이해할 수 있다. 그러한 현실로부터 탈출하거나 그것을 바꾸는 데 있어 약자의 입장, 억압의 현실에 처한 사람들에게 특히 이 같은 유기적 관계를 갖는 태도는 중요하다. 유기적 관계란 먼저 자기가 속한 사회와 시대를 비판적으로 인식함으로써 자신의 위치를 세상과 연결하고, 같은 상황에 처한 이들과 연대함으로써 변혁의 필요성에 대한 인식을 공유하며, 불평등의 현실에서 혜택받은 편에 있는 자들과 소통하는 것으로 정리할 수 있다. 혜택받은 자들 중에는 억압자, 방관자, 혹은 이 둘은 아니나 변혁의 필요성은 느끼되 충분히 행동하지 못했던 자, 그리고 이미 불평등 현실을 인식하고 피억압자 편에 서서 행동하고 있던 자가 다 포함될 수 있다. 프레이리는 생전에 논의를 충분히 심화하지는 못했지만, 그가 말하는 유기성은 인간 타자들과 인간 세계뿐 아니라 비인간 타자들과의 유기적 관계를 포함한 것으로 이해된다.

셋째, 그렇기 때문에 생태교육학은 본질상 학교 교육을 위한 교수법이 아닌 사회 전체의 자발적 개입과 변화를 지향하는 교육학일 수밖에 없다(Gadotti, 2000). 하나의 실천 철학인 것이다. 사실 애초에 교육은 특정 장소와 환경에서 거창한 의식 혹은 행사처럼 행해지는 것이 아니다. 이러한 경향은 근대 이후 교육이 국가의 책임으로 넘어가며 강화됐고, 교육의 일방성은 자연스럽게 여겨지게 됐다. 생태교육학은 이를 지양한다. 생태교육학은 아래로부터 위로, 즉 시민의 현실에서 출발한 필요를 바탕으로 시민의 주체적 개입을 통해 만들어지는 권리를 말한다(Gadotti, 2000).

넷째, 앞의 첫 두 특징에 따라 생태교육학은 자연히 다문화적 교육 가치를 지닌다(Gadotti, 2000, 93). 이 가치 내에서는 브라질 사회를 구성하는 다양한 출신의 구성원들의 언어, 종교, 전통, 문화적 배경이 이전에 그랬던 것처럼, 그중 지배 계층이 일정 기준에 따라 선별한 일부만 브라질의 얼굴로 선전되거나 브라질 정체성 전반에 깔린 일종의 조미료 정도의 역할만 하도록 권장하지 않는다.

다섯째, 환경 교육(educação ambiental)에 배치되는 것이 아니라 그 사유와 행동의 반경을 확장한 것으로 이해해야 한다. 환경 교육은 경쟁의 원칙, 선발(selecao)과 분류(classificação)의 원칙에 기반한 기존의 교육에 대한 문제의식과 협력적이고 능동적인 '시민'의 양성을 목표로 하는 새 교육의 필요성에 대한 의식화에 있어 첫걸음이다(Gadotti, 2000, 87). 생태교육학은 인간의 권리를 땅의 권리와 연결하는 새로운 권리의 교육학이다(Gadotti, 2000, 95). 다시 말해, 자연환경과의 건강한 관계뿐만 아니라 우리 존재 자체로써, 일상적 삶에서 행하는 것들의 심오한 의미를 성찰하는 것이 생태교육학의 관심사다(Gadotti, 2000, 96-97).

이러한 모든 특징들은 서로 긴밀히 맞물려 있다. 그래서 명확하게 구분되는 독립된 특성들로 경계 짓기가 쉬운 일은 아니다. 어쩌면 가도치와 구띠에레스의 책을 읽은 다른 사람들은 다른 방식으로 생태교육학의 특징을 분류할 수 있을 것이다. 다만 여기서는 라틴아메리카의 불평등 현실과 그것을 깨기 위해 지향해야 할 시민성의 모델로 상정되는 특징을 염두에 두고, 그런 변화와 가장 긴밀히 연결되는 가치들을 중심으로 생태교육학의 특성을 이해해 보고자 했다. 이 모든 특성을 지닌 생태교육학은 지속가능한 교육학이다. 앞서 말했듯 지속가능한 발전의 교육학이라는 이름을 가졌던 생태교육학의 지속가능성은 이제 인간 중심의 지속가능성에 초점을 두었던 초기 의미를 훨씬 넘어선다(Gadotti, 2000, 90, 96). 지속가능한 철학이자 실천으로서의 생태교육학은 인간, 사회, 환경 간 관계의 본질적 변화를 추구하고 경제, 사회, 문화적 구조 변화를 추구한다는 면에서 유토피아적 프로젝트일 수 있음을 생태교육학의 주창자들은 인지하고 있다. 그러나 라틴아메리카의 많은 구성원이 꿈꾸는 유토피아의 본질 중 하나가 개인이 자신의 운명에 대해 자율적으로 결정할 수 있는 가능성으로서의 삶의 질(Gadotti, 2000)이라고 볼 때 그 유토피아는 더는 미뤄져서는 안 되는 유토피아다. 또한 사회적 정의 없이 생태(학)적으로 균형 잡힌 세계를 이루는 것은 불가능하다는 보프의 견해는(Boff, 1995) 라틴아메리카가 처한 환경과 생태의 위기, 그로 인한 빈곤층의 소위 환경 불평등, 생태 불평등 상황을 따로 떼어 독립적으로 말할 수 없다는 사실에 힘을 실어 준다.

이러한 철학적 개념을 토대로 하는 브라질의 생태교육학은 파울루 프레이리 연구소(Instituto de Paulo Freire)를 중심으로 그 개념 구축과 실천 모색이 이루어지고 있다. 상파울루대학교 교수이자 파울루 프레이리 연구소의 소장으로서 가도치는 2000년 포르투갈 제1차 생태교육학포럼(Fórum Internacional sobre Ecopedagogia)에서 「땅의 교육학—토의를 위한 핵심적인 생각들(Pedagogia da Terra—idéias centrais para um debate)」을 발표한 것을 시작으로 생태교육학 관련 논의의 체계화와 확대를 위한 노력을 주도하고 있다. 현재 브라질에서 생태교육학은 교육적 움직임(운동)과 커리큘럼 쇄신이라는 2개의 차원으로 전개되고 있다. 커리큘럼에서는 지구(적) 의식(consciência planetária)과 지구(적) 시민(cidadania planetária)을 핵심 가치로 하는 땅의 교육학의 필요성을 천명하며, 이제 한 국가가 아니라 인류에 속하는 세계 시민으로서의 개인을 육성할 필요성을 주창한다.

한편, 교육 운동 혹은 실천으로서의 생태교육학은 그 자체로 개념과 이론 정립에 중요한 의미를 가지는데, 가도치가 말하듯 생태교육학은 "먼저 살아지고, 실험되며, 다듬어지고, 그런 후에 이름이 주어지고 비로소 선언되기" 때문이다(Gadotti, 2000, 94). 이러한 교육 운동으로서의 생태교육학은 자연히 정치적이기도 하다. 왜냐하면 모든 교육은 분명히 추구하는 가치와 방향이 있다는 면에서 중립일 수 없기 때문이며, 정치적이라는 것이 어떤 주제에 대한 확고한 입장을 가지고 그에 따라 움직이는 것이라는 면에서 생태교육학은 분명 정치적이고 교육적인 움직임이다. 교육 운동 혹은 실천으로서의 생태교육학은 크게 파울루 프레이리 연구소 주도 프로그램, 비정부단체 주도 프로그램, 시민사회의 전환도시/마을 프로젝트,이렇게 세 가지 흐름에서 살펴볼 수 있다. 먼저, 파울루 프레이리 연구소는 "지구시민의 집(Casa da Cidadania Planetária)이라는 프로그램하에 "교육하는 시 프로그램(Programa Município que Educa(MqE))", "지구시민을 위한 교육 프로그램(Programa de Educação para a Cidadania Planetária)", "사회적 이동 프로그램(Programa de Mobilização Social)이라는 세 개의 프로그램을 운영하고 있다. 이와 함께, 신자유주의와 자본의 세계 지배에 반대하는 다양한 NGO와 민간 단체들이 환경과 생태의 위기 인식을 공유하며 추진하는 다양한 대안 사회 운동 역시 생태교육학의 관점에서 읽을 수 있다.

마지막으로 마을 공동체, 직업군별 조합 등 보다 소규모의 공동체 단위로 시민이 주축이 된 운동들이 있다. 쓰레기 수집노동자 조합과 단체, 전환도시/마을 운동이 대표적인 예다. 이상헌은 공동체가 생태주의자들을 특징짓는 중요한 지리적·사회적 단위로서, 이들은 "먹을거리, 의료, 건축 등의 분야에서 다양한 형태의 협동조합을 결성하고, 지역화폐를 통해 환경에 부담을 적게 주면서 복지 수준을 늘릴 수 있는 대안적 경제 활동을 영위"한다고 분석했다(이상헌, 2011, 47).

정리하자면, 생태교육학은 그와 관련한 이론 연구보다는 사회 각 층, 각 분야에서 국가 그리고 지역 단위로 일고 있는 각성과 실천 운동으로부터 탄생한다고 하는 것이 맞다. 따라서 생태교육학은 여전히 그 개념과 원칙들을 정립하는 과정에 있다(Gadotti, 2000, 88, 95). 생태교육학은 그것의 지속가능성을 위해, 앞서 정리한 특성을 갖는 생태적 시민의 양성을 위해 커리큘럼을 통한 개념과 이론의 체계화라는 과제를 안고 있음을 간과할 수 없다. 이상헌은 생태적 시민 의식을 갖춘 시민의 양성과 생태적 시민권(ecological citizenship)의 정립의 본질을 "개인들이 공간을 마음대로 변형하기보다는 그 생태 공간의 시민 됨을 배우는 것"으로 정의했다(이상헌, 2011, 82-83). 그렇다면 구성원들이 공동체 중심으로 상향식 의사결정 과정을 통해 새로운 시민 됨, 생태적 시민 됨을 체험하고 있는 사례를 통해 실천 철학으로서의 생태교육학의 본질을 확인하고 그 지속가능성과 방향성을 전망할 수 있을 것이다.

5 브라질의 전환마을 운동

현재 브라질에서 생태교육학의 흐름을 가장 잘 읽을 수 있는 현상은 무엇일까? 혹은 생태교육학의 개념 정립에 가장 기여할 수 있는 움직임은 무엇일까? 이 절에서는 생태교육학의 렌즈로 전환도시 운동을 살펴보고 전환도시 운동이라는 현실 속 움직임을 통해 생태교육학의 지속가능성과 방향성을 전망해 보려고 한다.

전환도시 혹은 전환마을은 영어로는 'Transition Town/Transition Village'라고 하며, 기후변화와 경제 위기 극복을 위해 공동체 중심으로 회복력을 높이는 운동이다. 2004년 영국의 롭 홉킨스(Rob Hopkins)가 최초의 전환마을인 아일랜드의 어촌 토트네스(Totness)를 설계한 것이 그 시초가 됐다. 현재는 전 세계 50개 이상 국가, 500개 이상의 도시에서 전환마을 프로젝트가 진행되고 있다.[1] 도시 혹은 마을을 환경 측면에서 더 회복력이 높고, 화석연료에의 의존도가 낮으며, 자연에 더욱 통합된 곳으로 만드는 것이 그 목적이다. 전환마을 운동은 기후변화와 경제 위기 앞에 지속가능성을 위해서는 지역 경제 체제 구축을 통한 지역 주민의 생계 안정화와 지역의 생태적 지역화 과정을 분리할 수 없다는 믿음에 기반하고 있고, 이것이 실제 전환마을 운동의 중심 원리다(심성보, 2021, 61-65). 홉킨스가 제시하는 전환마을의 필요성은 다음과 같다.

첫째, 에너지를 아주 적게 쓰면서 살아야만 하는 생활을 피할 수 없다면 갑작스럽게 그런 상황에 처하는 것보다 지금부터 계획하고 준비하는 것이 더 낫다. 둘째, 피크 오일로 수반되는 심각한 에너지 충격에 대해 개인과 공동체가 대비할 준비가 되어 있지 않다. 셋째, 그렇기 때문에 우리는 지금 힘을 모아 당장 행동에 옮겨야 한다. 넷째, 우리 주변에 있는 사람들의 창조성과 아이디어를 잘 활용하여 에너지 하강 행동 계획을 세우고 지구의 생태적인 한계를 인식한 가운데 지역의 회복력을 높여 살아가는 방법을 익혀야 한다.(이유진, 2013)

---

1 https://transitionnetwork.org/.

홉킨스가 제시하는 전환마을이 필요한 이유는 매우 명료하고 직관적이다. 위와 같은 이유에서 출발한 전환마을은 심성보가 말하는 수평적 연대와 협동이 활성화되는 가벼운 공동체로서의 마을 공동체 그 자체다(심성보, 2021, 78-79). 무엇보다 지금 거창하게 '전 지구'가 처해 있다고 말하는 환경과 생태의 위기, 그리고 전 세계의 인구 절반 이상이 처한 사회경제적 불평등이라는 만성적 문제에 대한 우리의 인식을 바꿔준다. 그런 문제들이 건드릴 수 없는 추상적인 거대한 덩어리나 물결, 혹은 정부나 엘리트 지배 계층만이 해결할 수 있는 문제가 아니라 우리가 (말 그대로 너와 나, 그들을 다 포함하는) 어떻게 해볼 수 있는 문제로 인식하게 해준다. 실제로 지역 공동체 단위의 시민 참여는 지속가능성을 위한 또 하나의 필수적 조건이다.

브라질에서 전환마을은 'cidades em transição'이라는 용어로 정착했다. 2004년 영국에서 토트네스 사례를 접한 브라질의 사회 운동가 모니까 삐까베아(Monica Picavêa)는 브라질 건축가 이사벨라 메네제스(Isabela Menezes)와 손잡고 상파울루의 브라질랑지아(Brasilândia) 구역에서 최초의 전환마을을 탄생시켰다. 삐까베아와 이사벨라는 그 잉태 단계부터 그때까지 시도된 세계의 전환도시 혹은 전환마을 운동과는 매우 중요한 차이를 두기로 했다. 주로 중산층 이상의 경제 수준을 갖춘 지역에서 시도되던 전환마을 개념을 브라질의 빈민층 거주 지역에 도입하기로 한 것이다. 삐까베아는 전환마을 운동은 각 지역의 현실과 가장 절실한 필요에 부응해야 한다고 믿었다(Serpa, 2020). 브라질이 안고 있는 가장 심각한 문제는 사회경제적 불평등으로 인한 빈곤과 폭력이었다. 대개 빈곤과 폭력에 노출된 지역, 그리고 사람들은 기후를 비롯한 환경적 측면에서도 열악한 상황에 놓여 있다. 그렇게 선택된 브라질랑지아는 한마디로 파벨라다. 상파울루 북부에 위치한 면적 21.15제곱킬로미터, 인구 265,000명 규모의 구역으로, 위기·취약 청소년 비율이 높고 인간개발지수(HDI)가 상파울루 시에서 가장 높은 곳이었다.

이 브라질 최초의 전환마을은 약 5년의 프로젝트 구상 단계를 거쳐 2010년 12월 트랜지션 브라질랑지아(Transiton Brasilândia)라는 이름으로 공식 출범했다. 보건, 교육, 경제, 문화, 자연환경 등 지역 공동체의 삶 전반에 걸친 영역을 활동 범위로 하고, 주체는 당연히 공동체 성원 모두이다. 초기 프로젝트 관리팀 구성, 토지 매핑, 워킹그룹 구성, 목표 설정 및 계획 수립이라는 준비 과정을 거쳐, 아래의 유형 혹은 주제[2]를 중심으로 운영되고 있다.

- ■ 지역 공동체 문화 복원
- ■ 식량 안보 및 녹지 조성: 도심 정원, 텃밭 만들기
- ■ 물과 자연환경 보존
- ■ 견고한 경제: 지역 경제 활성화와 소득원 창출
- ■ Zero Waste: 벼룩시장
- ■ 교육: 소수 그룹, 취약 계층 역량 계발 프로그램

---

2   전환도시 유형은 일반적으로 전 세계 전환도시 운동의 허브인 트랜지션 네트워크(Transiton Network)가 분류한 예술과 공예, 산업 경제, 다양성과 사회 정의, 교육, 효과적인 그룹, 에너지, 음식, 건강, 주택, 내재적 변화, 지방 정부, 교통이라는 12개 주제를 축으로 각 도입 지역의 현실과 우선순위를 반영해 설정된다(Transition Network.org).

트랜지션 브라질랑지아의 주요 성과는 생태교육학의 주요 지향점으로 제시한 일상성의 회복, 유기성의 촉진, 공동체 구성원의 주체적 참여, 자연환경과 생태계 보존에 대한 책임 의식 강화의 측면에서 관찰된다. 특히 유기성의 강화는 다양한 층위에서 이뤄지고 있는 성과다. 먼저, 벼룩시장, 텃밭 가꾸기, 비누나 앞치마 등의 생활 필수품과 공예품 만들기 그룹 운영을 통한 주민들의 물리적 대면이 그것이다. 한편 브라질랑지아의 전환 실천은 그전까지 방관적 태도를 취했던 시 당국의 소통 의지를 고무시켰다. 시 당국이 자발적 협력 의사를 보이고 주민과의 소통을 통해 마을의 도로를 새롭게 포장하는 공사를 진행한 것이다(Serpa, 2020). 여기에는 'Municipalities in Transition'이라는 국제적 풀뿌리 정책 프로젝트의 역할이 있었다. 시민사회와 시 당국 간의 소통과 협력을 매개해 지속가능한 변화를 낳는 정책을 함께 만들고 실행하도록 돕는 것을 목표로 한다.[3] 전환도시 만들기가 대개 지역 공동체 단위로 추진되는 것은 행정이 주도할 때 오는 절차상의 비효율성과 개인이 실천할 때 오는 규모와 범위의 제약 때문이다(심성보, 2021). 이렇게 함으로써 이 운동의 핵심인 시민 참여도 효과적으로 이끌어 내고, 이전 상태에서는 정부가 속수무책으로 여겼던 도시의 문제들, 특히 브라질의 경우에는 도시 문제로서의 빈민가와 취약 계층이 당면한 교육과 보건 취약성 등의 문제에 공공 기관의 자발적 협력을 이끌어 내는 효과를 달성할 것으로 기대된다.

한편 전환마을 운동에서 추구하는 생태적 시민 의식 형성은 "환경

---

3 https://municipalitiesintransition.org/.

문제는 사회적 논의의 일부분이 되었고 동시에 시민의 영역으로 들어왔기 때문에 시민성의 개념은 현 상황에 부응하여 변화되어야 한다"는 김병연의 말을 생각나게 한다(김병연, 2015, 13). 사람들은 전환마을이라는 공동체 내에서 공동체 구성원으로서 일련의 실천을 통해 쓰레기의 증가, 수질 오염, 대기 오염, 기후변화, 특정 동식물의 멸종과 같은 환경 문제가 나의 문제이며, 그 해결은 국가나 지배 계층, 일부 NGO 단체, 국제 기구가 책임져야만 해결될 수 있는 문제가 아님을 구체적으로 배우게 된다. 김병연의 말처럼 일상에서 "생태적 고려"를 실천함으로써 그 문제 해결에 참여할 수 있음을 알게 되기 때문이다.

> 이것은 환경 문제 해결의 출발점에서부터 광범위하고 거시적인 사회의 제도적 변화를 이론화하는 것보다 더욱더 효과적인 미시적 접근 방식으로서 시민 개개인들이 그들 자신의 일상적 의사결정과 활동 속에서 생태적 고려를 포함시키는 것이라고 할 수 있다.(김병연, 2015, 20)

전환마을 운동의 지속가능성을 위해 인프라 구축 및 보수와 같이 공공 기관과의 연대가 반드시 필요하다는 점도 이 지점과 맞물려 다시 이해해 볼 수 있다. 전환마을 운동이 결코 과거로서의 전통으로의 회귀나 도시, 주, 국가, 세계와의 단절과 고립을 추구하는 운동이 아니기 때문이다. 전환마을 운동은 국가, 세계라는 더 큰 공간적 맥락과 현대 사회를 관통하는 기후위기와 전 시대를 아우르는 불평등이라는 시간적 맥락에 대해 분명히 인식하고 있다. 전환마을 운동이 설정하는 공간적 범위는 그 인식을 토대로 이러한 문제를 나의 문제로 상정하고 가장 운영 가능하고 구체적인, 즉 구성원들과의 물리적 조우가 가능한 단위다. 그 안에서 가난이나 피부색으로 인해 타자로서 부정당한 반(半) 존재가 아니라 공동체의 온전한 성원으로서 나의 일상을 통해 공동의 문제를 해결하려는 시도가 전환마을 운동이다. 이러한 노력이 더 큰 국가, 그리고 다른 나라들과 같은 더 큰 사회와의 만남으로 이어지지 않는다면 그 어떤 공동체 중심의 실천도 추상적이고 뜬구름 잡는 소리라는 일부 경제학자의 비난을 벗어나기 어렵다. 우선은 운영 가능한 단위의 공동체를 중심으로 환경 문제와 불평등 문제를 풀기 위한 사회 다양한 층위의 노력들이 서로 연결되게 하는 것, 그래서 서로의 정책과 실천을 지속가능한 것이 되게 하는 것이 생태교육학적 관점의 차별성이라고 믿는다. 그런 점에서 일상성의 회복과 유기성의 촉진이라는 의도, 그리고 실제로도 그렇게 해석할 수 있는 트랜지션 브라질랑지아의 성과는 전환마을 운동을 생태교육학의 관점에서 읽는 것이 합당하다는 입장에 힘을 실어 준다. 특히, 선례를 깨고 빈곤 지역을 중심으로 전개되고 있는 브라질의 전환도시/마을 운동은 불평등 문제에의 덜 소모적인 접근을 가능하게 하는 방법론으로서의 생태교육학을 논하기에 더 매력적인 사례이다.

세계 최초로 빈곤층 거주지에서 취약 계층 인구의 주도적 참여로 시작된 트랜지션 브라질랑지아의 사례는 최초의 시도라는 상징적 의미에 그치지 않고, 이제는 브라질 전역에서 활발하게 진행되고 있는 전환마을 운동의 주요한 특징 중 하나로 자리 잡았다. 브라질랑지아 이후 상파울루의 빌라 마리아나(Vila Mariana), 빌라 레오뽀우지나(Vila Leopoldina), 그랑자 비아나(Granja Viana) 지역, 히우지자네이루의 바하지 치주까(Barra de Tijuca), 상따 떼레스(Santa Terez) 지역, 브라질리아

〈그림 3〉·브라질 전역의 전환마을 운동.
출처:Google Map.[4]

등 주요 도시가 전환마을 프로젝트를 시작했고, 지도에서 보듯 브라질
남부와 북동부 지역으로까지 확산되고 있다. 초기에 전환도시/마을 운
동이 경제 위기, 기후위기, 화석연료 고갈과 같은 환경 문제에 대한 응
답이었다면, 브라질에 상륙한 이후부터는 인류가 사는 세계를 다시 생
각하고 보다 지속가능하고 긍정적인 방식으로 그 세계를 재창조하기

---

4 Google Map, "A Transição no Brasil", https://www.google.com/maps/d/u/0/
viewer?ll=-15.220437641193989%2C-47.43402605000006&z=4&mid=1wbTGzaV3
3TF9HEpaiqIjWpXs5IQ(검색일: 2023.01.17.)

위한 출구를 발견하기 위한 공동체 운동으로 그 의미가 심화, 확장됐다 (Serpa, 2020). 이러한 사례는 아직 건설 과정에 있는 생태교육학의 의미와 방향성을 정립하는 데 실질적으로 기여하며, 그 외 다양한 실천 사례와의 상호작용을 통해 생태교육학과 전환마을 운동이 보다 체계화되고 풍성해질 것으로 전망해 볼 수 있다.

6 결론

생태학이 다루는 문제는 자연환경, 자연 생태계에만 국한되지 않는다. 실제로 많은 학문 분과들이 '생태'적 차원을 고려하고 있으며 현재 생태주의의 지류는 매우 다양하다.[5] 여기서 말하는 생태적 차원이라 함은 근대화, 도시화, 산업화, 세계화로 가속화된 전 지구적 환경과 생태의 위기, 그리고 그것이 가중시킨 인간 사회의 불평등과 소외와 같은 여러 문제들에 대한 고민을 뜻한다. 그런 면에서 생태교육학도 그러한 고민을 품은 교육적이고 정치적인, 그러나 학교 안이나 특정 지배 계층에 국한된 것이 아닌 사회 구성원 전체의 참여를 전제하는 생태주의의 한 갈래로 이해할 수 있다.

브라질이 처한 총체적 난국은 그 어느 때보다 건강한 시민의 필요성

5　이상헌은『생태주의』(2011)에서 공업화 이후 급속화된 지구적 환경·생태 위기의 원인과 해결 방안에 대한 다양한 정치적 입장을 생태주의의 다양한 갈래와 흐름을 통해 소개하고 있다. 대부분이 앞에 '생태'라는 용어를 그 이름에 사용하지만, 그렇지 않더라도 본질적으로 같은 고민을 공유하는 정치적 및 교육적 입장을 생태주의의 한 갈래로서 혹은 함께 고려해야 할 입장으로 포함하고 있다.

을 말해 준다. 전시와 같이 외세에 맞서야 하는 특수한 상황에서, 월드컵과 같은 국가 대항전에서 축구를 매개로 똘똘 뭉쳐 다른 나라를 이겨야 하는 상황에서 필요한 것은 20세기 중반까지도 브라질이 그토록 노력했던 '어쨌든 하나로서의' 맹목적인 국민이었을지 모른다. 그것은 어쩌면 한시적이고, 예비군복 같은 국민성일지도 모른다. 브라질도 이미 오래전부터 브라질이 해결해야 하는 문제는 외부로부터 오는 위협이 아니라 브라질 내부에 뿌리내린 빈곤과 불평등이라는 문제임을 알고 있다. 불평등은 브라질의 구성원이 매일의 일상에서 마주하는 생존과 직결된 문제이다. 가끔 정예부대처럼 출동해 일정 기간 맞서 싸워 타파해야 할 적도, 누군가 대신 나서서 해결해야 할 문제도 아니다. 그래서 지금 필요한 것은 새로운 시민성이다. 불평등 문제의 해결에 있어 일방적으로 자타에 의해 대상화되지 않고 자신의 일상으로 자신이 속한 그곳에서부터 참여하는 것이다. 생태교육학은 그런 생태적 시민 되기를 지향한다.

라틴아메리카는 많은 실험적 사건들이 발생해 왔다. 그 사건들은 그것이 발생한 특정한 시기, 공간에 갇히지 않고 꾸준히 세계에 반향을 불러일으켰다. 레오나르도 보프의 해방신학, 파울루 프레이리의 해방을 위한 실천으로서의 교육학, 최근 에콰도르에서 시작된 자연에 법 인격을 부여하는 헌법상의 자연권 인정은 대표적인 예다. 사건은 현실에 대한 새로운 관계를 열어 놓는다. 그리고 새로운 개념은 기존의 사건, 문제들을 읽는 새로운 인식의 틀을 제공한다. 우리가 알고 있는 현상, 속성, 진리, 하도 들어서 너무 뻔해 우리의 감각이 무던히 반응하는 것들을 새로운 언어로 다른 사고의 회로를 거쳐 다시 이해해 보는 과정은 반드시 필요하다. 특히 그것이 불평등과 같이 수정되어야 할 문제라면 더욱 그렇다. 생태교육학은 완전히 새로운 문제에 대한 고민에서 나오지 않았으며 기존의 문제에 대한 다른 각도에서의 고민과 실천의 철학이다. 고립된 개인, 고립된 공동체로서의 자립을 지향하는 것이 아닌, 지속가능한 사회, 지속가능한 지구를 위해 필요한 지속가능한 협력, 즉 정부를 포함한 사회 전 구성원들 간, 그리고 자연환경과 생태계와 같은 비인간 구성원들과의 연결 혹은 유기적 관계의 중요성을 강조한다.

제 4 장

라틴아메리카의 환경 불평등: 칠레와 페루 사례를 중심으로

/

임수진

/

1 들어가며

우리는 국내와 국제의 구분이 모호한 시대에 살고 있다. 문화에서 경제에 이르는 모든 영역에서 지구적 상호 연계성의 범위가 점점 더 확대되고 있기 때문이다. 예를 들어 우리가 매일 마시는 커피는 주로 중남미나 아프리카의 개발도상국에서 건너왔을 것이고, 커피를 담은 컵은 인도네시아산 나무를 사용해 중국에서 만들어 수입했을 것이다. 수입 과일 하면 필리핀산 바나나라는 익숙한 공식이 있었지만, 이제는 전통 시장의 과일 가게에서도 수입 과일은 흔하게 볼 수 있고, 종류도 다양해졌으며, 원산지도 다변화되고 있다. 이제 소비자들은 에콰도르산 핑크빛 로즈 바나나를 살 수 있게 됐고, 호기심에 구입한 과테말라산 녹색 바나나는 숙성이 필요한 것이 아니라 요리를 해야 부드러워진다는 사실을 알게 됐다. 이탈리아 음식인 피자와 스파게티, 미국의 콜라와 햄버거, 일본의 초밥, 중국의 마라탕, 페루의 세비체 등 국가의 경계를 넘어 전 세계 어디서나 즐기는 음식이 늘어났고, 한류는 지구촌 곳곳에서 사랑받는 문화가 되었다. 해외 직구로 물건을 구매하고, 소셜미디어를 통해 외국 친구와 번역기로 대화하는 것도 자연스러운 시대이다.

그러나 지구적 상호 연계성은 우리에게 편리함과 풍요로움만 안겨주지 않았다. 러시아의 우크라이나 침공과 미·중 패권 전쟁이 장기화하면서 세계 경제는 글로벌 공급망 재편과 지정학적 위험 증가로 인한 에너지 및 식량 등의 안보 위기를 맞았다. 유럽은 러시아산 원유 수입 중단으로 에너지 위기를 겪었고, 우크라이나 곡물 수출길이 막히면서 국제 곡물 가격이 급등하자 전 세계 식탁 물가도 상승했다. 이처럼 한 지역의 경제 위기가 멀리 떨어진 다른 국가에 영향을 미치는 현상은 과거에도 있었는데, 1997년 동아시아 경제 위기가 그랬고, 1970년대 두 번의 석유 파동, 1929년 세계 대공황도 지구적 결과를 초래했다. 전 세계적으로 경제 통합이 가속화되고 다양한 행위자들의 등장과 인터넷을 통한 커뮤니케이션 등이 확대되면서 초국가적인 조직과 동원 또한 확대되었다. 이데올로기, 자본, 난민, 바이러스, 미세먼지, 쓰레기에 이르기까지 국경을 넘어 형성된 지구적 연결망은 계속해서 심화하고 있다.

2019년 중국에서 처음 발생한 코로나19 바이러스가 전 세계로 확산하는 데도 그리 오래 걸리지 않았다. 국내 첫 확진자가 중국인으로 밝혀지면서 국내에서는 중국인 입국 금지를 주장하는 여론이 형성되기도 했는데, 중국인 입국 금지가 코로나19 확산을 막기 위한 실효성 있는 조치였을지는 알 수 없다. 당시 한국 정부가 이 정책을 추진하지 않았던 이유 중 하나는 중국이 우리의 핵심 교역국이며, 취약 품목에 대한 의존도가 높았기 때문이었다. 실제 중국인 입국을 금지하여 무역 갈등이 일어나게 되면 정치적 · 경제적으로 한국이 받는 부정적 영향이 클 수밖에 없었다. 또 중국 인구는 14억 명이지만, 중국 밖 인구는 66억 명이나 되며 그들은 코로나19 바이러스와 섞여 제한 없이 지구 곳곳을 이동하고 있었다. 이처럼 상호 의존이 심화된 지구화(globalization) 시대에 바이러스의 이동을 사람이 막을 수 있는 방법에는 한계가 있을 수밖에 없다.

지구화는 세계가 하나의 경제 단위가 되어 자본, 재화, 서비스, 사람이 자유롭게 이동하는 현상, 또는 세계가 하나의 지구적 규범과 기준, 나아가 이념 · 기호 · 가치관 등을 갖게 되는 현상을 말한다(유현석, 2021, 96). 즉 사회들 간의 상호 연결성이 증대되어 가는 과정에서 세계의 한 부분에서 일어난 사건이 멀리 떨어져 있는 사람과 사회에 더 큰 영향을 끼치는 과정을 말하며, 지구화된 세계는 정치적 · 경제적 · 문화적 · 사회적 사건들이 더욱더 상호 연결되고 더 큰 영향력을 미치게 된다(베일리스 외, 2022, 31-33). 그러나 범세계적 상호 연계성의 영향이 확대 · 심화되고 있는 지구화 과정은 매우 불균등하여 국가 간 갈등의 원인이 되기도 한다. 특히 지구화의 추세가 가장 극명하게 나타나는 분야가 경제이고, 경쟁과 효율성을 강조하는 신자유주의 이데올로기를 근간으로 하고 있기 때문에 개발도상국이 받는 새로운 세계 경제 질서에 대한 압력은 선진국에 비해 클 수밖에 없었다. 선진국은 개발도상국이 국제 경제에 통합되었을 때 빈곤이나 기아 문제가 해결될 것으로 보았는데, 이러한 남북 갈등은 1964년 개발도상국들이 77그룹(Group of 77)을 결성하면서 본격화되었다. 그러나 남반구 국가들이 주도하는 새로운 세계 경제 질서는 실패했고, 1980년대 잃어버린 10년(lost decade)을 맞으면서 심각한 경제 위기를 겪게 되었다. 세계 경제가 발전했음에도 불구하고 대다수 인류를 배제한 채 지구 정치의 엘리트인 선진국을 중심으로 성장하면서 선진국과 개발도상국 간의 불평등은 더욱 커졌고, 개발도 상국뿐만 아니라 선진국에서도 부유층과 빈곤층 간의 격차가 크게 벌 어진 것이다.

지구화는 인류 역사상 그 어느 때보다도 성공적인 경제 성장을 이 루는 데 기여함으로써 물질적 풍요로움을 가져다주었지만, 인류 모두 가 그 풍요로움과 기회를 제공받지는 못하고 있다. 이에 지구 공동체의 빈곤을 축소하기 위해서는 경제 성장의 과정에서 빈곤을 해소하기 위 한 경제적·사회적 정책이 동반되어야 한다는 인식이 확산하기 시작했 고, 1990년대 들어 유엔개발계획이 인간개발지수(Human Development Index)를 개발하면서 성장에 관한 국제 사회의 기조는 지속가능한 발전 (Substainable Development)으로 전환되었다. 또한 지구적 상호 연계성 의 범위가 확대되어 감에 따라 에너지, 디지털, 생태 등 불평등의 범위 도 확대되자 그에 따라 국제 사회는 빈곤, 환경, 젠더, 인권 등 발전에 관 한 다양한 의제들을 본격적으로 다루기 시작했다. 그중에서도 초국가 적 혹은 지구적 성격이 강한 환경 문제를 국제 기구, NGO, 기업, 전문가 등이 포용적 관점에서 국제적 협력과 합의를 이끌어 내고 있다는 점에 서 의미가 크다. 따라서 이 글에서는 공평하지 않은 지구 발전의 과정에 서 나타난 칠레와 페루의 불평등 사례를 살펴봄으로써 개발도상국 지 위의 두 국가가 경험한 불평등과 이를 극복하기 위한 국내적·지구적 협력 과정을 고찰하고자 한다. 특히 생태 환경을 위한 협력 과정에서 다 양한 행위자들의 다층적 참여가 주는 의미를 통해 지구적 불평등 해결 을 위한 대안을 모색해 보고자 한다.

2 가장 성공적인 지구 환경 협력:
칠레 상공 오존층 파괴와 몬트리올 의정서

1) 남극 상공 오존층에 구멍이 보이기 시작했다

1985년, 영국의 남극조사단에서 일했던 지구물리학자 조셉 파먼 (Joseph Farman)은 남극 대륙 상공 오존층에 구멍이 있는 것을 발견했다. 1974년 마리오 몰리나(Mario Molina)와 셔우드 롤런드(Sherwood Rowland)가 세계 최초로 오존층 파괴에 대한 경고를 한 지 11년이 지나 오존층에 구멍이 있다는 것이 현실로 나타난 것이다. 1985년에 이 지역 봄철 오존 농도가 70%나 줄어든 구역이 관측되면서 오존 구멍을 공식 확인했고, 2000년에는 관측 사상 최댓값인 2,990만 제곱킬로미터까지 커졌는데, 이는 중국 면적의 3배에 달하는 크기다. 2011년부터는 북극 상공에서도 오존 구멍이 뚜렷하게 보이기 시작했다. 이후 남극 상공의 오존 구멍이 서서히 감소하는 현상을 보이며 2018년에는 약 2,200만 제곱킬로미터 수준까지 줄었으나 2020년에는 다시 확장하여 2,480만 제곱킬로미터를 기록했다. 같은 해 북극의 오존 구멍은 사라졌다. 이처럼 오존 구멍은 커졌다가 작아지기를 반복하고 있는데, 세계기상기구 (WMO)는 2060년대 중반이면 1980년대 이전 수준으로 돌아갈 수 있을 것이라고 전망하고 있다.

성층권인 25-30킬로미터 사이에 오존 밀도가 높은 층을 오존층 (Ozone-layer)이라고 하며, 오존 구멍(Ozone Hole)은 극지방 상공 성층권에서 오존 농도가 크게 줄어든 구역이 발생하는 현상을 말한다. 오존

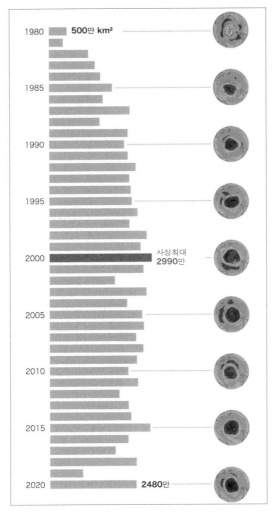

〈그림 1〉• 남극 상공 오존 구멍 면적.
출처: 브릭스, 2021.

층의 두께를 나타내는 단위를 돕슨(Dobson Unit, DU)이라고 하는데, 오존층의 평균 두께는 약 350-400돕슨이며, 200돕슨 이하가 되었을 때를 오존 구멍이라고 한다. 지표면의 오존은 인간에게 해로운 물질이지만 성층권 내의 오존은 태양으로부터 방출되는 자외선을 흡수하는 유일한 대기 가스로 인간을 비롯한 지구의 모든 생명체를 보호하는 역할을 한다(김미자, 2010, 63). 그러므로 오존층이 파괴되면 지구에 도달하는 자외선이 많아져 생물이 살 수 없는 환경이 된다. 강한 자외선이 증가하면 단백질과 세포 DNA에 이상을 일으켜 피부 그을림은 물론, 피부 주름, 노화, 피부암 발생이 늘어나게 되고, 각막을 손상하거나 백내장, 면역 결핍증 등을 유발한다. 인체의 면역 기능이 약화하면 전염병이 더 많이 발생하거나 확산할 수도 있다. 그뿐만 아니라 동물 건강에도 영향을 미치게 되고, 먹이사슬의 기초가 되는 식물을 파괴하기도 한다. 육상 생태계와 마찬가지로 강한 자외선은 광합성을 하며 유기물을 생산하는 해양 식물에도 영향을 미치므로 해양 생태계의 기초 생산자인 플랑크톤이 죽게 된다. 식물성 플랑크톤 감소는 수많은 수중 생물에 영향을 미쳐 결국에는 먹이사슬에 의해 인간에게까지 영향을 미치며 지구 생태계 전체를 파괴하기에 이른다.

처음 발견한 오존 구멍은 미국 대륙의 2배 크기로 남극 상공에 위치해 있었으나 구멍 크기가 점차 커지면서 남극 주변의 칠레와 아르헨티나, 호주, 뉴질랜드, 남아프리카공화국과 같은 남반구 국가들도 영향을 받게 되었다. 특히 오존 파괴 영향권에 있는 칠레 남부는 정주 인구가 많아 피해가 더 심각했다. 남극 상공에서 관측되던 오존 구멍이 도시 위로 확장된 최초의 사례도 2000년 칠레 최남단 도시 푼타아레나스(Punta Arenas)였다. 인구 12만 명이 조금 넘는 이 도시는 지금도 햇볕과의 전쟁을 벌이고 있는 곳이다. 6개월이 넘는 긴긴 겨울이 지나고 햇볕이 귀한 남반구 땅끝에 봄이 찾아와도 이 지역 주민들은 집 밖을 나서는 것이

두렵다. 어린이들은 자외선 지수가 높은 날에 야외 체육 활동을 할 수 없고, 등하굣길에 목을 덮는 모자와 선글라스를 필수적으로 착용해야 한다. 노동자들의 야외 근무 또한 제한된다. 화창한 날씨에 야외 스포츠 행사에 참석했다가 얼굴에 화상을 입어 오랜 기간 치료를 받는 사람들도 늘었다. 칠레 보건부는 푼타아레나스 시민들에게 오전 11시부터 오후 3시 사이에 야외 활동을 자제하고, 이 시간에 외출을 하게 될 경우 긴소매 옷을 입어야 하며 차단 지수가 높은 자외선 차단제와 눈을 보호할 선글라스를 써야만 한다고 권고했다. 학생들은 옷에 '오존 센서'를 붙여야 했는데, 스페인어로 태양(sol)과 신호등(semáforo)을 뜻하는 단어를 결합해 'solmáforos'라고 불리는 오존 신호등이다. 햇볕의 세기가 강해질수록 오존 신호등의 색깔은 파란색에서 빨간색으로 변한다. 건설 현장, 리조트, 놀이동산, 놀이터 등 야외 활동을 하는 지역에는 의무적으로 오존 신호등을 설치해야 한다. 이 지역 신문들도 1면에 오존 예보를 하는데, 녹색(0-2단계, 정상), 노랑(3-5단계, 주의), 오렌지(6-7단계, 매우 주의), 빨강(8-10단계, 위험), 보라(11단계, 매우 위험)의 순서로 오존 신호등을 보여 준다.

〈그림 2〉는 2000년에서 2020년 사이 칠레 주요 도시의 여름철 UV-B 지수를 보여 준다. 낮음부터 보통, 높음, 매우 높음, 극도의 높음을 표시하는데, 높음 단계를 세 단계로 나누어 분류한 것만 보아도 칠레의 UV-B 문제가 심각함을 알 수 있다. 자외선 지수가 6 이상이면 낮 시간 야외 활동을 피해야 하는 높은 수준을 말한다. 극지방(Antártica)의 자외선 지수가 2015년에서 2018년 사이 보통으로 내려간 것을 제외하면 전 지역의 여름철 자외선 지수는 높은 단계를 기록했다. 최남단 도시 푼

타아레나스의 자외선 지수도 매우 높은 단계를 보여 주고 있고, 2018년부터 2020년 사이에는 극도로 높은 수준으로 상승했다. 2020년 극지방을 제외한 전 지역에서 자외선 지수는 극도로 높은 상태이고, 푼타아레나스와 극지방의 경우 다른 지역에 비해 자외선 지수가 낮다. 남극 상공의 오존 농도가 매우 낮은 상태이기 때문에 성층권에서 자외선을 흡수하지 못하고 바로 생태계에 도달하므로 북쪽의 극도로 높은 자외선 지수와 비교하여 낮다고 볼 수 없다. 2001년부터 2년 동안 50세 미만 인구의 피부암 비율이 12%에서 20%로 증가했고, 18세 미만의 많은 청소년들의 UV-B 노출량이 평생 선량의 80% 이상으로 보고되었다. 또한 고도가 높은 지역과 남쪽 지역이 자외선 영향을 더 크게 받지만, 발암성 파장은 북쪽이 더 강했고, 산티아고와 같이 인구 밀도가 높은 지역에서도 건강 위험이 컸다(Ministerio de medio ambiente, 2021, 7-8). 특히 야외에서 노농을 하는 어민과 농민들은 건강뿐만 아니라 생계에도 영향을 받게 된다. 자외선에 노출되었을 때 피부 질환 등의 발병 위험이 커 치료 비용이 들어가게 되고, 자외선을 피해 일을 하지 못하면 그만큼 수입이 줄어들기 때문이다. 또한 생태계의 변화는 어족 자원과 농업 생산량에도 영향을 미치므로 농어민들의 수입 감소로 연결된다. 즉 오존층 파괴가 칠레 전 지역의 생태 환경과 인간 삶의 질에 미치는 영향이 심각하다는 뜻이다. 그리고 이러한 생태 환경의 변화는 농수산물 수출이 많은 칠레 경제와 이를 수입하는 국가들과도 연결되어 있다.

1980-1990년대 많은 대기과학 전문가들이 남극 상공에 오존 구멍이 발생한 데 따른 잠재적 위험을 강조했음에도 불구하고 시민들은 오존 신호등이나 노동법 개정과 같은 대응책을 마련하고 제도화하는 것

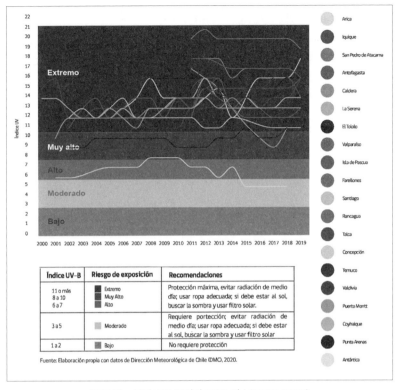

〈그림 2〉• 칠레 주요 도시의 UV-B 지수(2000-2022).

출처: 칠레 환경부(Ministerio de medio ambiente, 2021).

을 강하게 반대했다. 파타고니아의 중심이자 남극으로 가는 관문인 이 도시에서 야외 노동을 제한하고, 오존층 구멍의 위험성이 알려져 관광객 수가 줄어들면 그에 따른 수입 감소가 따를 것이라고 생각했기 때문이다. 생태계 파괴도 직접 눈으로 확인되지 않는 현상이었기 때문에 오존층 파괴의 심각성을 크게 실감하지도 못했다. 그러나 칠레 정부가 2001년부터 자외선 지수 측정을 시작하고, 광범위한 예방 및 교육 프로그램을 시행하면서 주민들의 인식이 바뀌기 시작했다. 학교에서는 매일 아침 자외선 수준을 알리는 깃발을 게양하고, 지역 언론은 자외선 지수를 발표하며, 저소득 계층에 자외선 차단제를 무료로 배포하기도 했다. 2006년에는 노동자들의 햇볕 노출 보호법을 만들어 각 사업장은 '오늘의 햇볕 강도'를 의무적으로 게시해야 했다.

2) 가장 성공적인 지구 환경 협력 사례: 몬트리올 의정서

오존층 파괴의 원인으로 지목된 물질은 냉장고, 소화기, 스프레이, 에어컨 등에 사용되는 프레온 가스로, 염화불화탄소(Chloroflurocarbons, CFCs)라고도 불린다. 파괴된 오존 구멍이 사라지지 않고 회복이 더딘 이유는 염화불화탄소에서 나온 염소(Cl) 원자 하나가 파괴 연쇄반응을 시작하면 오존 분자를 10만 개까지 파괴할 수 있기 때문이다. 즉 당장 사용을 중단하더라도 수명이 긴 이들 물질이 성층권에 50-100년 동안 남아서 산소 원자의 촉매제로 작용하여 오존을 계속 파괴하는 것이다. 통계상으로 성층권까지 도달하는 염소의 80% 정도가 인간에 의한 합성화합물이고 20%만이 자연적으로 발생한다고 한다(김미자, 2010, 64).

몰리나와 셔우드는 1974년 6월에 과학 저널 『네이처(*Nature*)』에 연구 결과를 발표한 이후 과학계뿐만 아니라 정치계 및 언론과도 신속하게 후속 연구 진행 상황을 공유했고, 1985년 남극의 오존층에 구멍이 있음을 발견하기까지 축적된 과학적 근거는 후속 조치를 취하기에 충분했다고 말한다. 이에 국제 사회는 남극 상공의 심각한 오존층 파괴 현상에 대한 연구 결과와 실측 자료를 토대로 오존층 보호를 위한 신속한 대응 조치 필요성에 대한 공동의 인식을 형성하게 된다. 1985년 3월, 국제 사회는 유엔환경계획(United Nations Environment Program, UNEP)을 중심으로 오존층 파괴 원인물질 규제에 관한 비엔나 협약(Vienna Convention for the Protection of the Ozone Layer)을 채택했고, 1986년 9월 미국과 유럽 공동체 등 주요 국가와 프레온 가스 생산업계 대표들이 미국에서 회의를 갖고 오존층 보호를 위해 프레온 가스의 생산, 소비 및 배출을 제한하기 위한 구체적인 규제 조치가 필요하다는 합의를 도출했으며, 이를 토대로 오존층 파괴로 인한 지구 생태계 및 동식물의 피해를 방지하기 위한 후속 의정서인 몬트리올 의정서(Montreal Protocol on Substances that Deplete the Ozone Layer)를 1987년 9월 채택했다.

몬트리올 의정서는 염화불화탄소(CFCs), 수소염화불화탄소(HCFC) 등 96종의 오존층 파괴 물질을 규제 대상 물질로 정하고, 이 물질에 대해 생산량 및 소비량 규제와 전폐 일정을 확정했으며, 개발도상국 우대 문제에 합의했다. 개발도상국들은 대체 물질을 도입할 수 있는 기술 및 재정적 자원을 거의 갖고 있지 못했기 때문에 단계적으로 이행하기로 했다. 선진국의 경우 프레온 가스는 1996년부터, 할론(Halon)은 1994년부터 생산 및 소비가 금지되었으며, 개발도상국의 경우에는 1995년부터 1997년까지의 평균 생산 및 소비량 기준으로 2009년까지 이를 유예받았으나 2010년부터는 해당 물질의 생산 및 소비 금지 의무를 부담하게 된다. 이와는 별도로 유럽연합(EU)은 오존층 파괴 물질 수입자, 수출자 및 사용자에 대한 지침을 마련하여 역내외 국가로의 수입 및 수출을 규제하고 협약 비당사국에 대한 수입과 수출을 금지토록 하는 등 개별 국가들의 노력도 있었다. 피해 당사국인 칠레는 1990년에 이 의정서를 비준했다.

2021년 기준으로 197개국이 참여한 몬트리올 의정서는 사상 최대의 전 지구적 협약으로 역사상 가장 성공한 글로벌 환경 거버넌스 성공 사례로 평가받는다.[1] 당시 레이건 미국 대통령은 환경 문제에 관심이 없었으나 과학적 증거를 받아들여 국제 협력에 참여하게 되었고, 마거릿 대처 영국 총리도 세계가 환경 문제를 해결하기 위해 협력의 의지를 보여 준 최초이자 역사적인 업적으로 평가했다. 1989년 의정서가 발효되고 20년이 걸친 노력의 결과, 선진국은 오존층 파괴 물질의 소비량을 99% 이상, 개발도상국은 70% 이상 감축함으로써 성층권의 오존량도 크게 줄지 않은 것으로 조사됐다. 이 의정서에 따라 2010년부터는 모든 프레온 가스의 신규 생산이 전면 금지되었고, 대체 물질로 수소염화불화탄소를 개발했다. 그러나 수소염화불화탄소의 오존 파괴 정도는 낮았지만 지구온난화에 미치는 악영향은 이산화탄소의 2,000배 정도인 것

1　국제 사회에서 환경 문제가 주목을 받게 된 것은 1960~1970년대부터이다. 1950년대 스칸디나비아 반도에 숲이 사라지고 호수의 물고기가 떼죽음을 당하는 재앙이 나타나자 유럽 국가들이 원인을 규명하고 해결하는 노력을 한 데서 시작했다. 국경을 넘어 타국의 대기에 영향을 미치는 월경성(越境性) 대기 오염, 즉 산성비 문제를 유엔유럽경제위원회(UNECE)를 중심으로 논의하기 시작했다. 원인국인 영국이 연구 결과를 부정하고, 각국이 국익에 따라 다른 입장을 보이며 협상에 진전이 없었으나 스웨덴이 1972년 4월 스톡홀름에서 개최한 유엔인간환경회의(United Nations Conference on the Human Environment, UNCHE)에서 산성비를 국제적 이슈로 제기했고, 피해 당사국의 부단한 노력으로 국제 여론이 형성되면서 OECD 주도하에 '대기 오염 물질 장거리 이동 측정에 관한 협동 기술 프로그램'을 시작하게 되었다. 이렇게 축적된 과학적 근거를 바탕으로 지속적인 협상을 벌인 결과 1979년 영국과 서독을 포함한 유럽 31개국은 '장거리 월경성 대기 오염 협정(CLRTAP Convention)'을 체결하기에 이르렀다. 이 협약은 헬싱키 의정서(1985)와 소피아 의정서(1988) 등 현재까지 채택된 8개 기후 환경 협약의 단초가 되었다. 환경과 관련한 최초의 국가 간 협력을 이루어 냈으나 유럽 지역에 한정되어 있기 때문에 남극 상공 오존층 파괴를 전 지구적 최초의 환경 협력 사례로 꼽는다.

이 확인됨에 따라 선진국은 2030년, 개발도상국은 2040년까지 퇴출할 예정이며, 현재는 암모니아·탄화수소 등 오존층을 파괴하지 않으면서 온실가스 효과를 적게 유발하는 대체 물질 사용을 추진 중이다. 이러한 노력의 결과 2100년까지 기온이 최대 1도 상승하는 상황을 저지했다는 과학적 성과도 도출했다.

그러나 오존층이 복원되기까지 약 100년이 걸릴 것이라고 의정서에 명시되어 있고, 지난 40년 동안 오존 구멍의 크기가 커졌다 작아졌다를 반복하고 있는 것을 보았을 때, 오존층 복원은 장기적인 일이다. 유럽 코페르니쿠스 위성 시스템(CAMS)의 대기 모니터링 서비스의 데이터에 따르면 남극 대륙의 오존층 구멍은 2020년에서 2022년 사이에 더 오래 지속되었다. 남극 대륙의 오존 구멍은 남반구의 봄인 9월에 열리기 시작하여 10월 중 감소하기 시작하고 11월에 닫히는데, CAMS 데이터를 보면 8월부터 열리기 시작하여 11월 내내 구멍의 크기가 가장 컸고, 한 달 늦은 12월에 닫혔다. 2020년 오존 구멍이 닫힌 날은 12월 28일이었고, 2021년에는 12월 23일에 닫혔다. 구멍의 크기도 남극 대륙 크기와 비슷한 면적인 1,500만 제곱킬로미터를 초과하는 것으로 관측되었는데, 이는 과거 11월 구멍 면적과 비교하여 비교적 큰 규모였다. 지속적으로 오존층 개선이 이루어지고 있음에도 불구하고 지난 40년 동안 관찰된 것과 다른 현상이었다.

3) 지구 환경의 책임은 누구에게 있는가?

독성 없는 물질로 주목받았으나 오존층 파괴 물질로 밝혀진 프레온 가스와 그 대체 물질은 인류가 만들고 배출한 것이다. 각 국가는 지구라는 공유 자원에 대해 지속가능한 관리의 책임이 있지만, 국제 사회는 무정부 상태(anarchy)다. 주권 국가는 우리가 사는 '공동의 집' 지구를 하나의 통합된 생태계로 인식하기보다는 자국의 이익 추구를 우선으로 하기 때문에 지구 환경 협력에서 선진국과 개발도상국의 입장 차이는 지금까지도 지속되고 있다. 그러므로 지구 환경에 대한 책임은 누구에게 있는가, 선진국은 개발도상국의 환경 보호를 위해 기술 이전이나 환경 원조 등 무엇을 어떻게 부담할 것인가, 서구 선진국 중심의 환경 정의(environmental justice) 패러다임과 환경 정책과 관련된 각종 기준들은 정당한가 등의 의제는 지구 환경 협력의 주요 쟁점이다.

지구 환경 협력의 초점이 산업화에 따른 환경 오염 문제와 그로 인한 환경 피해 해결에 있다는 점에서 이러한 환경 불평등과 관련된 환경 정의는 "현재의 환경 보호나 규제 정책의 맥락에서 인종, 민족, 경제적 지위에도 불구하고 개인, 단체, 지역 사회를 환경적 위험으로부터 동등하게 보호하는 것"이라고 정의할 수 있다(이은기, 2012, 331). 칠레 오존층 파괴 사례는 원인국과 피해 당사국이 다르고, 원인국인 선진국은 산업화의 편익을 보았지만 피해국인 개발도상국이 환경 피해를 입고 비용 분담을 해야 한다는 점에서 선진국과 개발도상국 사이의 환경 불평등을 보여 준다. 오존 농도 감소는 대기권의 온도 분포에도 변화를 불러와 태양광선 침투가 증가하면서 지구 기온 상승을 초래하므로 기후변화를 가져오게 된다. 실제로 극지방의 얼음이 녹으면서 홍수나 가뭄 피해, 해수면 상승 등의 피해가 증가하고 있다. 직접적인 영향을 받고 있는 칠레에서는 세계에서 가장 건조한 지역인 아타카마 지역에 폭우가 내렸고,

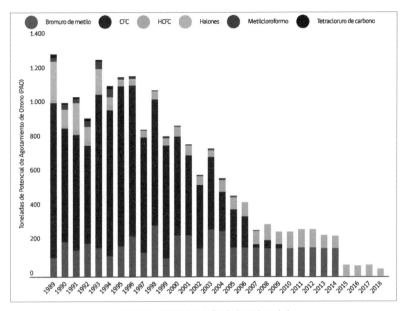

〈그림 3〉• 칠레의 오존층 파괴 물질 소비량.
출처: 칠레 환경부(Ministerio de Medio Ambiente, 2021.

전국적으로 강수량이 늘었다. 그뿐만 아니라 남극은 산업 활동이 금지
된 지역이고, 오존 구멍의 직접적인 피해를 받고 있는 남부 파타고니아
지역도 오존층 파괴 물질 생산과 배출과는 거리가 먼 지역이다. 그런데
도 전에 없던 프레온 가스 대체 물질인 수소염화불화탄소가 2016년부
터 남극 상공에서 관측되었고, 대기 중 농도는 빠르게 증가하고 있다. 몬
트리올 의정서에 따라 2010년 이후 유엔환경프로그램(UNEP)에 보고된
공식적인 전 세계 생산량은 '제로'이다. 그러나 2016년에도 이 물질이
배출되고 있고, 배출량의 80-95%가 북반구 중국에서 이루어지고 있으
며, 이 물질이 계속해서 남반구로 유입되면서 줄어들던 오존 구멍의 크
기는 다시 늘었다.

칠레 정부의 교육 및 예방 프로그램 확산으로 자외선 위험성에 대한 국민들의 인식은 증가했으나 선진국이 만든 오존 구멍 아래 사는 사람들에게 이는 생존의 문제다. 〈그림 3〉에서 보여 주듯이 1990년부터 몬트리올 의정서를 준수하기 위해 칠레 환경부는 오존층 파괴 물질을 단계적으로 감축하고 2040년에는 전폐를 목표로 하는 다양한 프로그램을 시행하고 있다. 우리나라가 아직 사용 중인 메틸브로마이드를 2014년 완전히 퇴출했고, 프레온 가스는 2010년부터 전혀 소비하고 있지 않다. 그러나 피해 당사국 칠레를 비롯한 세계 각국의 몬트리올 의정서 합의와 이행 노력에도 불구하고 북반구를 중심으로 대체 물질의 생산과 사용은 계속되고 있고, 중국이나 인도와 같은 신흥개발국은 지구 환경 협력에 소극적이다. 환경 협력의 결과가 즉각적으로 나타나지 않는다는 생태 환경의 특성이 있고, 지구 공동체의 상호 연계성이 갈수록 심화하고 있기 때문에 오존층 파괴의 직접적인 피해가 없는 북반구의 소극적 협력은 칠레 상공의 오존층 구멍이 회복하기까지 소요되는 시간을 늦출 것으로 예측된다.

또한 몬트리올 의정서나 칠레 정부의 오존 정책을 보면, 이미 피해를 보았거나 앞으로 일어날 피해에 대한 대책은 거의 찾아볼 수 없다. 앞서 살펴보았듯이 칠레 정부는 국민들을 대상으로 예방 및 교육에 초점을 맞춰 오존층 파괴의 위험성을 알려 왔다. 구체적인 대책은 주로 오존층 파괴 물질 전폐를 위한 기업 보조금 정책에 있었기 때문에 남부 지역 시민들이 체감하는 변화는 낮은 수준이었다. 변화한 생태 환경에 시민들이 적응하며 살 수밖에 없는 구조가 지속되고 있는 것이다. 유엔환경계획에서도 'Cool Coalition'이라는 프로젝트를 통해 정부, 지방 정부, 국제 기구, 기업, 금융, 학계, 시민사회 등 광범위한 행위자들을 연결하여 협력하고 있지만, 칠레 남부 시민들이 체감하는 변화는 없다.

몬트리올 의정서 합의 당시 칠레 정부는 유엔 연설 등을 통해 국제 사회에 기금 마련을 위한 이니셔티브를 제안하는 등 직접 피해 당사국에 대한 지구적 협력을 주장했으나 받아들여지지 않았다. 정부의 몬트리올 의정서 준수를 위한 3대 목표에 '국민 건강 보호'가 포함되어 있었지만, 정부의 재정 지원이 턱없이 부족한 상태에서 예방을 위한 교육만을 강조하자 시민들의 불만은 커져 갔다. 몇몇 다국적 기업이 자외선 차단제를 기부하기도 했으나 일회성이었다. 푼타아레나스에 거주하는 어린이들은 화상을 입을까 봐 야외에서 마음껏 뛰놀지 못하고 여름에도 겹겹이 피부를 가리고 다닌다. 시민들은 빵을 살 돈도 없는데 자외선 차단제와 선글라스를 사라고 한다며 분노한다. 높은 자외선 지수 때문에 야외 활동을 못하는 노동자들은 일을 못한 만큼 수입이 줄어들 수밖에 없다. 피부 질환이 발병하면 부자들은 병원 치료를 받을 수 있지만, 다수의 시민은 민간 의료 보험의 문턱이 높고 약값이 비싸 적절한 치료를 받을 수 없다. 이처럼 소득 불평등은 환경 불평등에서도 그대로 재현되며 인간 존엄성을 위협한다.

선진국과 개발도상국의 부정의한 관계 속에서 개발도상국이 부담해야 할 책임이 너무 크다. 강제성이 없는 국제 레짐의 특성상 환경 협약에서 탈퇴하거나 준수하지 않는 국가들도 있다. 앞서 남극 상공에서 중국이 배출한 것으로 추정되는 오존층 파괴 물질이 발견되고, 〈그림 4〉에서 보여 주듯 1990년 이후 개발도상국의 오존층 파괴 물질의 생산과 소비는 줄어들고 있지 않다. 선진국의 생산과 소비는 계속해서 감소하

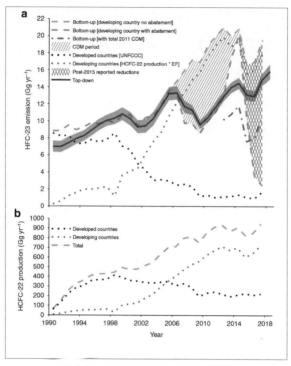

〈그림 4〉• 오존층 파괴 물질 소비 및 생산량.

출처: Stanley et al., 2020, 3.

고 있지만, 1990년대의 생산량과 소비량을 보면 오존층 파괴에 대한 역
사적 책임이 있다. 이처럼 국제 사회에서도 국가 간의 소득 불평등이 환경
불평등을 야기하고 환경 불평등은 사회 불평등을 더욱 악화시킬 수 있다.

　몬트리올 의정서가 채택되지 않았다면 오존층 파괴는 더 빠르게 진
행되었을 것이고 더 많은 사람들의 삶을 황폐화시켰을 것이다. 지구 온
도가 0.5-1도나 상승했을 수도 있었다. 미국의 조지 부시 전 대통령이
환경 문제에 관심이 많던 자신의 정치적 경쟁자 앨 고어를 오존맨이라

고 조롱하며 기후변화를 부정했을 만큼 환경에 대한 인식이 척박했을 때였지만, 환경 문제가 어느 한 지역, 특정 국가만의 문제가 아니라는 점과 그 점을 인식하고 과학적 근거를 토대로 협력하면 실질적인 진전을 이룰 수 있다는 것을 입증한 가장 성공적인 환경 협약이라는 점에서 의미가 크다. 개발도상국의 상황을 고려한 협약을 채택했다는 점에서도 의미가 있다. 칠레 정부도 오존층 복원을 위한 협약 준수에 충실했으나 파괴된 오존층이 복원되기까지 상당한 시간이 소요되고, 이러한 정책이 오존층 복원을 위한 국가 간 협력에 초점을 두고 있어 실제 피해를 겪고 있는 칠레 남부 시민들의 존엄한 삶은 요원하기만 하다. 따라서 국제 사회는 피해 지역 시민들이 실질적 삶의 변화를 위한 다층적인 협력을 통해 국가 간 환경 불평등을 해소해야 할 것이다.

3 지속가능한 발전을 위한 페루의 노력

1) 페루 생태 환경과 불평등

페루는 4,400여 종의 다양한 식물 종이 서식하는 생물 다양성 (Biodiversity)의 국가이다. 아마존의 60%가 페루 영토에 속해 있고, 기후 조건이 다양하여 전 세계 등록 기후 35개 종류 중 28개의 기후가 나타난다. 그러나 그만큼 지역별로 기후변화의 영향도 다양하게 일어나고 있는데, 유엔기후변화협약(United Nations Framework Convention on Climate Change, UNFCCC) 기준에 의하면 페루는 기후 취약성이 높은 국가에 해당하며, UNFCCC가 제시한 9개의 기후 취약성 특징 중 7개가 나타나고 있다. 해안 저지대 보유, 반건조 지대 보유, 자연재해 취약 지역 보유, 가뭄과 사막화 잠재 지역 보유, 탄소 배출량이 많은 도시 밀집 지역 보유, 산악 지역 등 취약한 생태계 보유, 그리고 높은 화석연료 수입 의존성으로 인한 취약성이다(정지원 외, 2019, 4-5). 한편으로는 환태평양 지진대에 속하며 훔볼트 해류를 끼고 적도와 근접하며, 산이 많은 지리적인 특성으로 인해 지진, 산사태, 침식 등의 많은 자연재해에 노출되어 있을 뿐만 아니라 남반구 서부의 아열대 지역에 위치하여 엘니뇨, 홍수, 가뭄, 우박, 강풍 등에서 취약하다. 다수의 인구가 농수산업에 종사하고 있어 기후변화에 따른 자연재해로 직접적인 피해를 본 가구 수가 많았기 때문에 페루 정부는 이를 경제 성장을 저해하고 국가저으로 막대한 피해를 주는 심각한 요소로 인식하여 2009년 환경부(MINAM)를 신설하고 2011년 5월에는 국가재해관리시스템을 도입했다. 2014년 리마에서 UNFCCC 당사국 총회(COP20)를 개최했고, 2022년 발표한 국가발전전략계획(PEDN) 2050의 4개 주요 목표 중 두 번째 목표에 다음과 같이 환경 문제의 심각성과 그에 따른 대응 정책을 다루고 있다. "기후변화의 맥락에서 지리적, 문화적 다양성을 인정하고 지식과 소통을 집중적으로 사용하여 국민과 그들의 생계에 영향을 미치는 위험과 위협을 예방하고 줄이기 위해 지속가능한 방식으로 영토를 관리한다"(CEPLAN, 2023).

기후변화에 따른 자연재해 외에도 경제 개발에 따른 부작용도 곳곳에서 나타나고 있다. 농산물 생산을 위한 토지 개간이 계속 늘어나고 있는데, 아마존과 안데스 지역 삼림까지 훼손하면서 생물 다양성의 손실과 생태계 파괴가 증가하고 있다. 도시 지역 확장을 위한 개발과 도로 건설, 목재 생산, 불법 코카 농장도 삼림 벌채를 포함한 생태계 파괴의 원인이다. 광물 자원 개발에 따른 환경 문제도 심각한데, 해안 지역에서 생산한 석유를 아마존 지역으로 운반하는 과정에서 노후화된 파이프라인에서 새는 석유가 토지와 식수원에 흘러 들어가 아마존의 생물 다양성과 원주민 건강에 치명적인 영향을 주고 있다. 구리, 아연, 금, 납, 주석, 철, 망간 등 안데스 지역 금강 개발을 위한 벌목과 채굴 때 쓰이는 고농축 중금속도 주요 오염원이다. 화력발전소와 수력발전소 중심의 전력 공급, 도시 집중화로 인한 대기 오염과 폐기물 관리 부실, 남획으로 인한 해양 생태계 파괴, 사막화 등도 문제다. 중금속과 폐수가 티티카카 호수까지 오염시키고, 역사 보호 지역까지 무분별하게 개발하고 있지만, 상하수나 폐기물 처리 등과 같은 관리 인프라가 부족하여 생물 다양성의 손실과 생태계 파괴는 크게 증가하고 있다.

페루 경제에서 중요성이 높은 농업 부문은 전체 산업 부문에서 두 번째로 많은 온실 가스를 배출하고 있다. 식량 생산, 운송, 가공 및 저장을 위한 기계류의 화석연료 수요가 높기 때문이다. 그뿐만 아니라 농산물 생산 증대를 위한 화학 비료와 살충제 사용, 농업용지 및 유전자 변형 생물 확대 등이 환경에 미치는 영향도 심각하다. 세계 슈퍼푸드 시장이 급속히 성장하자 퀴노아, 키위차, 브라질너트와 같은 슈퍼푸드를 찾는 사람들이 급격히 늘었다. 퀴노아 수출을 통해 빈곤을 해소하고자 했던 농민들은 생산량을 늘리기 위해 지속가능성은 고려하지 않았다. 이렇듯 환경 문제는 인간의 욕구 때문에 일어난다. 인간에 의해 인간을 위한 생산과 소비를 유지하면서 지구 환경은 위험 수준에 이르렀다.

잉카 원주민들에게 '모든 곡물의 어머니'로 칭송받아 온 퀴노아는 척박한 토양과 기후 조건에서도 잘 자라는 것으로 알려져 있다. 퀴노아 (Quinoa) 재배는 주로 해발 3,600-4,000미터 사이 알티플라노 지역과 해발 2,500-3,500미터 사이의 안데스 계곡 지역에서 이루어진다. 이 지역은 해안 지역에 비해 농가 소득이 높지 않다. 유엔국제농업기구(Food and Agriculture Organization, FAO)가 2011년 식량 안보와 식량 주권 보호에 기여할 작물로 평가하고 2013년을 퀴노아의 해로 선포하자 세계적으로 소비가 증가하면서 안데스 지역의 주요 생산국들은 생산량을 늘렸고, 농가 소득도 같이 증가했다. 그러나 농민들도 잉카 시대 때부터 주식으로 먹어 오던 퀴노아를 먹기 어렵게 됐고, 가격이 너무 올라 버린 퀴노아를 소비할 국내 소비자는 많지 않았다. 더욱이 퀴노아 재배를 늘리기 위해 불법 벌목과 개간으로 밭을 늘렸고, 라마의 똥을 비료로 쓰던 전통적인 농사 방식 대신 화학 비료를 사용하여 생산량을 늘리면서 지력이 약해지기 시작했다. 안데스 지역에서 생산되는 단백질, 아미노산 및 비타민이 풍부한 글루텐 프리 퀴노아의 수출은 최근 몇 년 동안 기하급수적으로 증가했고, 킬로그램당 6.76달러까지 치솟았던 퀴노아 가격은 2017년에 1.66달러까지 하락하여 그만큼 농가 소득도 급감했다. 우리가 퀴노아를 소비하면 할수록 페루 생산자들에게 더 나은 삶의 질이나 높은 소득을 가져다줄 것으로 기대했지만 현실은 그렇지 않았던 것이다(Domínguez Guzmán, 2019, 365-367). 또 기원전 5,000년부터 지속가능하게 이 작물을 이용해 왔으나 현재는 장기적 지속가능성보다 단기 이익을 선호하는 대기업에 의해 지역과 농민들의 건강하고 지속가능한 식량 시스템을 침식하고 있다. 최근에는 화학 비료를 거의 사용하지 않고 자연 비료를 사용하는 전통 재배 방법을 복원하면서 인증 기관의 인증을 받고 수익성과 경쟁력을 높이며 지속가능한 농업을 확대하기 위한 노력을 기울이고 있는데, 다음에서는 페루 농업 부문에서 확대되고 있는 환경과 사회 발전을 고려한 개발을 살펴보고자 한다.

2) 지속가능한 농업을 위한 페루 농민들의 노력

FAO는 세계중요농업유산제도(GIAHS Programme)를 도입하여 각국의 전통적인 농업 시스템을 세계중요농업유산에 등재하도록 하고 이를 통합 관리한다. FAO가 정의하는 세계중요농업유산은 "지역 사회의 지속가능한 발전 의지와 환경과의 상호 작용을 통해 세계적으로 중요한 생물 다양성이 풍부하게 유지되고 있는 뛰어난 경지 이용 시스템과 경관"을 말한다(선우윤정, 2018, 2). 페루는 2011년 안데스 농업이 세계중요농업유산에 등재되었다. 기원전부터 농업 중심 사회로 발전해 온 페루는 생물 다양성이 풍부한 국가이고 농업에 적합한 농지 규모가 상당한데도 정부가 기존 자원을 부적절하게 관리하면서 농업 발전이 더디게 진행되었다. 페루 정부는 농업 성장 저해 요인으로 낙후된 기술로 인한 생산량 저하, 소농 위주의 생산으로 인한 거래 비용 상승, 가뭄과 화학 비료 사용으로 약해진 '지력 저하'와 염도와 침식 문제, 물 부족, 연결망의 부재 등을 꼽고 있다.

페루 농업관개개발부(MINAGRI)에 따르면 2021년 기준 페루의 농지는 1,160만 헥타르이고, 전체 인구의 3분의 1에 해당하는 1천 만 명 가까운 인구가 농업에 종사한다. 그중 97%는 1-5헥타르를 소유한 소농 혹은 가족농으로 분류되는데, 소규모 농업은 작은 규모의 땅에서 농기계를 거의 사용하지 않고 주로 가족 단위로 가축과 작물을 생산하는 농업 형태를 말한다. 그러나 대농장과 플랜테이션과 같은 자본, 기술 및 경험을 갖춘 기업 영농이 확대됨에 따라 이들이 소유한 토지는 계속해서 줄어들고 있고, 소농과 대농 사이의 불평등은 증가하고 있다. 다른 산업 종사자에 비해 임금이 낮은 것도 문제다.

소농들이 전통 농업 방식을 유지하기 어렵게 되면서 생태 환경에도 부정적인 영향을 미치게 되었다. 대농들이 생산성을 높이는 개량 품종 및 화학 비료 사용을 늘리면서 안데스 토착 품종의 손실을 가져왔고, 토양 황폐화도 증가했다. 정비되지 않은 관개 시설 등 열악한 농업 인프라, 과잉 생산과 제품 가격 하락 예측과 같은 정보 접근 부족, 청년들의 도시 이주 등 소농들의 농업 여건도 변화하고 있다. 또한 해안 지역은 선진 기술을 활용한 수출용 농작물이 재배되고 있지만, 안데스 지역은 자급자족을 위한 생계형 농지로 사용되는 비중이 높아 농촌 지역 간 소득 격차도 크다(Barrientos, 2019, 90).

현재 페루에서 농업이 국가 경제와 식량 안보에서 차지하는 비중은 점차 늘어나고 있다. 그러므로 지역 사회에 안정적으로 식량을 공급하고, 소농들의 생계 수단 확보를 위한 농업 시스템을 구축하여 농촌 지역 빈곤 문제를 해결해야 한다. 특히 소농은 세계 식량의 70% 공급을 담당하며 지속가능한 식량 생산의 기초이다. 소규모 농가는 전통적인 농업 방식을 유지하는 역할을 하기 때문에 국가가 농민들의 소득 창출을 보장하고 지원해서 궁극적으로는 삶의 질을 향상하기 위한 지속가능한 농업을 보호하는 것이 필요하다. 그러나 다른 국가에 비교하여 농업 부문 관리에 적극적이지 않았고, 식량 안보, 빈곤 감소 및 지속가능한 개발 측면에서 소작농의 역할을 인식하는 데도 소극적이었다. 1968-1975년 사이에 집권한 후안 벨라스코 알바라도(Juan Velasco Alvarado) 대통령이 대대적인 농업 개혁 정책을 시행한 이후 국가 농업 경쟁력 강화와 국내 및 국제 시장 진출을 최우선 과제로 설정하고 국가 농업 발전 계획을 세워 추진하고 있다. 최근 페드로 카스티요(Pedro Castillo) 행정부는 벨라스코 행정부가 농업 개혁 정책을 시행한 지 약 50여 년 만에 제2차 농업 개혁 정책을 발표했다. 동 농업 개혁 정책은 소농들을 위한 '공정한 환경'을 조성하는 데 초점을 두고 소농에 대한 기술 교육과 농산품 경쟁력 강화를 강조했다. 과거 1차 농업 개혁 목표가 소농에게 토지 지급, 소농 농업 훈련, 농업 기술 개발의 3단계로 구성되었는데 마지막 단계에서 성과가 미진했다고 보고, 농업개발관개부가 농업 협동조합을 강화하여 농업을 국가 차원에서 산업화함으로써 페루 농민의 전문성을 향상하고, 국내외 시장 경쟁력을 강화할 것이라고 밝혔다(Asalde Zea, 2021, 91).

비료를 과도하게 사용하고 기술 지원이 부족하면 농업에서 생산 비용이 상승할 수 있다. 그리하여 장기적으로 농민들에게 더 많은 어려움을 야기할 수 있고 부적절한 농업 관행은 잠재적인 작물 수확량을 감소시킨다. 또 소농이 생산하는 농산물의 양이 적기 때문에 판매에 어려움을 겪어 빈곤 상태가 지속된다. 페루 농업의 상당 부분이 협동조합으로 연결되어 있는데, 소농들은 협동조합 형태의 농업 연대가 중요하다고 보고 이 가치 사슬의 흐름에서 더 나은 위치를 차지하기 위해 그들 스스로 조직화하여 소농의 어려움을 해소하고자 했다. 협동조합을 조직하게 되면 협동조합이 하나의 단위가 되어 구매자를 확보하고 구매자와의 가격 협상이 가능하게 된다. 이러한 협업은 공동선을 추구할 뿐만 아니라 소농들에게는 제한될 수밖에 없었던 저금리 대출, 선진 농업 기술 교육, 판로 확보 및 가격 안정성 등과 같은 지원을 가능하게 만들어 시장에서 기회를 창출할 수 있기 때문이다. 안정적인 생산과 판매는 소농들의 자립과 국가의 식량 안보에도 긍정적인 영향을 미치게 된다. 소농의 규모가 줄어들면 안정적인 식량 공급이 어렵기 때문이다. 더욱이 페루 전통 농업은 친환경 방식이기 때문에 생태 환경을 위해서도 전통 농업 방식을 보존해야 한다. 그러므로 협동조합 조직을 통해 소농을 지속가능한 식량 생산의 중요한 기반으로 삼는다면 식량 안보 달성에 기여할 수 있고 생태 환경에도 긍정적으로 작용하게 된다.

(1) 페루의 농업 협동조합

페루의 협동조합 운동은 19세기 말 노동 운동이 시작되면서 등장했다. 그러나 자본, 조직, 정치 불안 등의 문제로 활성화되지 못하다가 1930년대 들어 유럽과 미국 모델의 영향을 받으면서 재점화되었다. 그러나 1954년부터 가톨릭교회를 중심으로 협동조합 운동을 본격화하면서 1955년 42개의 협동조합이 탄생하게 되었다. 1980년대에 존재했던 협동조합 중 1,150개 협동조합이 농업 관련 기업이었으며 이는 전체 협동조합의 50%에 해당한다. 2017년 페루협동조합위원회에 가입한 기업은 1,245개이며, 페루 전체 인구의 약 8%에 해당하는 240만 여 명이 협동조합에서 일하고 있다. 조합원의 성별을 보면 남성 조합원이 60.6%, 여성 조합원이 39.4%로 남성의 수가 더 많다. 가장 최근 조사인 2017년 페루 정부의 정부 등록 협동조합 분류 결과를 보면, 2014년에서 2016년 사이 등록 협동조합의 39.9%가 농업 협동조합이었고, 27.3%는 신용 협동조합, 13.8%는 서비스, 19%는 기타로 분류되었다(COOP, 2022). 농업 협동조합 조합원의 90% 이상이 영세농, 즉 소농이었다.

1979년 헌법에 협동조합이 명시되었고, 1993년 헌법이 개정되고 관련 법령이 제정되면서 국립협동조합연구소(Instituto nacional de Cooperativas, INCOOP) 설립 근거를 마련하기에 이르렀다. 협동조합에서 농업이 차지하는 비중이 크기 때문에 페루 농업개발관개부는 협동조합을 단일 통합 체제로 관리하기 위하여 페루농업협동조합(Registro Nacional de Cooperativas Agrarias, RNCA)을 출범하여 국내외 농산물 수요를 데이터 활용으로 예측하고 검증하여 농업 경쟁력을 강화하기 위해 노력하고 있다. 2021년에는 새 농업 협동조합법을 실시하여 소득세(income tax)와 일반 판매세(general sales tax)를 면제해 주는 법안을 시행했는데, 농산품이 소비자에게 전달되기까지 농업 협동조합이 농민들에게 농산품을 매입할 때와 이를 소비자에 판매할 때 두 번 세금이 발생하는 데 따른 농민 소득 감소를 보전하기 위한 것이다. 여성 농부의 삶의 질 향상을 위한 정책도 시행했다. 부부 농부의 경우 한 명만 조합원으로 가입할 수 있었는데, 각각 조합원으로 가입할 수 있게 되어 여성 농부에 대한 지원과 참여도 증가하게 되었다. 페루의 농업 생산자 중 약 31%가 여성이고, 그중 다수가 가족을 부양하는 역할을 하고 있다. 그동안 여성은 노동력을 제공하면서도 교육, 거래, 의사 결정에서 소외되어 낮은 소득과 지위에 머물렀다(Barrientes, 2019, 87-88). 이들의 참여가 보장되면 유기농 재배나 기후변화 대응과 연결된 농업 기술, 여성 역량 강화 등에 대한 교육을 받음으로써 빈곤 해결은 물론 젠더 불평등 해소, 지속가능한 발전에도 도움이 되고 있다.

한편 국제노동기구(ILO), 유엔식량농업기구(FAO) 및 유네스코의 주도로 페루 중앙 정부 및 지방 정부, 페루 수출생산자조합 등 민간 부문, 협동조합 및 대학과의 협력을 통해 계획된 안데스 곡물 프로그램(Andean Grains Program)도 실행했는데, 퀴노아 가치 사슬의 지속가능한 발전과 경제적 포용을 목적으로 하는 사업이었다. 당시 페루 아야쿠초와 푸노 지역의 퀴노아 생산 농부의 78%가 빈곤 상태였고, 그중 여성생산자가 69%를 차지함에도 여성은 협동조합 활동에서 소외되고 있었다. 참여 기관들은 농업협동조합 파트너십과 친환경 일자리를 조성했고, 생산자가 보다 나은 시장 가격을 협상할 수 있게 했으며, 유기농 퀴노아 생산 시스템을 만들어 실제 농가 소득이 22% 증가하게 되었다. 유기농 퀴노아 생산에 집중하고 공정무역과 직거래로 전 세계 틈새시장 수요를 발굴했기 때문이다. 이 프로그램을 통해 2,000명 이상의 농부들이 협동조합 관리 및 금융 교육, 유기농 생산 인증을 받았다. 과거에는 시장 수요가 많은 종자를 파종했지만, 교육을 받은 이후에는 유기농 재배의 이점을 잘 알게 되었다. 참가자 중 절반 이상은 여성들이었는데, 신용 대출에 제한적이었던 여성 소농들에게도 대출받을 수 있도록 해주었고, 이를 사막화 방지를 위한 토양 보호 목적의 천연 비료를 구입하는 데 사용하게 했다.

이에 더해 유기농 인증 프로그램을 활용하여 재배하면서 수확량은 오히려 늘었고, 가계 소비도 46%나 늘었다. 3,000년 전 안데스 산맥에서 발견된 퀴노아를 지역의 먹거리 유산(food heritage)으로 홍보함으로써 유기농 슈퍼푸드의 영양과 품질을 전 세계에 알렸다. 캄포 베르데 (Campo Verde) 협동조합은 이 프로젝트의 역량 교육 활동의 결과로 어린이를 위한 유기농 퀴노아 및 키위차로 만든 에너지바를 개발했고, 페루의 '국민 셰프'로 불리는 아쿠리오 가스통(Acurio Gastón)은 레스토랑의 대표 메뉴로 퀴노아 요리를 선보이며 전 세계에 유기농 퀴노아의 우수성을 알렸다. 과거 헐값에 농산물을 판매하던 가난한 농부들이 공급업체 선정, 신용 관리, 계약 체결 시 협상 방법, 유기농 퀴노아 상용화 방법 등을 교육받고, 조직화를 통해 생산량을 충분히 확보하게 되면서 더 나은 시장 가격을 협상할 수 있게 되었으며, 지역에도 안정적인 퀴노아 공급을 할 수 있게 된 것이다. 국제 기구의 전문 지식과 경험을 그동안 소외되었던 안데스 지역의 원주민 소농들, 특히 여성들에게 유엔의 다양한 서비스가 제공되어 SDGs 이행을 위한 파트너십을 형성했다는 점에서도 의미가 크다(이효정, 2017).

라틴아메리카 · 카리브 소농과 공정무역 노동자 협의회(Coordinadora Latinoamericana y del Caribe de Pequeños Productores y Trabajadores de Comercio Justo, CLAC), 캐나다의 SOCODEVI 등 국제 비영리 기관도 페루 협동조합들과 연대하고 있다. 〈그림 5〉는 깨끗한 녹색 지구를 위한 공동의 노력이 필요함을 전달하는 포스터이다. SOCODEVI는 지속가능한 농업을 위해 협동조합 소농들을 대상으로 인식 및 기술 교육, 관리 · 감독 등 공동의 노력을 기울이고 있다. 특히 장기적 차원의 조림 사업과 숲과 더불어 사는 소농을 강조하므로 포스터에서도 나무를 심는 소농들의 사진을 담았다.

〈그림 5〉· SOCODEVI 포스터.
출처: SOCODEVI 페이스북.

(2) 지속가능한 커피를 위한 협동조합

커피는 오래전부터 숲속 그늘에서 자라 온 음지 식물이다. 다른 키가 큰 나무가 만들어 주는 그늘에서 자라게 되면 열매가 익는 데는 시간이 더 걸리지만 그만큼 맛과 향이 뛰어나다. 큰 나무에서 떨어진 나뭇잎은 해충에 의한 감염 가능성을 낮추고 서리로부터 작물을 보호해 주며 유기물 생성을 도와 토양을 비옥하게 한다. 그늘 아래서 천천히 자란 커피나무는 건강한 생두를 생산하고, 숲을 찾아 날아온 새들이 해충을 없애 주면서 건강한 숲을 만든다. 전통적으로 그늘 재배를 위해 바나나 나무나 아보카도 나무 등 키가 크고 잎이 넓은 나무를 심거나 큰 나무 사이사이 빈 자리가 있을 때 커피나무를 심어 숲을 보존했다. 그러나 전 세계적으로 커피 소비가 늘어나면서 커피 산업은 기계화된 대규모 농장을 중심으로 발전했고, 단기간에 생산량을 늘리기 위해 화학 비료와 농약을 많이 사용하며 햇빛이 많은 양지에서 커피 나무를 키우고 있다. 커피나무만 빽빽하게 심으면 낙엽이 사라지면서 지력이 떨어지게 되고, 더 많은 화학 비료를 사용하게 된다. 그래서 새들이 사라지면 해충들이 늘어나고 해충을 제거하기 위해 다시 농약을 살포하면서 커피나무 수명이 단축될 뿐만 아니라 그만큼 생물학적 다양성이 줄어들고 생태계의 선순환은 멈추게 된다. 그리고 이러한 일광 재배(sun grown) 방식은 소농의 빈곤을 촉진하는 결과로 이어진다. 세계적인 커피 프랜차이즈가 대량으로 구입하는 것도 소농 빈곤의 원인이다. 대농장과 대량 거래를 하는 것이 커피 확보와 매입 가격을 낮추는 데 유리하기 때문에 그 과정에서 소농들을 구매자를 찾기 어렵게 된다. 이처럼 신자유주의 성격이 강한 지구화의 상호 연계성은 커피 산업에서도 그대로 나타나고 있다.

그래서 페루는 유기농과 틈새시장에 주목하게 되었다. 페루에서 생산되는 커피는 모두 유기농이다. 전 세계 커피 강국들 사이에서 스페셜티 커피로 주목받고 있으며 주로 공정무역을 통해 다른 국가에 소개된다(Machado et al., 2016, 15). 1980년대부터 수출용 유기농 재배를 시작하여 현재는 전체 커피 소농의 95% 정도가 유기농 재배에 참여하고 있다. 대부분의 농가에서 농약을 사용하지 않는 대신 숲에서 나오는 나뭇잎 등 자연 재료를 이용해 쿰푸스(Cumpus)라는 천연 비료를 만들어 사용한다. 대부분의 커피 생산자가 전통 방식으로 경작하는 소농이기 때문에 기계를 이용하지 않고 전 생산 과정을 사람의 손으로 한다. 일광 재배가 늘어나면서 소농들의 불평등은 가속화되었지만, 페루는 협동조합을 통해 유기농 스페셜티 시장에 집중했다. 협동조합을 통해 농민들은 까다로운 국제 기준에 부합하는 수출용 커피를 생산하고 있고, 재배와 수확, 수출 과정에 이르는 전 과정에서 서로 도움을 받는다.

커피 협동조합은 페루커피협회(Junta Nacional del Café, JNC)와 함께 지속가능한 발전을 위한 농민 교육, 유기농 커피 인증 및 관리 · 감독, 기술 및 신용 지원, 커피 수입 회사 및 전 세계 커피 단체와 협력을 해왔다. 커피나무에 그늘을 만들어 주는 역할을 하는 키 큰 나무로 패션프루트나 망고, 카사바 등 수익성이 높은 과일을 함께 재배하도록 교육하는 것도 협동조합의 역할이었다. 이러한 '동반 작물'은 페루 해안의 소규모 농업의 주요 특징인데, 이러한 다양성은 소농의 식량 공급을 보장하고 추가 수입을 제공할 뿐만 아니라 커피 작황이 좋지 않거나 시장 가격이 낮게 형성될 때 농가 수입에 도움이 된다. 또한 관련 작물이 토양 비옥도를 유지하고 지역의 관개 방식과도 일치하기 때문에 농장의 생태에도 유익한 영향을 미친다(Domínguez Guzmán, 2019, 12).

이들은 2015년부터 기후변화에 대비하여 지속가능하고 경쟁력 있는 커피를 위한 연대(Alianza para el café sostenible y competitivo)라는 프로젝트를 시행하고 있다. 농민들은 생태계 보존을 위하여 살충제와 화학 비료를 사용할 수 없고, 물 관리를 해야 하며, 유전자 변형 종자를 파종하지 않는다. 협동조합들은 기술 영역을 강화하여 유기농 인증을 위한 국제 기준에 충족하도록 도왔고, 유기 비료 협동조합을 만들어 조합원들에게 보급하고 있다. 숲에서 유기 비료를 만들기 때문에 조림 사업도 병행한다(Trujillo, 2022, 110). 1990년대 커피 협동조합들과 연대하여 유기농 커피 재배를 시작할 때만 해도 지나치게 이상적이라는 비판도 있었지만, 현재는 페루 커피 산업에서 생산자 조직이 가장 큰 자산이다. 기술 지원과 교육에 있어 청년 세대의 역할이 강조되기 때문에 청년들의 일자리도 조성되고 있으며, 안정적인 농업 기반이 확충되면서 커피 농사를 짓는 청년들도 늘어났다. 페루 커피루트라는 지속가능한 관광 상품을 개발하여 관광객을 유치하기도 한다. 셀리스티노 모야 토레스(Celestino Moya Torres) 페루커피협회 회장은 "페루의 고품질 유기농 커피 생산자들은 제국주의 시대 착취의 대상이었던 세계 커피 소농들에게 선구자 역할을 하고 있다. 우리는 자연과 조화를 이루며 생산, 수확, 가공에 이르기까지 고품질 유기농 커피를 제공하는 동시에 모든 생산자들에게 존엄한 삶을 제공해야 한다"고 밝힌 바 있다.

또한 커피 생산과 가공 과정에서 여성의 역할이 많은 만큼 전국여성커피농민협회(Coordinadora Nacional d Mujeres Cafetalera, CONAMUC)를 조직하여 여성 농민들의 역량을 강화하고 있고 협동조합 거버넌스에 참여할 수 있는 기반을 마련했다. 〈그림 6〉은 페루 최초의 여성 커피 협동조합 대표인 에스페란사 디오니시오(esperanza Dionisio)가 커피 농가의 원주민 여성 조합원들과 함께한 사진이다. 성인 여성들의 키보다 작은 커피나무 뒤로 키가 큰 나무들이 보인다. 팡고아(Pangoa) 협동조합은 700명 이상의 직원을 고용하고 있는 유기농 및 공정무역 인증을 받은 협동조합이다. 1997년 여성의 노동에 대한 낮은 가치와 거버넌스 참여 제한을 해소하기 위해 조합 내에 여성위원회를 만들고 자존감을 높이는 교육을 시작했다. 역량 강화 교육을 받은 여성들은 자신의 역할이 커피농업뿐만 아니라 공동체 발전과 기후변화에도 기여한다는 것을 인식하면서 더욱 성장하게 된다.

국가 차원에서도 전 지역 커피를 관리하기 위해 카페 델 페루(Cafés

〈그림 6〉 • 페루 최초 여성 커피협동조합 대표와 여성 원주민 농민들.

출처: La Ruta de Perú Café(2019.04.14.)

del Perú)라는 통합 커피 브랜드를 만들어서 지원하고 있고, 전 세계의 활동가들이 협동조합들과 연대하여 공정무역을 통해 페루 커피를 수출하고 있다. 특히 커피는 소수의 거대 기업이 독점하는 시장인 만큼 생산자 한 명 한 명이 정당한 대가를 받도록 생산에서 소비에 이르는 모든 과정에서 지속가능한 커피를 재배할 수 있도록 타인과 연대하는 것은 매우 중요하다. 그러므로 소외된 생산자들의 빈곤을 해결하고 정의롭고 지속가능한 세계를 확산하기 위해서는 공정무역 방식의 커피 수출이 필요하며 전 세계의 다양한 비영리 기관들이 페루의 커피 협동조합들과 연대하고 있다.

한국에도 커피를 수출하는 센프로카페(Central Fronteriza del Norte de

Cafetaleros, CENFROCafé)는 1999년 2명의 소농이 설립한 커피 협동조합으로 현재는 3,000여 명의 소농이 회원으로 가입해 있다. 미국 농무부, 공정무역연맹(Fair Trade Federation, FTF) 등에서 공정무역, 유기농 인증을 받으며 국내외 품질 경쟁에서 최고의 평가를 받고 있다. 센프로 카페는 84개 지역위원회를 중심으로 단기 신용 제공, 품질 개선, 기술 지원, 마케팅 서비스, 청년 리더십 교육 등을 통해 유기농 생산과 수확량 증가에 기여하고 있다. 소농들은 수익 향상을 통해 건강, 교육, 기타 사회 서비스에 대한 접근을 할 수 있게 되었고, 지역 사회 전체의 발전을 촉진하는 데도 역할을 하고 있다. 소농의 자녀들이 학교에 갈 수 있게 되었고, 품질로 시장에서 인정받고 있으며, 그 노력에 대한 공정한 가격을 받기 때문에 농부라는 직업에 자부심을 갖게 되는 것이다. 이 협동조합이 공정무역을 시작할 수 있었던 것은 소농과 수출 협동조합을 지원하기 위한 다국적 그린커피 수출 협동조합인 'Cooperative Coffee'와 연대했기 때문이다. 1997년 과테말라에서 로스팅 회사를 운영하고 공정무역을 시작하면서 전 세계의 가치 있는 협동조합을 발굴하여 과테말라의 사례를 모범으로 삼아 소농들의 삶의 질, 건강한 토양, 고품질 커피의 지속가능한 공급, 공정무역을 위해 협력한다.

4 나가는 말

지구화가 가져온 물질적 풍요로움은 인류 모두가 누릴 수 있는 것이 아니었다. 발전 과정에서 상호 연결성이라는 특징은 국가 간의 불평등과 인간 소외 심화 현상을 불러왔다. 또한 지구 공동체 차원의 협력 의제가 경제 발전에서 이데올로기, 난민, 바이러스, 기후변화 등으로 확대되면서 다층적인 불평등이 나타나고 있다. 그러므로 포용적이고 공정한 지구 공동체를 위해서는 인간이 지구와 함께 살아간다는 것을 인식하고 생태 환경과 지속가능한 개발 목표를 조화시키는 것이 매우 중요하다.

코로나19로 인간 활동이 줄어들자 지구 환경이 개선되고 있는 듯했다. 그러나 환경 문제의 특성상 즉각적인 반응으로 연결되지는 않았다. 이산화탄소 농도가 계속 상승하여 2021년 10년 연속 최고치를 기록했고, 해양 열 함량도 계속해서 증가했다. 2020년 온실가스 배출량이 줄었다고 해서 2021년 남극 상공 오존층의 구멍이 즉각적으로 줄어들지 않는다는 뜻이다. 남극 상공 오존층 구멍도 스칸디나비아 대기 오염도 협약 체결 즉시 해결되었던 것은 아니다. 스칸디나비아 반도 대기 오염은 협약 체결 후 15년이 지나서 좋아지기 시작했고, 남극 상공 오존 구멍은 지금까지도 계속 커졌다 줄었다를 반복하고 있다. 오염 발생도 그렇지만 해결도 즉각적이지 않고, 원인국과 당사국이 달라 예측하기 어렵다. 오염 물질을 제거하면 다른 대체 물질이 또 다른 오염을 만들고, 협약을 탈퇴하거나 강제력 없는 국제법을 준수하지 않는 국가도 있다. 여러 국가가 탄소중립 약속을 미루고 있고, 트럼프 전 대통령은 파리기후협약을 탈퇴하기까지 했다.

몬트리올 의정서라는 전 지구적 합의 안에서 선진국과 개발도상국의 차이를 인정하며 각국이 온실가스 감축 노력을 해왔다. 그러나 대체 물질 사용과 일부 국가의 협약 미이행으로 오존 구멍은 몬트리올 의정서를 성실히 이행한 칠레 상공에 더 오랜 시간 머물면서 시민들의 존엄한 삶까지 파괴하고 있다. 국가 간 합의를 보면 오염물질 감축 및 전폐에 초점을 맞추고 있고, 기본권으로써 생태 환경은 크게 다루지 않았던 것도 원인이다. 즉 생태 환경은 전 지구적 문제임에도 환경 오염의 책임이 있는 선진국보다는 개발도상국이 피해를 보게 되고, 그 과정에서 개발도상국의 취약 계층에 더 큰 영향을 미치며 불평등을 야기하고 있는 것이다.

세계적으로 커피와 퀴노아 소비가 증가함에 따라 개발도상국에서는 생산량을 늘리면 생산자들의 삶이 풍요로워질 줄 알았다. 그러나 페루 농업을 지탱하는 소농들의 삶은 나아지지 않았다. 커피 프랜차이즈의 지구적 확산은 더 많은 양의 커피를 더욱더 저렴하게 구매할 수 있는 대농들과 거래를 하기 때문에 구매자들을 찾을 수 없는 소농들은 가난에서 벗어나기 어렵다.

그런 점에서 페루의 지속가능한 농업을 위한 협동조합 사례는 의미가 크다. 국제 기구, 정부, 지방 정부, 전문가, INGO 등 다양한 국내외 행위자들이 스스로 조직화한 소농들과 함께 역량을 강화하며 지속가능한 농업을 통해 인간 존엄성의 가치를 지키고 있기 때문이다. 지속가능한 발전을 위해서는 다양한 행위자들의 참여가 필요하다. 칠레 오존층 파괴 사례에서는 국가 차원의 협력은 컸지만 실제 피해 지역의 시민 참여가 적었고, 페루에서는 다양한 행위자들의 참여를 통해 인간 삶의 실질적인 변화가 있었다. 예를 들어 지구 반대편 한국에 지속가능한 방식으로 생산하는 소농에게 1달러를 더 주고 구매한 페루의 공정무역 커피를 마시는 소비자가 있다면 지구적 상호 연계성은 더욱 선순환할 수 있게 된다. 그러므로 자연과의 공존을 위해서는 지구 공동체 구성원 모두가 손잡는 연대와 협력의 힘이 중요할 것이다.

제 5 장

기후변화와 쿠바:
회복탄력성을 위한 대내외적 대응과 제약[*]

/

한희진

/

[*]　이 글은 『중남미연구』 제42권 2호에 게재된 「기후 리질리언스 강화를 위한 쿠바의 대응: 성취와 제약」을 토대로 수정 · 보완한 것이다.

1 들어가며

기후변화는 오늘날 '위기'라 불릴 만큼 가장 엄중한 국제적 환경 문제로 진화해 왔다. 인지 공동체가 축적한 과학적 지식과 정보를 토대로 각국 정부를 포함한 국제 사회의 다양한 주체들은 기후변화에 대한 대응 노력을 강화해 왔다. 그러한 인지 공동체 중 가장 대표적인 기후변화에 관한 정부 간 협의체(Intergovernmental Panel on Climate Change, IPCC)는 2021년 제6차 평가보고서(IPCC, 2021)의 1부인 제1실무그룹 보고서를 발표했는데, 이 보고서는 이전보다 더 방대한 데이터에 근거해 인간 활동에 따른 온실가스 배출과 기후변화 사이의 연관성을 과학적으로 규명했다. 이 보고서에 따르면 2015년 체결된 파리협정(Paris Agreement) 아래 190여 개 국가가 온실가스 감축을 위한 다양한 기후변화 완화(mitigation) 노력을 기울여 왔으나 지구온난화의 속도는 가속화되고 있다. 이 보고서는 2011-2020년 지구의 지표면 온도가 산업화 이전과 대비해 이미 섭씨 1.09도 상승했음을 밝혔는데 이는 2013년에 발표된 제5차 보고서에서 2003-2012년 온도 상승을 섭씨 0.78도로 분석한 것과 비교하면 상당한 수준의 온도 상승이 일어났음을 의미한다. IPCC는 2018년에 발표한 특별 보고서에서 지구 평균 온도가 산업혁명 대비 섭씨 1.5도 상승하는 시점이 약 2052년 무렵이 될 것으로 예측한 바 있다. 그러나 제6차 보고서는 해당 시점이 이보다 10년 이상 앞당겨진 2040년이 될 것이라 예측했다. 이러한 분석 결과는 인류가 현재와 같은 경로로 온실가스를 배출한다면 산업혁명 시대 지구 표면의 기온 대비 섭씨 1.5도의 상승을 저지하자는 목표는 달성이 불가능함을 뜻한다. 섭씨 1.5도라는 기준은 파리협정을 통해 2100년까지 인류가 도달하고자 하는 공동 목표이다. 제6차 보고서는 또한 기후변화의 가속화로 지구 평균 해수면이 1901-2018년 사이 0.20미터 상승했으며 해수면 평균 상승 속도는 1901-1971년의 1.33밀리미터/년에서 2006-2018년에는 3.7밀리미터/년으로 2.85배 빨라졌다고 밝혔다. 기후변화의 진행 속도가 가속화될수록 해수면 상승뿐만 아니라 폭염, 홍수, 호우와 같은 재해의 강도와 빈도 역시 증가할 것으로 전망했다.

뒤이어 2022년 2월에 승인된 IPCC의 제6차 보고서의 제2실무그룹 보고서는 기후변화가 미치는 영향, 적응 및 취약성의 주제를 집중적으로 다루었다(IPCC, 2022). 3,500페이지가 넘는 방대한 분량의 이 보고서에서 IPCC는 기후변화가 특히 물 부족, 식량 위기, 보건 위협, 도시 사회 안전망 파괴 등 여러 부정적 영향을 낳을 것이며 국가, 사회, 개인의 안전과 안녕에 위협 요소로 작용할 수 있음을 구체적으로 논의했다. 기후변화에 따른 적응(adaptation)의 필요성을 집중적으로 다룬 이 보고서는 기후변화의 부정적 영향이 특히 저개발 국가 등 개발도상국 및 그러한 국가 내부에서도 아동, 노령 인구, 여성 등 사회적·경제적 약자의 집단에 가장 심각한 영향을 미쳐 왔으며 또한 이들 집단은 미래에 발생할 부정적 영향에도 가장 크게 노출되어 있음을 강조했다.

기후변화의 직접적 원인에는 산업혁명이 시작된 이래 산업화, 도시화 등 인간의 경제 발전을 위한 화석연료 연소, 토지 사용의 변화 등에 따른 이산화탄소 등 온실가스의 배출이 작용했다. 그 결과 지구온난화, 폭우, 가뭄, 홍수, 해일, 태풍, 해수면 상승, 해안선 침식, 빙하 해빙 등이 발생하고 있다. 국제 사회의 주요 행위 주체인 국가는 정도의 차이는 있으나 이러한 부정적 피해에 점차 취약성을 보이고 있다. 선진국과 비교해 특히 개발도상국은 기후변화에 따른 부정적 영향에 상대적으로 더 높은 취약성과 노출도를 드러낸다.

기후변화의 취약성(vulnerability)은 기후변화로 인해 예상되는 피해라는 영향(impacts)의 측면, 그리고 그러한 피해에 대응, 적응하는 능력인 적응 역량이라는 측면에서 정의될 수 있다(Tubi, Fischhendler & Feitelson, 2012, 472). 개발도상국들의 기후 취약성이 높은 이유에는 물론 이들 대다수가 적도 및 남반구에 지리적으로 위치한다는 점도 크게 작용한다. 그러나 이러한 지리적 조건 외에도 기후변화 대응에 필요한 재정적·인적 자원 등 가용 자원의 부족, 완화와 적응에 투입할 수 있는 기술과 역량의 결핍은 개발도상국의 기후변화 취약성을 높이는 더 근본적 원인으로 작용한다.

〈그림 1〉은 산업혁명 시대부터 오늘날에 이르는 삼백 년에도 못 미치는 짧은 기간 동안 이산화탄소(가장 많은 비중을 차지하는 온실가스) 배

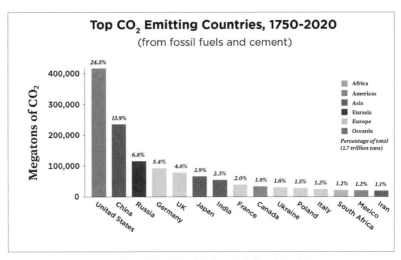

〈그림 1〉· 이산화탄소 배출(화석연료 및 시멘트 기인, 단위 %).

출처: Union of Concerned Scientists, 2022.

출에 대한 역사적 책임이 국가별로 어떠한 분포를 보이는지 보여 준다.

위 그림에서 상위 배출국은 대부분 산업혁명과 경제적 근대화의 선발 주자인 북반구 선진국이다. 미국, 중국, 러시아, 독일 네 국가만으로도 전 세계 배출량의 절반 이상을 차지하며 온실가스 배출 상위 10개국의 비중을 합치면 전 세계 온실가스 배출의 68.6%에 달한다(Kolbert, 2022). 국가별 배출량뿐만 아니라 개인별 배출량을 측정해도 선진국의 개인은 개발도상국의 개인보다 상당히 많은 온실가스를 배출해 왔다. 예를 들어 우간다의 1인당 연평균 배출량이 0.1톤일 때 아르헨티나의 1인은 4톤을 배출했으며 미국인 1인은 16톤을 배출해 국가별로 상당한 격차를 보인다(Kolbert, 2022).

물론 남반구 국가 중에서도 인구가 많고 빠른 경제 성장률을 기록해 온 중국, 인도 등 개발도상국의 배출량도 상위에 자리매김하고 있다. 이 두 국가가 남반구 전체의 배출량 중 무려 60%를 차지하며(Fuhr, 2021), 개발도상국 중 배출 상위 10개국의 배출량을 합산하면 개발도상국 전체 배출의 78%를 차지하는 등 남반구 사이에도 온실가스 배출량은 소수의 국가에 불균등하게 집중되어 있음을 알 수 있다.

이처럼 기후변화에 대한 역사적 책임은 소수의 선진국 및 소수의 개발도상국에 집중된 양상을 보인다. 그러나 기후변화에 따른 부정적 영향과 피해는 온실가스 배출에 참여해 기후변화 문제를 유발한 책임 정도가 상대적으로 미미한 절대적 다수의 개발도상국, 그중에서도 경제적으로 가장 취약한 소위 저발전 국가들(least developed countries)에 가장 파괴적인 영향을 미친다. 일례로 해수면의 상승으로 인하여 국가의 영토 보전 자체가 위협에 직면한 태평양의 작은 도서 국가들은 전 세계 온실가스 배출량에서 약 0.03%만을 차지하며, 기후변화로 인한 자연재해로부터 인간 안보 전반이 위협받고 있는 아프리카 대륙의 54개 국가 전체의 배출량을 다 합친다 해도 전 세계 배출량의 4% 미만을 차지한다(주영재, 2021).

기후변화가 개발도상국에 미치는 부정적 영향은 기후변화의 가속화에 따라 재해, 재난 등이 개발도상국에서 더 높은 빈도와 강도로 발생하면서 개발도상국의 기후 적응을 위한 재정적, 기술적 지원에의 요구 역시 증가 추세를 보이는 데서도 볼 수 있다. 2021년 1월 유엔환경계획(UNEP)이 발표한 「2020년 적응격차보고서(Adaptation Gap Report 2020)」에 따르면 개발도상국의 적응 부문에 필요한 비용은 기후변화가 악화함에 따라 기하급수적으로 증가해 현재 매년 약 700억 달러로 추산된다

(Neufeldt, Christiansen & Dale, 2021). UNEP은 이 비용이 앞으로도 계속 증가해 2030년이 되면 1,400-3,000억 달러, 2050년에는 2,800-5,000억 달러에 육박하리라 추정하고 기후위기 가속화에 따라 개발도상국에 대한 재정 지원을 조속히 확대해야 한다고 결론지었다.

기후변화 문제에 있어 책임과 피해의 이와 같은 불균등한 분배는 선진국과 개발도상국의 관계에서 환경 정의/부정의의 문제를 제기한다(Baptiste & Rhiney, 2016; Barret, 2013). 환경 부정의(environmental injustice)는 환경 이용을 통한 편익과 비용이 다양한 주체들 또는 집단에 있어 사회적, 생물학적 불평등 구조 속에서 불공정하게 배분되는 것을 의미하며 환경 불평등이라고도 칭한다(이재현, 2018, 86). 기후변화로 인한 피해가 기존의 경제·사회·정치적 불평등과 부정적으로 상호작용하며 기존의 불평등을 심화시켜 이중의 불평등(double inequality)을 야기하기도 한다(Füssel & Klein, 2006).

기후변화에 있어 정의와 부정의의 문제는 국제 레짐을 통해서 논의되고 다루어져 왔다. 기후변화 국제 레짐인 유엔기후변화협약(UN Framework Convention on Climate Change, UNFCCC) 및 파리협정은 기후변화 문제에 있어 모든 국가의 공통된 책임을 인정하되 국가별 역량과 상황에 따라 그 책임 정도는 상이하다는 '공통의 그러나 차별화된 책임(common but different responsibilities)'을 원칙으로 하고 있다. 이러한 원칙에 의거해 선진국은 개발도상국의 기후변화 대응을 돕기 위한 재정 및 기술 지원을 제공해야 함을 규정하고 있다. 또한 재정 지원을 위한 창구로 지구환경기금(Global Environmental Facility), 녹색기후기금(Green Climate Fund, GCF), 적응 기금(Adaptation Fund) 등이 수립되어 개발도상국의 기후변화 완화 및 적응 사업들에 대한 지원이 이루어져 왔다. 이 외에도 현재 약 500여 개가 넘는 양자, 다자, 지역적 메커니즘이 개발도상국의 기후변화 대응을 위해 운용되면서 기후변화로 인한 국제적 불평등의 해소에 기여하고 있다.

개발도상국 역시 기후변화가 자국의 경제와 사회의 지속가능한 발전에 미치는 부정적 영향을 직접 경험하거나 문제 인식이 제고됨에 따라 기후변화에 대한 대응과 환경 불평등을 스스로 개선하기 위해 노력하고 있다. 선진국과 마찬가지로 이들 또한 환경과 경제 성장 사이의 긍정적 상호작용을 강조하는 녹색 경제(green economy) 및 탄소중립 사회로의 전환을 자신들의 발전 패러다임으로 표방하며 기후변화를 포함한 각종 환경 문제에 대응하고 동시에 경제 성장 및 일자리 창출 등을 통한 사회 발선 목표를 동시에 추구하고자 한다(Buseth, 2021). 개발도상국들은 특히 기후변화로 인한 부정적 피해에 취약하므로 IPCC가 제6차 보고서에서 권고한 바와 같이 기후 탄력적(climate resilient) 발전, 즉 미래 기후변화에 대처하기 위한 회복탄력성(resilience) 및 총체적 적응 역량을 강화하는 동시에 지속가능한 미래를 위한 경제 시스템의 전환을 위한 노력을 앞당길 필요가 있다.

이 장은 기후변화가 기후 부정의의 문제를 심화하는 상황에서 남반구 국가 중 하나인 쿠바(Republic of Cuba)가 취해 온 다양한 대내외적 대응 노력을 소개하고 그에 따른 성과와 제약을 논의했다. 쿠바가 속한 카리브해 도서 국가들은 열대성 폭풍, 강우, 가뭄, 해수면 상승, 해안 침식 등이 진행되며 더 높은 강도를 보임에 따라 기후변화에 높은 취약성을 보이고 있다. 이에 따라 기후 재난의 빈도가 증가하면서 적응 등 대응을 위한 비용이 지역 정부의 경제적 역량 대비 감당하기 어려운 수준으로 상승하는 추세에 있다. 그러나 쿠바나 카리브해 지역 전반의 기후변화 대응 노력을 다룬 연구는 드물다(Mohan, 2023).

이에 이 연구는 쿠바 사례를 통해 남반구의 기후 부정의 현실을 드러내고 회복탄력성 강화를 포함하여 기후변화 대응을 위한 쿠바의 대응 과정과 정책을 논의했다. 탈냉전 시대 국제 사회에서 고립되어 독자적 경제 및 정치적 노선을 걸어온 쿠바가 기후변화 문제에 어떠한 정책과 방안을 도입, 적용해 왔으며 그 과정에서 드러난 일련의 특징은 쿠바 국가 발전 과정에서 형성된 어떠한 경로 의존성을 반영하는지 논의했다.

2 기후변화와 쿠바: 도전과 대응

앞서 기후변화가 온실가스 배출량에 대한 책임이 선진국에 비해 적은 남반구 국가들에 더 큰 경제적, 사회적 피해와 손실을 야기함을 논의했다. 그러한 남반구 국가 중 하나이며 사회주의 혁명 이후, 특히 냉전의 종식 이래 국제 사회에서 경제적, 정치적 고립 상태를 자발적, 비자발적으로 유지해 온 특수성을 지닌 국가로서 쿠바의 기후변화 대응 노력은 1959년 혁명 이래 이 국가가 걸어온 발전의 경로를 반영한다. 이 절에서는 먼저 쿠바의 국가 현황을 특히 환경 부문에 비중을 두어 개괄한 후, 기후변화가 쿠바에 미친 영향과 그에 대한 쿠바의 대응을 살펴본다.

1) 쿠바 국가 현황: 환경을 중심으로

(1) 국가 현황 개괄

카리브해와 북대서양 사이의 도서 국가인 쿠바는 미국 플로리다 키웨스트에서 150킬로미터 남쪽에 위치해 있으며 CIA World Factbook에 따르면 국토의 총면적은 11,860제곱킬로미터, 인구는 약 10,985,974명 (2023)으로 규모에 있어 세계에서 각각 105번째, 85번째로 비교적 작은 국가이다(〈그림 2〉). 2018년 기준으로 국토의 약 60%가 농지이며 산림이 27.3%에 달한다. 도시 인구는 전체의 약 77.5%에 달한다.

쿠바가 속한 카리브해는 작은 도서 국가들로 구성되며 이들은 기후 변화에 있어 높은 취약성을 보인다. 국제 사회에서 이들 국가는 소도서 국가(Small Island Developing States, SIDS) 연합체를 통해 공동의 목소리를 높이며 강화된 기후변화 대응 노력을 촉구하고 있다(Sealey-Huggins, 2017). 식민주의와 제국주의적 수탈의 역사는 이 지역 국가들의 오랜 저발전을 설명하는 주요 원인 중 하나이다. 지역 국가의 주요 산업으로 자리 잡게 된 관광업, 어업, 농업은 식민주의와 수탈의 역사를 반영해 선진국에 의존적 특징을 보여 왔으며 기후변화가 가속화될수록 직접적인 타격을 입을 수 있는 취약한 산업군을 형성한다. 카리브해의 대다수 국가에서 신자유주의적 국제 경제와의 상호 의존이 높아짐에 따라 부채도 증가해 왔는데(Sealey-Huggins, 2017) 기후변화와 재해는 이들 국가의 경제적 상황을 더욱 악화시킬 수 있는 새로운 위협 요인으로 등장하고 있다.

스페인으로부터 1898년 12월 독립한 후 쿠바는 1958년까지 미국의

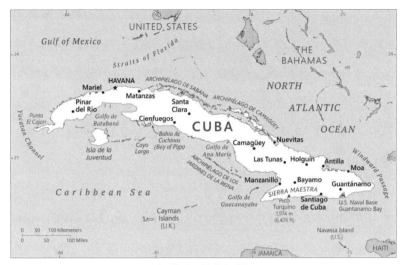

〈그림 2〉· 쿠바의 지도.

출처: CIA World Factbook.

지배를 받았다. 카리브해의 다른 국가들과 마찬가지로 서구의 식민 지배 기간 동안 사탕수수 등 작물과 광물의 수탈이 이루어지면서 쿠바의 환경은 크게 훼손되었다(몬소테, 2022). 1959년 냉전이라는 배경 아래 발생한 쿠바 혁명은 1960년 미국의 금수 조치로 이어졌고 이는 거의 50여 년 이상 유지되어 왔다. 미국의 강력한 경제, 상업, 금융 제재(blockade)로 인하여 지속가능한 발전을 위한 국제적 자원, 기술, 과학적 지식에의 접근 역시 제한적으로만 이루어져 왔다(GCF, 2021a, 21).

냉전 시기 동안 쿠바는 사실상 구소련을 포함, 공산권에만 편중된 국제 관계를 맺어왔다고 해도 무방하다. 쿠바는 자국의 광물과 사탕, 과일 등 1차 상품을 사회주의권에 우호적 조건으로 수출하고 또한 우호적 조건으로 석유, 소비재 및 농기계 등을 수입해 경제를 지탱해 왔다.

또한 구소련은 쿠바에 신용과 개발 기금을 제공하기도 하는 등 국제원조의 출처가 되기도 했다(Buono, 2012, 345-346). 사회주의권과의 우호적 교역 환경 아래 쿠바는 생필품, 석유, 농기계, 자동차, 전자제품에 이르는 거의 모든 상품을 수입에 의존했는데 수입 물자의 약 84%가 소련을 비롯한 공산주의권으로부터 조달되었다는 분석도 있다(요시다 타로, 2004, 36).

냉전이 종식되면서 쿠바는 '특별 시기(Periodo Special)'라 불리는 경제 위기 시대를 맞는다. 쿠바의 1993년 GDP가 1989년에 비해 약 48%에서 60%까지 축소되었다(요시다 타로, 2004, 40)는 추정이 있을 정도로 냉전의 종식은 쿠바 경제에 큰 타격을 가했다. 1989년까지 소련은 쿠바 수입의 85%를 차지했으며 그중 가장 큰 부분이 석유였다. 소련의 몰락은 쿠바 수입의 약 70%가 사라지는 결과를 낳았다(Prideaux & Pabel, 2020, 118). 또한 식민지 시대 이래 쿠바의 사탕과 담배 등 환금작물은 수출을 주 목적으로 단작(monoculture) 방식으로 특화되어 대규모 국영농장(콜호즈라 불리는 집단 농장)에서 재배됐는데 사회주의권의 와해로 수출이 급격히 축소되면서 자국민의 소비에 필요한 다양한 식량의 조달 역시 타격을 입게 되었다. 대규모 단작 농업 방식으로 인해 쿠바의 산림과 농토가 훼손된 상황에서 내수용 농산물 생산을 위해 토지 용도를 단작 방식으로부터 급격히 전환하기란 쉽지 않은 상황이었다. 산업화된 농업은 이처럼 공산권의 몰락과 같은 외부적 충격에 취약성을 보였다(몬소테, 2022).

쿠바는 경제적으로 여전히 국가가 경제 활동 전반을 계획, 운영하는 사회주의 경제를 고수하고 있으나 냉전의 종식에 따른 경제 위기로 인해 사회주의 발전 전략에 부분적 개혁을 단행하게 된다. 2007년에는 자원 배분에서 국가의 역할을 축소하고 상품과 서비스 생산 및 배분에서 시장 기제 도입과 함께 민간 기업의 제한된 발전을 허용하는 경제 개혁 전략을 본격 단행하기 시작했다(Wilson, Baden, & Wilkinson, 2020, 1797). 2011년 4월 제6차 전당대회에서 본격적으로 당과 혁명의 경제 정책 가이드라인 공식 승인 이후 새로운 경제 모델을 추구하고 있다(정경원 외, 2015, 112).

쿠바는 사회주의 계획경제에서 공공 서비스 등을 무상 공급하며 교육과 의료 방면에서 특히 높은 수준의 인간개발지수(Human Development Index)와 복지 수준을 기록하기도 했다(요시다 타로, 2004; 2011). 그러나 사회주의 계획경제의 여러 모순과 구조적 제약은 쿠바로 하여금 침체의 경제를 살리고 실질 임금을 높이기 위한 개혁을 단행하게 했다. 그에 따라 부분적으로 민영화가 진행되고 있으며 외국인 직접 투자 개방에 따라 해외 투자도 증가해 왔다. 즉 쿠바는 경제 구조의 재편, 국가와 시장, 민간, 외국 자본 등 경제 주체의 역할을 재조정하는 쿠바식 사회주의 경제 모델의 재정립 과정에 있다(정경원 외, 2015, 112). 냉전의 종식으로 인해 경제적 위기에 봉착했으나 쿠바는 비교적 높은 교육 수준을 이용해 관광과 의료 등 새로운 산업을 부분적으로 개방하고 육성하면서 1990년대 불어닥치던 신자유주의의 물결에도 불구하고 비교적 높은 사회주의적 안정성을 보여 왔다(Buono, 2012).

그러나 2019년 발생한 코로나19는 특히 쿠바의 경제에 큰 타격을 가했다. 우선 국제적 이동이 감소하면서 주 수입원인 해외 쿠바 이민자들로부터의 송금액(remittance)을 상회하던 관광업으로부터의 수입이 급격히 줄었다. 2020년 1월 말 쿠바 관광 산업은 이미 19.6% 축소됐으며 이는 외환 감소로 이어졌다. 에너지 부문에서는 냉전 종식 후 주요 무역 상대국인 베네수엘라와 의사 대 석유(oil for doctors) 협정의 방식을 통해 우수한 쿠바의 의료진에 대하여 석유를 공급받아 왔다. 그러나 베네수엘라의 경제 위기는 쿠바 경제에도 부정적인 영향을 입었다. 기본적 생필품과 전기 공급 부족 등으로 사회적 불만이 점차 고조되면서 정부에 대한 항의 등도 과거보다 빈번히 표출되고 있다. 예를 들어 쿠바는 전체 식량의 70% 및 자국 내 식량 생산을 위한 기계, 비료 등 생산 투입 요소들을 거의 수입에 의존해 왔다. 그러나 코로나19와 베네수엘라 경제 위기는 쿠바의 식량 위기를 더욱 가중시켰다(GCF, 2021a, 14).

미국과의 관계에서는 2015년 7월에야 비로소 관계 정상화 논의가 이루어졌고 이를 전후로 해서 미국으로 육상, 해상 루트를 통한 불법 이민자 수도 증가하는 모습을 보였으나 2017년 '젖은 발, 마른 발(wetfoot, dry-foot)' 정책이 종료되면서 불법 이주민 수도 감소하기 시작했다. 이 정책은 1995년부터 미국이 해상에서 발견된 불법 이주민은 쿠바로 송환하나 미국 육지에 발을 들인 쿠바인들에게만 예외적으로 패스트트랙을 통해 영주권을 획득할 수 있게 허용한 제도였다. 오바마 정부에서 점차 회복된 미-쿠바 관계는 트럼프가 쿠바를 테러 지원국으로 지정하며 다시 경색되었고 바이든 정부에서도 쿠바의 인권 탄압 등을 여전히 문제 삼고 있다. 이러한 미국과의 갈등은 쿠바가 국제 사회로부터 기후변화 협력이나 지원을 이끌어내는 데 여전히 걸림돌로 작용하고 있다.

(2) 쿠바의 환경 거버넌스

지속가능성에 대한 쿠바 정부의 관심은 혁명 시절로 거슬러 올라간다. 쿠바는 1959년 혁명 이후 천연자원의 합리적 이용과 환경보호를 위한 국가 전략을 수립해 환경 정책과 제도를 구축해 왔다. 쿠바의 환경은 수백 년 동안 이어진 스페인과 미국의 식민 지배 과정에서 사탕수수, 담배 등 자원 수탈로 인해 파괴를 경험했고 이에 쿠바 혁명 정부는 그린 혁명이라는 지속가능한 쿠바 사회주의 모델을 수립하고자 했다. 소련 해체 이후 시작된 특별 시기 동안에는 경제 위기 극복과 환경 유토피아 건설을 위한 목표로 그린 혁명을 계승 발전해 추진하기도 했다(정경원 외, 2015, 166).

냉전이 종식되며 시작된 경제적 위기로 인해 쿠바는 일면 불가피하게 국내에서 생산해 소비하기 위한 노동 집약적 생산과 에너지 과소비 구조에서 저소비 구조 및 삶의 방식으로 전환하게 되었다. 탈성장(degrowth)과도 유사한 이러한 전략은 생존을 위한 쿠바의 선택이었다(Borowy, 2013, 18). 피델 카스트로(Fidel Castro)가 1992년 브라질 히우지자네이루(Rio de Janeiro)에서 열린 지구정상회의(Earth Summit, 공식적으로 유엔환경개발회의)에서 한 연설은 쿠바의 친환경적 전환에 대한 정부의 관심을 잘 드러난다. 그는 서구의 소비주의 사회와 문화가 지구 환경을 파괴한 것을 비난하며 "우리가 오래전에 했어야만 할 일을 하기 위해 내일은 너무 늦을 것이다"라고 연설하고 귀국과 동시에 토지, 대기, 수자원 보호를 위한 헌법 개정에 착수했다(Clarke, 2017). 개정 헌법 제27조에서 쿠바는 "국가는 환경과 자연을 보호한다. 국가는 인민의 생활을 더욱 합리적으로 만들고, 현 세대와 다음 세대의 생존과 행복과 안전을 보장하기 위해서는 환경과 자원이 지속가능한 경제 · 사회 개발과 밀접한 관련이 있음을 인식한다. 이 정책을 실시하는 것은 해당 기관의 책무이며, 물 · 대기 · 토양 · 동식물 그리고 모든 자연의 보호에 헌신하는 것은 인민의 책무이기도 하다"라고 규정하여 지속가능한 발전과 환경 보존이 정부와 국민의 책임임을 강조했다(요시다 타로, 2004, 215).

이후에도 환경과 지속가능성에 대한 고민은 다양한 국가 계획에 반영되었다. 일례로 2011-2015년 국가환경전략은 토양오염, 토양 침식, 산림 복원, 오염 저감, 생물 다양성 증진, 수자원과 수질 관리, 기후변화 등을 쿠바의 주요 환경 문제로 꼽고 이에 대한 국가 전략 마련 필요성을 논의했다(정경원 외, 2015).

2018년 대통령으로 취임한 미겔 디아스카넬(Miguel Diaz-Canel) 정부에서도 쿠바는 여전히 라울 카스트로(Raul Castro)의 번영하는 지속가능한 사회주의(prosperous and sustainable socialism)를 표방하고 있다. 지속가능한 사회주의는 정치적으로는 쿠바 혁명의 지속성을 의미하며 환경적으로는 외부 상품과 서비스에 대한 의존을 줄이고 쿠바의 제한적 자원을 활용한 생태 농업 등 생태적 실천을 지지한다는 것을 의미한다(Wilson, Baden, & Wilkinson, 2020, 1798).

이러한 정책과 통치 이념을 토대로 쿠바는 환경 거버넌스에 있어 여러 긍정적 결과를 거두었다. 쿠바는 오늘날 유기농법으로 잘 알려져 있는데 냉전으로 소련이 붕괴하면서 비료, 농자재, 연료 등의 수입이 어려워지고 식량 부족이 발생하면서 불가피하게 유기농법으로 전환한 측면이 있다. 1993년 쿠바의 GDP가 35% 하락했고 연료, 비료, 살충제 등의 부족이 식량 부족을 야기하면서 정부가 자구책으로 유기농업을 장려하게 된 것이다(Stubbs, 2021, 11).

위기 상황을 타개하기 위해 정부는 라틴아메리카의 타 지역에서 이미 약 20년 정도 진행 중이었던 농업생태학(agroecology)에 관심을 가지게 되었고 농업협동조합과 토착 지식(local knowledge)을 활용한 자연 친화적 영농법을 촉진하기 시작했다(Clarke, 2017). 그 예가 유기물 살충제(biopesticide, 생물농약으로도 부름)를 활용한 유기농법이다. 1996년부터 카스트로 정부는 식량과 식수의 안전성을 확보하기 위해 수도 아바나(Havana)를 포함한 도시에서 농약 및 화학 비료 사용을 금지해 왔다(요시다 타로, 2004, 84).

쿠바 정부는 녹색 게릴라라고도 표현되는 보급원들을 풀뿌리 수준의 행정 기관(콘세호 퍼프랄로 불리는)에 파견해 유기농법 기술을 지역 사회에 교육하고 확산되도록 하는 등 지방 분권적 방식을 통해 유기농법을 확대, 보급했다(요시다 타로, 2004, 87-90). 세계식량기구(Food and Agriculture Organization)는 쿠바가 전 세계에서 유기물 살충제가 시장에서 비용 효과적인(cost-effective) 규모의 경제를 달성하게 된 거의 최초의 국가 사례라고 밝힌 바 있다(Clarke, 2017). 또한 유기농법이 확대되면서 과거 화학 비료 유출에 따라 바다에서 사라지던 산호초가 회복되는 등의 긍정적 효과가 나타나기도 했다(Wallis, 2021, 20).

쿠바는 또한 도시 원예(urban horticulture)를 통해 도시민들이 직접 간단한 과일과 채소를 재배하도록 함으로써 냉전 시대 식량 위기에 대응했다. 오늘날 도시에서 유휴지로 남았을 약 50,000헥타르가 농사에 활용되고 있으며 아바나에서 소비되는 채소와 과일 중 무려 60%가 도시 농업을 통해 공급되는 것으로 추정된다(Clarke, 2017). 도시 농업은 도시의 경관을 자연 친화적으로 만드는 데 또한 기여했다.

또한 세계은행(World Bank)에 따르면 쿠바 토지 중 조림 비중 (amount of land under forestation)은 1990년 19.2%에서 2015년 30.1% 로 증가했으며 법적 보호를 받는 토양의 비중도 22%에 달해 미국의 13%를 훨씬 상회했다(Clarke, 2017). 해양 보호에 있어 쿠바는 100개의 보호 구역을 도입하고 해양 서식지 약 4분의 1을 개발 행위로부터 보호 해 왔다. 이로 인해 오늘날 쿠바의 생태 다양성은 카리브해 모든 국가 중 가장 풍부하며 전 세계에서 자연사(natural history)의 관점에서 네 번째 로 가장 풍부해 식물의 절반과 양서류의 95%가 전 세계 다른 곳에서는 찾아볼 수 없는 희귀 종으로 구성되어 있다.

그러나 쿠바의 환경 정책과 이행의 문제점으로 자율적 환경 기구의 녹립성 부재 및 관리 시스템의 취약성, 경제적 생산량 증대 논리의 우 선순위, 그에 따른 예산과 인력 배분의 부족 등이 남아 있다(정경원 외, 2015). 그린 혁명 진행 과정에서 오히려 기술의 무분별한 이용, 식량 증 산을 위한 농약과 합성 비료 등 화학제품 남용 등으로 토양과 수질의 오 염이 발생했다는 분석도 있다(정경원 외, 2015, 167).

쿠바의 환경은 지속가능성의 추구에도 불구하고 질적으로 악화해 왔다고도 볼 수 있다(Bell, 2011). 대표적인 환경 문제로 토양 및 수질 악 화, 폐기물 문제, 산림 훼손 등을 들 수 있는데 이는 열세한 영농 기술, 무 분별한 화학제품의 사용뿐만 아니라 자연재해에 의해서도 야기되고 있 다. 생태 다양성 손실, 산림 파괴, 대기 및 수질 오염 등은 농업을 중심으 로 하는 쿠바의 경제에도 부정적 영향을 미치고 있다. 1990년대부터 주 요 수입원이 된 관광업에서도 쿠바 생태 관광(ecotourism) 등에 대한 국

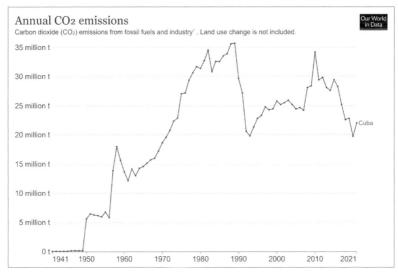

〈그림 3〉· 쿠바의 연 이산화탄소 배출량.

출처: Our World in Data.

제 사회로부터의 기대에도 불구하고 환경 파괴가 가속화되면서 부정적
인 영향을 받고 있다. 이러한 상황에서 기후변화는 쿠바의 환경과 생태계
에 부정적 영향을 가중하는 새로운 변수이자 위협으로 작용하고 있다.

2) 기후변화와 쿠바

쿠바는 선진국이나 중국, 인도 등 소수의 개발도상국에 비해 온실가
스의 역사적 배출량 측면에서 책임이 작다. 그러나 탄소 집약적 에너지
구조를 유지해 옴으로써 기후변화를 유발하는 온실가스 배출량은 증
가 추세를 보여 왔다. 쿠바 온실가스 배출의 가장 많은 비중을 차지하는

부문은 에너지, 교통, 산업 순서이다. 이들 주요 배출 부문에서 쿠바는 2019년을 기준으로 16,478,000톤을 배출했다. 쿠바의 배출량은 구소련의 해체 이후 급격히 감소했으며 다시 점진적으로 상승하는 추세를 보여 왔다(〈그림 3〉).

쿠바는 전력의 약 95%가 석유를 통해 공급되어 카리브해 지역에서 에너지 부문의 배출이 가장 높은 수준을 보인다. 화석연료 95%는 수입에 의존하고 있으나(GCF, 2020, 9) 산유국이기도 한 쿠바는 2021년 기준으로 하루에 38,400배럴의 석유를 생산했고 2019년 기준으로 하루에 약 5배에 달하는 164,100배럴의 정유를 소비했다. 오늘날 쿠바의 전기화 비율은 거의 100%인데 2020년 7,479,000킬로와트의 설비용량으로부터 전기를 생산해 왔다. 재생에너지 부문에서 전력 생산의 4%를 담당하는데 세부 부문별로 보면 태양광 1.4%, 풍력 0.1%, 수력 0.3%(주로 소형 수력 발전), 바이오매스(biomass) 및 폐기물 2.7%로 구분된다. 그러나 전력 생산의 나머지인 95% 이상은 화석연료를 통한 것으로, 이는 쿠바가 탄소 집약적 에너지 구조를 가짐을 알 수 있다.

쿠바의 배출량은 언급한 바와 같이 증가해 왔지만 전 세계 배출량에 비추어 쿠바의 책임은 크지 않다(〈그림 4〉). 쿠바가 속한 카리브해 국가들을 포함한 소도서 국가들의 배출량을 다 합쳐도 전 세계 배출량의 0.2%에 불과하며 쿠바의 배출량은 전 세계 배출량의 0.08%에도 못 미친다(GCF, 2021a, 10). 쿠바의 배출량은 세계에서 약 94번째를 기록하며 1인당 에너지 소비에 있어서도 2019년을 기준으로 약 119위 정도였다.

이처럼 기후변화 문제의 원인 제공에 큰 책임이 없음에도 불구하고 쿠바는 기후변화로 인한 부정적 영향에 점차 높은 취약성을 보인다. 쿠

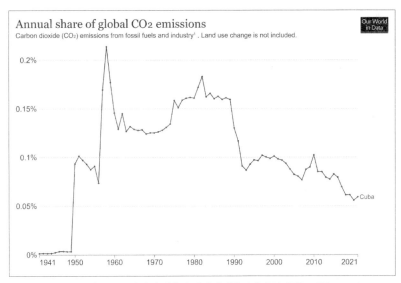

Annual share of global CO₂ emissions
Carbon dioxide (CO₂) emissions from fossil fuels and industry¹ . Land use change is not included.

〈그림 4〉· 쿠바의 연 배출이 전 세계 배출량에서 차지하는 비중.

출처: Our World in Data.

바의 취약성(vulnerability)에 영향을 미치는 요인은 다양하다. 우선 도서 국가인 쿠바는 해안의 길이만 해도 총 3,735킬로미터에 달해 해수면 상 승에 특히 취약하다. 쿠바의 총 262개의 해안 거주지 중 약 121개가 기 후위기로 위협받고 있는 것으로 알려져 있으며 전체 인구 중 193만 명 정도가 이들 취약 지역에 거주하고 있다. 취약 지역 중 54개 지역은 남 해안, 67개가 북부 해안 지역에 위치한다.

쿠바는 또한 열대성 기후를 지녀 건기(11월에서 4월)와 우기(5월에서 11월)가 교차적으로 나타나는데 특히 8월부터 11월 사이에는 허리케인 발생 가능성이 매우 크다. 쿠바에는 매년 약 1회의 허리케인이 발생하 는 것이 보통이고 건기에는 가뭄도 빈번히 발생한다. 기후변화가 가속화됨에 따라 허리케인, 사이클론, 홍수, 가뭄 등의 빈도와 강도가 높아지면서 특히 연안 지역에 피해가 증가하고 있다.

일례로 2017년 허리케인 일마(Irma), 2022년 허리케인 이안(Ian)의 발생은 쿠바의 경제와 사회에 타격을 가했다. 지리적 위치 때문에 쿠바에는 허리케인이 비교적 자주 발생하나 1990년 중반 이후 허리케인 발생 강도와 빈도가 증가하면서 국가에 인적, 경제적 손실을 야기하고 있다. 2001년에서 2017년 사이 적어도 9번(2001년 미셸, 2002년 이시도르, 릴리, 2004년 클레어와 이반, 2008년 구스타브와 아이크, 2017년 일마)의 대규모 허리케인이 발생했다(GCF, 2021a, 8). 몇십 년 만에 찾아온 가장 강력한 카테고리 5등급의 일마는 쿠바 북부 지역을 강타하며 도시, 공항, 전력망 등 리조트, 인프라, 농지를 파괴했고 쿠바 인구의 10%에 해당하는 113만 명의 이재민이 발생했다(Oxfam, 2017; Frank & Marsh, 2017). 관광객들이 방문해 주요 산업을 이뤘던 북부 지역의 관광 수입도 타격을 입게 되었다(Stubbs, 2021). 2022년 9월에 서쪽에서 발생한 허리케인 이안역시 약 300만 명에 직접적 영향을 미쳤고 63,000가구가 피해를 입었으며 담배 농장 등 지역의 주요 산업이 파괴되었다. 이미 경제난으로 전기공급 등이 원활하지 않았고 코로나19로 인해 국제 사회로부터의 구호물자 등 지원도 제한된 상황에서 허리케인의 발생은 쿠바에 상당한 피해를 가했다.

기후변화에 따른 해수면 상승 역시 쿠바에 위협을 가하고 있다. 지난 10년간 쿠바의 연 평균 기온은 섭씨 0.9도 상승했으며 매년 해수면은 1.43밀리미터씩 상승했다. 또한 매년 해안선이 1.2미터 후퇴를 기록했다(GCF, 2020, 9). 쿠바의 해수면은 지난 50년간 7센티미터 상승했는

〈그림 5〉· 지구 온도가 섭씨 3도 상승했을 경우 아바나.

출처: Climate Central.

데 2100년이면 85센티미터가 높아질 것이란 분석이 있다(Stone, 2018). 이로 인해 2050년 쿠바 국토의 약 2.45%가 침수되며 적어도 78개의 인간 거주지가 영향을 입게 될 것이라는 분석도 있다(GCF, 2021a, 8). 〈그림 5〉는 2100년 인류가 기후변화 대응에 실패하여 지구 온도가 산업혁명 대비 섭씨 3도 상승하는 시나리오를 가정할 경우, 쿠바의 수도 아바나가 완전히 바다 아래로 잠길 수 있음을 보여 준다.

쿠바 과학자들이 기상연구소 및 미국 마이애미 국가 허리케인 센터 자료를 활용해 분석한 최근 연구도 2050년 쿠바의 거주지 중 적어도 14개 지역이 사라지며 또 다른 100개 지역은 부분적 피해가 예상된다고 분석했다. 해수면 상승으로 연안 지역 14,100가구 이상이 사라지게 되고 이는 30년 사이 약 41,300명의 국내 이주민(internal displacement)이 발생할 수도 있음을 의미한다(OnCubaNews, 2020a).

기후변화가 계속될수록 쿠바의 보건 부문에서도 큰 피해가 예상된다. 온난화와 환경 변화에 따라 바이러스와 해충이 증가하면서 코로나와 같은 질병이 더 빈번히 발생할 수 있으며 물 부족과 관련해서 전반적 위생 악화도 예상된다. 이는 특히 여성, 아동, 노령 인구 등 취약층에게 영향을 미칠 것이다(GCF, 2021a, 8).

이렇듯 기후변화라는 국제적 환경 문제의 형성에 기여한 역사적 책임에 비하여 쿠바와 국민은 자연재해 등 부정적 영향으로부터 더 큰 피해를 받거나 더 큰 취약성을 보이고 있다. 국제 사회의 공동 대응 노력이 정체된 상태를 보이며 기후변화 현상이 더 심해진다면 쿠바가 입을 피해는 지속적으로 증가할 것으로 보인다. 즉, 다른 남반구 소도서 국가들과 같이 쿠바는 기후 부정의의 상황에 직면해 있다.

3) 기후 회복탄력성 강화를 위한 쿠바의 대응: 성취와 제약

기후변화에 대한 쿠바의 대응은 크게 자체의 대내적 노력과 대외적, 즉 국제 사회의 일원으로서 기후변화 국제 레짐 아래서 행해지는 활동 및 정책으로 구분될 수 있을 것이다.

(1) 국내적 수준에서의 대응 노력

쿠바가 자연재해에 관심을 가지게 된 것은 카스트로 집권 이후 얼마 지나지 않은 1963년 허리케인 플로라(Flora)로 인해 천여 명의 사상자가 발생하면서부터로 볼 수 있다. 그 후 1976년 정부는 본격적으로 자연재해에 대한 피해에 대응하고 국민의 안전과 경제를 수호하기 위한 종합 체계인 민방위(Civil Defense) 시스템 및 조기경보 시스템(early warning system)을 도입했다(Kirk, 2017). 군사 안보와 동시에 방재 시스템인 민방위 시스템을 통해 쿠바는 기상 악화 현상에 따른 사망과 부상 등에 보다 효과적으로 대응할 수 있게 되었다. 이 시스템을 토대로 국가, 지역, 시, 커뮤니티 등 정부 각 단계에서 재해 대응 방안이 수립되었다. 또한 여성과 주민의 역할과 참여가 강조되는 등 분권적(decentralized) 방식의 대응 체계가 작동한다(Aragón-Duran et al., 2020, 2). 사회주의 체제 아래 구축된 이러한 제도를 통해 쿠바는 카리브해의 다른 도서 국가나 심지어 같은 허리케인의 영향권에 있는 미국과 비교해도 훨씬 적은 피해를 기록하는 등 비교적 높은 수준의 회복탄력성을 보여 왔다(Alonso & Clark, 2015). 2017년 허리케인 일마가 닥쳤을 때 쿠바의 사망자가 약 20명이었던 데 반해 4주 후 그보다 약한 규모의 허리케인 마리아는 푸에르토리코에서 2,975명의 사망자를 낳았다(Columbié & Morrissey, 2023, 230). 이는 쿠바 정부 수립 초기부터 구축되어 강화되어 온 민방위 및 조기경보 시스템 등 재해 대응 제도의 효과성과 역량을 입증한다.

이 대응 과정에서 또 하나의 중요한 변수는 쿠바의 허리케인 문화(hurricane culture)로, 쿠바의 재해 대응 효과성에 영향을 미쳤다. 지리, 기후의 특징 때문에 식민지 시절 이전부터 허리케인을 경험하면서 쿠바의 원주민들은 역사적으로 토착 지식(local knowledge)을 축적해 왔다. 또한 19세기부터 오늘까지 과학자, 지식인, 당국, 커뮤니티는 이러한 토착 지식을 계승하고 발전하면서 허리케인 문화라 불리는 지식, 신념, 행동, 문화적 표현 등의 총체를 형성하게 되었다(Columbié

& Morrissey, 2023, 23). 이는 오랜 세월에 거쳐 축적되어 온 안전 문화 (culture of safety)라 할 수 있으며, 쿠바의 자연재해 등에 대한 사회의 대응에 긍정적으로 작용해 왔다.

1990년대에 들어 쿠바 정부는 보다 본격적으로 기후변화에 따른 위험을 인지하고 환경 및 발전 계획에 이러한 위험에 대한 관리, 대응 조치를 반영했다(GCF, 2021a). 1991년 쿠바 과학자들과 기상연구소는 기후변화에 대한 영향 평가를 공식적으로 실시했고 1997년 과학기술환경부 (Ministry of Science, Technology and Environment, CITMA, 1994년 설립)는 기상연구소와 함께 국가 기후변화 그룹을 출범시켰다(정경원 외, 2015, 183). 그 이래 CITMA는 국가환경전략에 기반해 기후변화에 대한 대응 정책들을 추진하는 주무 부서 임무를 수행해 왔다.

쿠바는 또한 재해 저감을 위한 국제 전략(International Strategy for Disaster Reduction)의 일부로 UN의 재난 안전을 위한 효고행동계획 (Hyogo Framework for Action, 2005-2015)을 도입해 재해 발생 시 경제 주요 부문에서 효율적이고 효과적으로 대응하는 방안을 통해 리스크 저감 관리를 강화했다. 이는 기존의 민방위를 통해 구축된 조기경보 시스템을 활용해 다양한 정부 부처들이 국민에게 미디어를 통해 조기 경보를 제공하는 방안을 포함한다. 또한 지방 정부로 하여금 그들의 발전 계획에 국토 관련 계획뿐만 아니라 기후변화 완화 및 적응 정책을 반영케 하여 16개 도 및 168개 시가 이러한 계획을 수립하고 이행해 왔다 (GCF, 2021a, 9).

2007년 쿠바 정부는 또한 기후변화 대응 국가 프로그램(National Program for Confronting Climate Change)을 공식 발족해 기후변화 적응을 강조하기 시작했고 2009년에는 1990년대부터 시작된 과학적 연구와 정보를 종합하는 연안 지대 위험과 취약성에 대한 매크로 프로젝트(Macroproject on Coastal Hazards and Vulnerability, 2050-2100)를 도입해 기후변화에 대한 정책 결정이 과학적 정보를 토대로 이루어지도록 했다(GCF, 2021a, 9).

기후변화에 대한 관심은 정부 차원에서 지속적으로 강화되었다. 2011년, 2016년에 각각 열린 제6차, 제7차 공산당 총회에서도 기후변화에 대한 논의가 이루어졌다. '2016-2021 당과 혁명을 위한 경제사회 정책 가이드 라인(Economic and Social Policy Guidelines for the Party and the Revolution for the Period 2016-2021)'도 기후변화, 적응 조치를 언급하며 이들 개념이 국가의 지속가능 발전 계획에 통합될 것을 강조했다. '2030 국가 경제사회 발전 계획(2030 National Plan for Economic and Social Development)' 또한 기후변화에 대한 대응 필요성을 논했는데, 특히 이 계획은 효과적 리스크 관리, 기후 적응, 취약성 저감, 완화, 체계적인 부문별 대응 전략 등을 역설했다. 더불어 리스크 저감과 회복탄력성 강화를 위한 지역사회 및 지방 정부의 참여를 위해 기존의 민방위 시스템을 더욱 강화하는 방안이 제시되었다. 가이드라인 107은 특히 기후변화 대응을 위해 농업, 수자원, 보건 부문을 우선순위로 정하고 모든 관계 부처의 과학, 기술, 혁신을 개선할 것과 지역 및 영역별로 기후변화 대응이 유기적으로 통합 관리되어야 함을 규정했다(GCF, 2021b, 9).

이와 같은 일련의 조치 및 정책들은 쿠바가 2017년 4월에 발표한 기후변화로부터 자국과 자국민을 지키기 위한 생명 프로젝트이자 백년대계인 '따레아 비다(Tarea Vida, 영어로 Project Life)'라 불리는 국가 기후변화 대응 전략(Strategic Plan Address Climate Change)을 통해 계승 발전되었다. 본 전략은 경제, 사회 발전에 대한 당의 발전 계획에 따라 작성되었으며 보건, 수자원, 농업, 관광, 해안 지대 해양 생태계 보호, 국토 사용 계획 등 총 6개 분야를 설정하고 각 부문에서 구체적인 전략과 이행 사업들을 제시했으며 아바나를 포함한 15개 우선 대상 지역을 획정했다. 이에 따라 모든 도, 시, 부문, 공공 기관 등은 리스크를 관리하고 회복탄력성을 강화하는 방안을 수립할 것과 따레아 비다를 이행할 예산을 자신들의 경제 계획에 반영하도록 했다(GCF, 2021a). 쿠바 정부는 이 프로젝트에 최소 4,000만 달러를 지출하게 될 것으로 예상하고 국제 사회로부터의 공여도 요청했다. 2017년 11월 이탈리아 정부가 340만 달러를 약속하면서 재정 지원을 약속한 최초의 국가가 되었다(Stubbs, 2021, 16). 정부는 이후 투자 계획이나 재정 지원의 유치에 있어서도 기후변화를 고려할 것을 의무로 했다.

따레아 비다는 2017년 허리케인 일마로부터 쿠바가 큰 피해를 겪게 되면서 그에 대한 대응으로 기후변화 적응의 중요성을 재강조한 것으로 볼 수 있다. 주요 내용을 보면 해안 침수 위험 지역의 가옥 신축 허가 금지, 해수면 상승에 따른 잠재 취약 인구의 내륙 이동, 저지대 해안가 인구 밀도 축소, 저지대 홍수 대응을 위한 인프라 건설 디자인 발굴, 염수 오염 지역으로부터 농업 시스템의 전면 개편, 토지 사용 개선 및 다변화 방안 등 국가 식량 안보에 영향을 미치는 농업 부문의 적응 정책, 해안 지역 방어를 강화하고 위기 서식지를 복원하는 작업, 국가 경제 상황에 맞춘 취약 지역의 도시 재정비 계획 등 기후변화에 취약한 지역의 회복탄력성을 강화하기 위한 다양한 방안들이 제안되었다(GCF,

2021a, 18). 실제 허리케인 일마 이후 팔마리토(Palmarito)의 40가구가 첫 육지 내부로의 이주 대상이 되었고 2017년 10월에 이주가 이행되었다 (Tower, 2020). 특히 쿠바는 재정적 상황을 고려하여 해변 복원, 산림 복원과 같은 자연적 해법(nature-based solutions)을 통한 기후변화 적응을 강조하고 있다.

쿠바의 2019년 헌법은 국제 사회의 기후변화 관련 규범인 공동의 그러나 차별화된 책임을 인정하며 기후변화에 대한 대응뿐만 아니라 환경의 보호와 보전을 촉진한다. 쿠바는 이를 통해 공정하고 정의로운 국제 경제 질서를 수립하고 생산과 소비의 비이성적 양태를 근절할 수 있다고 보았다. 중앙 정부 외에도 쿠바의 주·시 정부 수준에서 기후변화를 다루는 부서가 형성되어 각 주관 부처의 관장하에 기후변화에 대응하고 있다.

가장 중요한 배출 부문인 에너지 부문에서 쿠바는 석유에 의존해 온 에너지 구조의 변화를 위해 1993년 국가 에너지 자원 개발 프로그램을 통해 사탕수수 및 농업 부산물을 통한 재생에너지 개발을 촉진하기 시작했다. 정부는 1990년 말 이미 전기 절약 프로그램(Electricity Savings Program in Cuba)을 도입해 에너지 효율 개선을 위한 노력을 시작했고 2005년을 에너지 혁명의 해(Year of Energy Revolution)로 선포하며 다양한 부문에서 에너지 효율 개선을 위한 프로그램을 도입했다(GCF, 2020, 10).

에너지 부문에서의 이와 같은 정책 도입의 배경에는 2004년부터 2005년까지 최장 200일이 넘게 지속된 대규모 정전(블랙아웃)과 과거 소련의 지원으로 건설된 발전소의 노후화 문제가 작용했다(요시다 타로,

2011, 317). 쿠바의 송전망은 경제적 상황 악화와 쿠바 근해로부터 생산된 원유에 포함된 황 성분으로 인해 노후화를 거듭해 왔다. 전국적으로 중앙 집중식으로 연결된 송전망 구조는 또한 허리케인 등에 취약했다. 2006년에 허리케인이 송배전망을 파괴하며 에너지 위기가 가중되자 정부는 2006년 에너지 효율 제품 이용 및 비효율적 제품의 대체, 공급 시스템 정비, 전력 공급망 재건, 가스 복합 화력 발전소 운영, 재생에너지 확대, 소규모 분산 발전 등을 목표로 하는 에너지 개혁을 시행했다(장유운 외, 2017, 263; 정경원 외, 2015, 180-181). 중앙 집중식 송배전망을 통해 전력을 공급하던 구조에서 분산형 에너지로의 전환을 통해 기후변화 리스크를 관리하고자 한 것이다.

2009년 6월에는 총 13개의 전기 다소비 제품에 대해 최소 효율 수행 기준(Minimum Efficient Performance Standards)을 적용하는 결의(Resolution) 136을 도입했다(GCF, 2020, 10). 이후에도 건물의 에너지 효율 증진, 상품의 에너지 효율성 제고, 에너지 효율 인증제 도입 등 다양한 조치들이 도입되었다. 몇몇 방안에서는 상당한 성과를 이루어냈는데 약 1억 1600만 개의 노후 형광등을 제거하고 금지함으로써 쿠바는 에너지 효율이 낮은 형광등을 퇴출한 첫 국가 사례가 되었다(Clarke, 2017). 또한 친환경 에너지 혁명을 통해 쿠바의 에너지 생산은 전국적으로 분산된 형태로 발전해 피해와 블랙아웃의 위험을 감소할 수 있는 소규모의 발전소들이 점진적으로 증가했는데 분산형 에너지 시스템 약 3기가와트의 설비용량을 통해 배송 및 보급에서의 손실을 14.8% 줄였고 대규모 정전 횟수도 현저히 낮아졌다(Clarke, 2017; 요시다 타로, 2011, 317).

쿠바는 2014년에 2030년까지 재생에너지로부터의 전력 생산을 24%(바이오매스 14%, 풍력 6%, 태양광 3%, 수력 1%)까지 확대하겠다는 목표를 도입했으며 해당 목표 달성을 위해 약 35억 달러 규모의 투자가 필요할 것으로 추정했다. 태양광 부문에서 쿠바의 씨엔푸에고스(Cienfuegos), 관타나모(Guantanamo) 근처 등지에서 쿠바는 태양광 패널 생산을 위한 공장을 건설하기 시작했다(Clarke, 2017). 풍력 부문에서는 2030년까지 풍력 설비용량 633메가와트를 통해 전력을 생산한다는 계획 아래 중북부 연안과 동부 연안을 중심으로 열세 곳의 풍력 단지 예정지를 발표하고 이들 지역에 해외 투자를 유치하기 위해 노력하고 있다. 영국, 중국, 스페인 등 외국 기업이 관심을 보이며 사업에 참여하기 시작한 상태다(장유운 외, 2017, 273).

수력 발전에 있어서는 내륙 지역에 대규모 가용 수자원이 없어 정부는 소규모 수력 프로젝트를 추진할 계획이며 잠재 발전 규모는 135메가와트에 달한다. 현재 계획 중인 74개의 소수력 발전소 건설을 통해 국가 수력 발전 규모는 약 두 배 확대되는데 이는 약 23만 톤의 이산화탄소를 상쇄하는 효과를 가져올 것이다. 소수력 발전은 특히 송전망이 연결되지 않은 산악 밀집 지역의 주민에게 에너지를 공급한다. 쿠바는 수력 발전 확대를 위해 역시 국제 사회로부터의 원조를 기대하는데 쿠웨이트 아랍경제발전기금(Kuwait Fund for Arab Economic Development)과의 협약을 통해 34개 수력 발전소와 이들을 잇는 송전망을 건설하는 계획이 이행 중이다(International Hydropower Association, 2018).

재생에너지 부문에서 현재 가장 큰 부분을 차지하며 미래 발전이 기대되는 부문은 바이오연료 부문이다(Gutiérrez et al., 2018). 쿠바는 제당 공장에서 사탕수수 가공 후 남은 버개스(bagasse, 사탕수수의 줄기에서 자당을 짜고 남은 찌꺼기)로부터 전기를 생각하는 시설을 도입하고 마라부(marabu) 등 침습성(invasive) 식물을 연소해 바이오연료로 활용해 왔다(Clarke, 2017). 150개 이상이 되는 제당 공장이 비오에네르코와 같은 바이오 발전기업을 설치하고 전력을 생산한다. 바이오연료와 관련해서는 피델 카스트로 시대부터 식량 안보를 저해할 것에 대한 우려가 있었으나 사탕수수 처리 과정에서 발생한 부산물과 농지 외에서 자라는 잡초를 주로 활용한다는 것이 정부의 기본 방침이다.

한 연구에 따르면 사탕수수, 마라부 등 바이오매스를 통해 2030년까지 약 97% 이상의 전력 생산이 가능하며 이를 통해 2012년 대비 온실가스를 81% 저감하는 효과를 가질 것으로 기대된다(Gutiérrez et al., 2018). 속도는 느리나 정부는 바이오매스의 확대를 위한 정책을 이행 중이다. 예를 들어 시에고데아빌라(Ciego de Avila) 주에 위치한 300메가와트급의 현대적 바이오 발전소는 2018년 3월 준공을 시작해 2020년 1월 초 국가 전력망과의 연결을 위한 시험을 거쳐 3월 본격적으로 연결되었다. 버개스와 마라부를 이용한 바이오 전력 생산을 통해 연간 10만 배럴의 석유 소비를 줄이고 이 지역의 에너지 소비의 약 50%를 담당할 것으로 기대된다. 이 발전소는 중국 기업의 기술을 포함해 쿠바, 영국의 합작으로 진행되었으며 1억 8천만 달러의 투자로 건설되었다(OnCubaNews, 2020b).

쿠바는 또한 적응과 완화를 위한 각종 제도 및 정책의 도입 및 확대 외에도 기후변화 문제를 포함한 지속가능 발전 문제에 대한 교육 프로그램에도 관심을 기울여 왔다. '2016/2020 지속가능발전을 위한 국가 환경교육 프로그램(National Environmental Education Program for Sustainable Development 2016/2020)'은 지속가능한 소비와 생산, 기후변화 적응 및 완화, 위험과 취약성, 생물 다양성의 보존과 보호 등의 주제를 담은 환경교육을 중점 추진한다는 목표를 밝히고 있으며 이들 주제가 교육과정에 반영되도록 했다. 이를 통해 쿠바 정부는 경제 및 사회 발전 목표가 환경 목표들과 긍정적으로 연계되도록 하고 국제적 고립과 봉쇄라는 제약 아래에서도 삶의 질과 지속가능성을 추구하고자 했다 (GCF, 2020, 10).

(2) 국제적 수준에서의 대응: 기후변화 국제 레짐 참여

쿠바는 오랜 제재 국면과 고립에도 불구하고 제한적이나마 다양한 국제 환경 레짐에 참여해 왔는데 그중 하나가 기후변화협약(UNFCCC)과 파리협정이다. 쿠바는 이들 기후 레짐 참여를 통해 국제 사회로부터의 지원을 유치하는 데도 더욱 관심을 기울이고 있다.

쿠바는 이미 유엔과 지속가능 발전을 위해 협력해 왔다. 특히 UNDP는 쿠바의 지속가능 발전을 위해 25년 이상 쿠바 정부와 상호작용해 왔다. 기후변화와 관련해서는 기상 시스템 강화, 농업, 수자원, 보건, 생태계, 산림 등 부문에서 연구 지원, 늪지 등 해안 지역 생태계 복원 및 보존, 지속가능한 토양 관리 등의 영역에서 쿠바 정부의 역량 강화를 지원해 왔다. 2012년 허리케인 샌디 발생 당시 UNDP는 쿠바 정부와 함께 회복력이 강한 도시(resilient city) 개념에 기반해 재건 계획을 세웠고 2019년에는 기후변화에 대한 대응과 회복탄력성 강화를 위해 1,500개 가구에 태양광 패널을 설치하는 적응 지원 사업을 진행하기도 했다(Aragón-

Duran et al., 2020, 3).

기후변화에 있어 쿠바는 1994년 UNFCCC를 비준했고 2001년 UNFCCC에 기후변화에 대한 국가 보고서(National Communication)를 제출했다. 이어 2002년에는 교토의정서(Kyoto Protocol)에 가입했다. 교토의정서의 이행 메커니즘 중 하나인 청정 개발 체제(Clean Development Mechanism)를 통해 쿠바는 선진국의 재정 및 기술 지원의 수원국으로 가스터빈 연소 사이클 프로젝트, 쓰레기 매립지 가스 저장 프로젝트, 재생에너지 전력 개발 프로젝트 등 국제 협력 사업을 진행한 바 있다(정경원 외, 2015, 184).

이어 파리협정 출범 전인 2015년 11월 쿠바 정부는 첫 번째 국가결정기여(Nationally Detrmined Contributions, NDC)를 제출하고 2016년 4월 22일 파리협정에 서명했으며 2017년 1월 공식 비준했다. 첫 번째 NDC에서 쿠바 정부는 적응 부문을 기후변화에 대한 대응 우선순위로 두고 보건, 해안 지역 취약성 감소, 맹그로브(mangrove) 보호, 통합 물 관리, 국토 계획 및 지속가능한 식량 생산 등을 강조했다. 쿠바는 CITMA를 유엔기후변화협약 및 GCF와의 소통을 위한 국가지정기구(NDA)로 지정해 국제 사회와 소통하고 재정 지원을 유치하기 위한 정부 주관 부처이자 공식 채널의 역할을 하도록 했다.

쿠바는 GCF를 통해 다양한 사업들을 추진하고 있다. 일례로 UNDP를 이행 기구로 하여 아바나 연안역(Havana Coastal Zone)에서 시행하고자 하는 적응 계획을 제출하는 등 국제 사회로부터의 지원을 요청하고 있다. 아바나는 47킬로미터의 해안선을 지닌 수도로 쿠바의 역사, 문화, 경제, 정치 등 모든 방면의 중심지이며 가장 높은 인구 밀도를 보이는 지역이기도 하다. 그러나 최근 해수면 상승과 기상 이변 등은 아바나의 기후 리스크를 높이고 있다. GCF는 이미 2018년 7월에 쿠바의 적응 지원 사업에 333,000달러를 제도적 역량 강화 목적으로 투입하여 기후변화 국제 협력 창구로서 NDA의 역량을 강화하고 부처 및 이해 당사자들과의 협력을 위한 전략 개발을 지원했다(GCF, 2021a). 국제 사회의 대쿠바 적응 지원 사업은 주로 기후변화의 영향을 파악하기 위한 중앙 데이터 플랫폼 형성 등 기술적 부분, 적응 로드맵 작성 등 계획 부문 지원 및 여성, 대학생 등을 포함한 커뮤니티 이해 당사자들의 참여 및 역량을 지원하는 방안 등에 투입될 것이다.

쿠바는 국제 사회의 지원 사업을 통해 특히 연안 지역의 기후변화 적응 전략을 준비해 왔다(GCF, 2021a). 그 사례는 다양하다. 예를 들어 2014년부터 유엔의 적응 기금(Adaptation Fund) 지원을 받아 아르테미사(Artemisa)와 마야베케(Mayabeque) 주 남부 지역에서 해안가 생태계 복원을 통한 생태 기반 적응 프로그램(Manglar Vivo)을 2020년까지 진행한 바 있다.

또한 EU와 COSUDE의 지원을 받아 로컬푸드 지속가능성을 위한 환경적 기반(Environmental Bases for the Local Food Sustainability) 사업을 이행하여 농업 및 목축업자들의 적응 정책을 추진한 경험도 있다. 또한 GCF와 UNDP와 생태 기반 적응을 통한 쿠바 기후변화의 해안 회복 탄력성(Coastal Resilience to Climate Change in Cuba through Ecosystem Based Adaptation, 'Mi Costa'라고 불림) 프로그램 역시 추진 중이다. 이 프로그램은 연안 지역의 피해가 예상되는 커뮤니티 주민들의 참여를 독려해 지역의 회복탄력성을 강화하고자 한다. 또한 기후변화에 대한 중앙 및 지역의 정보를 제공하는 플랫폼을 조성하고 특히 지역 정부와 사회의 기후 역량을 배양하고자 한다.

유사하게 EU의 글로벌기후변화연맹(Global Climate Change Alliance, GCCA)이 재정 지원하는 UNDP 프로젝트인 기후변화 적응을 위한 자연 해법을 통한 연안 회복탄력성 구축(Building Coastal Resilience in Cuba through Natural Solutions for Climate Change Adaptation) 프로그램은 2020년 1월 이후 사바나 카마구에이(Sabana-Camagüey) 생태 지역에서 시행되어 재해 위험 감소, 새로운 취약성의 경제 · 사회 발전 계획 통합, 재난 후 복구, 연안 생태계 보호, 커뮤니티의 해수면 상승과 이상기후 현상에 대한 회복탄력성 강화 등의 내용을 포함하고 있다.

이렇듯 쿠바가 국제 사회로부터 지원을 받아 진행하는 기후변화 사업은 대부분 적응 부문의 사례가 많으며 기후변화로 인한 재해에 대한 취약성을 낮추고 국가 및 커뮤니티의 회복탄력성을 강화하는 데 초점이 맞추어져 있다.

쿠바는 CITMA의 차관을 GCF에 대한 국가지정기구(NDA)의 책임자로 정하고 과학, 기술, 환경 관련 활동을 관장하게 했다. 쿠바 정부는 GCF의 중요성을 고려해 2018년 부처 간 조정 위원회(Inter-Ministerial Coordination Committee, IMCC)를 수립하고 중앙 정부 수준에서 GCF 사업들을 촉진 · 승인 · 관장하도록 했다. 이 위원회는 쿠바 중앙은행이 관장하고 CITMA가 사무국 역할을 하며 쿠바의 해외 통상 및 투자부(Ministry of Foreign Trade and Foreign Investment), 경제기획부(Ministry of Economy and Planning), 재정 및 가격부(Ministry of Finance and Prices), 에너지 광물부(Ministry of Energy and Mines), 농무부(Ministry of Agriculture), 국가 수자원연구원(National Institute of Hydraulic Resources) 등 다수의 기후변화 유관 부처가 참여한다. IMCC는 프로젝트 조정 위원회(Project Steering Committee)를 관장하고 위원회로 하여금 주기적으로 보고할 것을 요구한다. 기후변화 대응에 있어 재원 마련과 역량 강화를 위해 GCF와 같은 국제 기구의 도움이 절실하므로 이처럼 쿠바는 국외 지원 프로그램의 이행을 촉진하기 위한 부처 간 협의체(거버넌스)를 만들어 이를 촉진해 왔다.

쿠바는 또한 라틴아메리카와 카리브해 환경장관 포럼(Forum of Ministers of the Environment of Latin America and the Caribbean)에도 참여해 기후변화 및 지역 월경성 환경 문제들에 대한 지역 정부들과의 정보 교류, 협력, 상호 학습, 지역 정책 수단 발굴 등을 모색해 왔다(GCF, 2020, 11). 쿠바의 비교적 성공적인 리스크 저감 모형은 카리브해 리스크 관리 이니셔티브(Caribbean Risk Management Initiative) 등 카리브해 지역 차원에서의 환경 협력 사업을 통해 확산되기도 했다(UNDP, 2016).

쿠바는 기후변화 국제 레짐 참여 외에도 양자 협력 사업들도 진행해 왔다. 쿠바 정부와 EU가 공동으로 추진하는 에너지 효율 및 절약 프로젝트는 쿠바 에너지 정책 지원을 위한 프로그램의 일부로 추진되어 왔으며 건축물의 에너지 효율을 제고하기 위한 내용 및 기획과 수행 역량의 강화, 냉방 및 에어컨 등의 효율 강화 등 다양한 내용이 포함되어 있다(GCF, 2020, 13). 또한 앞서 언급한 바와 같이 바이오매스, 태양광, 풍력 등 재생에너지 확대를 위한 사업에도 중국, 스페인, 영국 정부 및 기업들과 협력하는 등 국제적으로 비교적 고립된 상황 속에서도 기후변화 대응을 위한 다양한 국제 협력을 모색하고 있다.

(3) 제약

기후변화가 자국과 자국민의 경제, 사회적 안전과 지속가능한 발전에 미치는 영향을 인식하게 됨에 따라 쿠바 정부는 이처럼 대내외적으로 다양한 방안을 모색해 왔다. 그러나 상술한 다차원적 노력에도 불구하고 쿠바의 기후변화 대응 노력이 효과를 발휘하는 데에는 여러 제약이 따르고 있다. 우선 쿠바는 경제적 발전 수준이 높지 않은 개발도상국으로 기후변화와 관련된 제반 정보가 부족하며 체계적 분석, 경제 및 기술적 평가, 영토, 영역별 계획을 창출하고 유기적으로 통합하는 역량의 측면에서 미흡함을 보인다. 데이터 수집 및 정교한 모델링을 통해 지역별 부문별 기후변화의 영향과 대응 노력이 미치는 효과 등을 파악할 수 있는 기술적 역량이 부족한 상황이다.

또한 다양한 부처가 기후변화 거버넌스에 참여하나, 위험, 취약성, 리스크를 분석해 충분히 공유하지 않고 있으며 이들 조직의 개별 역량도 아직 열악하다. 쿠바에는 리스크 저감 관리 센터(Risk Reduction Management Centers), 민방위(Civil Defense), 국가 정보 통계국(National Statistics and Information Office), 기상청(Institute of Metorology), 국가 수자원 연구소(National Institute of Hydraulic Resources), 물리계획연구소(Institute of Physical Planning) 등 기후변화와 관련된 다수의 유관 부처가 있으나 이들 사이에 기후변화 대응을 위한 효율적 협력이나 조율이 아직은 원활히 일어나고 있지 않다(GCF, 2021a).

또한 다양한 기후변화 완화 및 대응 방안의 비용 대비 효과성에 대한 분석이 미흡하고 인센티브와 같은 경제적 정책 수단의 활용에 있어서도 정부는 제한적으로만 고려하고 있다. 기후변화 대응에서 민간 부문의 참여에 대한 고려도 아직 부족한 상황인데 이러한 한계는 사회주의 계획경제 국가로서의 경로 의존적 특징이 반영되는 부분이다. 또한 국제 사회와 긴밀한 상호 의존 관계에 있지 않았기 때문에 국제적 재정 및 기술 이전과 관련해서도 아직 심도 있는 이해가 부족한 상황이다. 미국으로부터의 경제적 봉쇄가 지속되고 있고 코로나19 이후 경제가 아직 위축된 상태에서 기후변화 부문에 투입할 재정 자원도 크게 제한되어 있다.

또한 쿠바 정부는 기후변화에 대한 적응, 회복탄력성 등의 개념을 주류화하며 이들 목표를 위해 정책을 도입, 이행하고 있으나 정책 이행 과정에서 직접적 대상이 되며 참여가 요구되는 지역 주민들은 정부와 상이한 인식을 드러내기도 한다. 예를 들어 해수면 상승으로 인한 해안 지역민의 이주 정책 등과 관련해서 지역사회에서는 해수면 상승보다 오히려 정부의 이주 정책에 대한 공포가 더 크다거나 지역에 대한 애향심 등으로 인해 정부의 반강제적 이주 정책에 대한 반감도 존재한다. 또한 이주 대상인 커뮤니티 주민들은 정부 관료나 국제기구의 컨설턴트들이 이들과의 충분한 대화 없이 역사적 전통을 지닌 사회문화적 네트워크를 파괴하는 이주 방안을 도입하는 것에 대하여 불만을 표출하기도 한다(Aragón-Duran et al., 2020). 쿠바 정부가 기후변화 정책을 포함한 환경 정책의 이행 과정에서 커뮤니티의 참여를 독려해 왔으나 사회주의 계획경제의 특성상 아직 하향식 정책 결정이 여전히 지배적인 특징을 보인다.

3 나오며

기후변화는 오늘날 국제 사회가 직면한 주요 위기 중 하나이며 그 파급력과 영향은 날로 커지고 있다. 그러나 국제 사회를 구성하는 국가들의 기후변화에 대한 역사적 책임과 그로부터 기인하는 부정적 영향은 균등한 분포를 보이지 않는다. 산업혁명 이후 오늘날까지 온실가스를 배출해 기후변화 문제를 초래한 것은 소수의 선진국과 극소수의 개발도상국인 데 반해, 기후변화가 미치는 부정적 영향은 절대 다수의 개발도상국, 특히 사회경제적 발전 정도가 낮은 단계에 있는 취약 국가들에 집중적으로 나타난다. 이는 국제 사회에 기후 부정의라는 불평등의 문제를 낳는다. 기후 부정의는 종종 기존의 경제적, 정치적 불평등과 결합하여 이중의 불평등으로 확대되며 개발도상국의 지속가능한 미래에 대한 전망을 어둡게 한다.

이 글의 사례인 쿠바 역시 기후변화에 대한 역사적 책임에 비해 그로 인해 가중되는 피해를 경험(Alonso & Clark, 2015)하고 있으며 취약성도 날로 높아지고 있다. 이 글은 쿠바가 기후변화 및 기후 부정의의 문제에 직면해 국가와 사회의 회복탄력성을 강화하기 위해 어떻게 대응해 왔으며 그 과정에서 어떠한 제약과 도전 과제를 보여 왔는지 논했다.

쿠바는 오랜 사회주의 혁명하에서 구축된 보건, 교육, 환경 거버넌스 등 체제와 제도를 토대로 경제적으로 열악한 상황 속에서도 인간 개발 지표에서 비교적 우수한 성과를 기록해 왔다. 냉전 종식 후 쿠바가 의존해 왔던 공산권이 붕괴하면서 국제 사회에서 고립된 상황에서 쿠바 정부는 혁명 초기부터 태동했던 그린혁명, 지속가능한 사회주의에 대한 비전을 계승할 뿐만 아니라 생존을 위한 불가피한 전략으로 생태적 농업, 도시 원예, 바이오 에너지 등 친환경적 발전을 추구해 왔다. 도시농업, 유기농법의 확대 등은 경제적 위기 상황과 제약에 직면해 쿠바가 토착 지식과 광범위한 사회적 참여를 통해 대처한 자구책이자 적정 기술(appropriate technology)의 일환으로 이해할 수 있다. 이는 쿠바의 자연 친화적 농업 및 생태 다양성 보존 등에서 성과를 내며 쿠바의 지속가능 발전 및 환경 거버넌스에 기여해 왔다.

기후변화가 속도를 더하며 허리케인, 가뭄 등 재해가 쿠바의 경제 및 사회, 인프라를 위협함에 따라 기후변화는 정부의 지속가능한 발전을 위한 계획과 정책에 주류화되어 반영되기 시작했다. 이 글에서 상술한 바와 같이 오늘날 쿠바 정부는 제한된 역량과 자원을 활용해 대내외적으로 기후변화에 대한 대응 노력을 전개하고 있다. 이 과정에서 혁명 시절부터 구축되어 온 사회 체제 전반의 회복탄력성, 안전 문화, 토착 지식과 커뮤니티의 역할에 대한 강조 등 특징은 기후변화 대응을 위한 노력에 긍정적인 경로 의존적 영향으로 작용하는 측면도 있다(Alonso & Clark, 2015; Columbié & Morrissey, 2023).

그러나 쿠바가 국내적 차원에서 기후변화에 대한 대응을 자립적으로 이행하기에는 재원, 기술, 역량의 측면에서 여전히 여러 제약을 보인다. 국제 사회는 기후변화 불평등을 해소하고 기후 정의를 실현하기 위한 노력의 일환으로 쿠바와 같은 기후 취약 국가들에 대한 재정, 기술, 역량 방면의 지원을 강화해야 할 것이다.

제 6 장

기후 불평등과 강제 이주 그리고 온두라스*

/

이태혁

/

* 이 글은 『한국과 세계』 5권 3호에 수록된 필자의 논문 「기후변화와 강제이주: 온두라스를 중심으로」의 내용을 수정한 것이다.

기후변화는 세계적 차원의 문제로 환경, 사회, 경제, 정치, 재화 분배에 심각한 영향을 미치고 있습니다. 이는 오늘날 인류가 당면한 중요한 도전 과제입니다. 수십 년 안에 아마도 **개발도상국이 가장 심각한 타격**을 받게 될 것입니다.(프란 지스코 교황, 2015, 29, 강조는 필자)

1 들어가는 말[1]

2018년 10월 12일 온두라스 서북부에 위치한 두 번째로 큰 도시, 산 페드로 술라(San Pedro Sula) 버스 정류장에 사람들이 모이기 시작했다(Amnesty International, 2018). 최초 160여 명이 운집한 인원은 북상(northbound)하며 계속 증가해, 모두 7,000명 이상이 멕시코 최남단 치

---

1   이 연구는 기후 난민(climate refugee) 또는 기후 강제 이주는 환경 난민(environ-mental refugee)의 하위 범주임을 인지한다(Bates, 2002). 하지만 이 연구의 범위(scope) 상 개념에 대한 상세한 논의보다는 환경(기후) 변화에 따른 이주의 역동성 고찰에 방점을 둔다.

아파스(Chiapas) 주에 들어서게 된다. 2019년, 동일한 장소에서 이번에는 2,000여 명이 출발하며 다시 북으로 향한다. 그리고 2020년 새해 벽두 또다시 동일한 장소에 사람들이 모이기 시작한다. 그리고 북으로 향한다(Martinez & Escalon, 2021). 2021년에는 3,000명이 온두라스에서 북으로 이동하며 이전과 동일하게 엘살바도르, 과테말라 현지인들이 합세하며, 그 이주의 '물결'이 확장된다. 2022년에도 이와 같은 현상이 동일하게 발생했다(Palencia, 2022). 이상과 같이 온두라스에서 출발하며 미국을 향하는 대규모 집단 이주자 행렬을 일명 카라반(Caravan)이라고 부른다.[2]

왜 온두라스인가? 이와 같은 온두라스 '엑소더스(exodus)'의 동인(factor)은 무엇인가? 다시 말해 누가(무엇이) '모세(Moises)'의 역할을 하고 있는가? 왜 갑자기 이주자 행렬이 급증하게 되었는가? 온두라스 내부적 요인, 가령 마약 카르텔, 폭력, 부정부패, 그리고 경제적 빈곤 등의 추진 요인(push factor)에 기인한 것인가?(Agren & Holpuch, 2018; McLeman and Hunter, 2010) 아니면 미국 등의 사회경제적 삶의 윤택이

---

2   집단 이주자 행렬을 의미하는 카라반은 대상(隊商)의 의미 및 이미지이다. 낙타나 말 등에 짐을 싣고 다니며 물건을 사고파는 상인의 집단인 대상은 도적 떼로부터 스스로를 보호하기 위해 모여 다녔다. 따라서 21세기 북중미 카라반은 이민자들이 이동 가운데 겪을 수 있는 각종 위협 요소로부터 개인에서 집단 차원으로 보호하는 목적이다. 다시 말해, 이민을 위해 중미 각국에서 출발한 사람들은, 자국과 타국 땅을 가로지르고 국경을 넘으면서 각종 위험에 처할 수 있다. 따라서 여럿이 무리를 이루는 것이 합리적 선택이다. 무리를 이룸으로써 도둑, 강도, 강간, 살인, 납치 등 치안의 부재에서부터 스스로를 보호하는 것이다. 더욱이, 이민자들이 국경 등에서 경찰이나 군대 등을 만났을 때도, 큰 무리를 이루고 있으면 함부로 대할 수 없다. 또한, 각종 사회 단체나 봉사자들의 도움을 받기도 용이하다. 국경을 넘을 때 브로커를 통하면 1인당 1만 달러 정도가 비용이 발생하지만, 카라반 행렬에 합류하면 이 돈을 지불하지 않아도 된다는 장점도 있다.

라는 기제의 작동을 의미하는 흡입 요인(pull factor)에 따른 것인가? 이상의 요소들은 작금의 급진적 대탈출을 설명하는 변수이기보다는 상수다. 전술한 요소들은 이전에도 존재했기 때문이다.[3]

따라서 이 글은 온두라스발 급진적 이주의 특성은 강제 이주의 성격을 띠며, 이는 기후변화에 취약한 온두라스의 지리적 특성과 아울러 가난한 사람들에게 더욱 가혹한 기후위기 특징이 반영된 것이라고 주장한다. 전 지구적 관점에서 보았을 때 기후 불평등에 의해 추동된 기후 강제 이주인 것이다. 다시 말해, 기후변화는 평등하다. 하지만, 기후변화의 영향은 평등하지 않다. 즉 기후변화 영향에 취약한 계층이 있다. 빈곤할수록 기후위기에 대한 노출에 취약하며 따라서 그 피해 또한 크다(UN DESA, 2016). 즉, 기후 불평등이다. 이러한 관점에서 이 글은 빈곤 등 사회·경제의 구조적 불평등이 기후변화와 만나면 기후 난민이 대량 발생한다고 주장한다.

이 글은 다음과 같이 구성된다. 첫째, 이 연구의 학술적 프레임, 즉 기후변화와 강제 이주 간의 상관성 연구 영역의 선행 연구를 통해 학문적 논의의 장을 조성한다. 둘째, 온두라스의 기후의 '이중성'과 이에 노출된 주민들의 실태를 살펴본다. 셋째, 온두라스의 농업에 기댄 산업 구조, 특히 건조 회랑(dry corridor)에서의 농업 중심의 경제 산업 구조를 살펴봄으로써 기후변화의 취약 정도를 파악한다. 넷째, 온두라스의 반응, 가칭 온두라스발 기후 강제 이주라는 가능성과 강제 송환이라는 강제 이

---

3 특히 유엔마약범죄사무소(UN Office on Drugs and Crime, UNODC)의 자료를 활용한 임태균(2022)의 연구에 따르면 온두라스 국내 살인율의 소폭 감소 등 폭력 등의 수치가 오히려 감소하고 있다.

주의 한계를 조명한다. 그리고 이 글은 끝으로 온두라스발 대량 이주 현상에 대한 기후변화 설명 변수를 재고찰하며, 후속 연구를 제안하며 마무리한다.

2 선행 연구 검토:
기후변화와 강제 이주 관련 논의를 통한 분석적 틀 고찰[4]

기후와 강제 이주 간의 상관관계 논의와 이에 대한 연구물은 최근 국내외 다양한 형태로 양산되고 있다.[5] 먼저 기후와 관련된 강제 이주(Forced Displacement)는 크게 두 가지로 범주화할 수 있다. 국내 강제 실향(Internal Displacement)과 국외 강제 실향(External Displacement)이다. 전자는 기후변화로 기인한 자국 내 타 지역으로의 강제 이주이며, 후자는 제3국으로의 이주이다. 국내 실향민과 관련해서는 지난 2021년 세계은행에서 발표한 그라운즈웰 2.0 보고서에 따르면, 해수면 상승, 사막화 등 기후변화로 거주지를 강제로 떠나야 하는 자국 내 기후 이주민이 2050년까지 2억 명 이상 발생할 것이라고 전망했다. 특히 이 보고서는

---

4 기후변화와 기후변화 체제 등 국제 사회 수준에서 일련의 제도화와 이와 관련된 연구가 진행되고 있다. 이 연구는 수준(level)과 범위(scope)상 기후와 강제 이주의 상관성에 관련된 문헌을 중심으로 진행되었다.

5 피게(Piguet, 2008)에 따르면 이주(migration)와 관련해서는 경제적 패러다임(economic paradigm), 또한 난민(refugee)과 관련해서는 정치적 패러다임(political paradigm)이라는 표현으로 이주와 난민의 현상을 각각 설명할 수 있다. 하지만, 그는 기후변화를 포함한 환경 변수에 관한 (과거) 논의와 연구가 그 중요성에 비해 상대적으로 미흡(neglected)했다고 주장한다.

① 라틴아메리카, ② 북아프리카, ③ 사하라 이남 아프리카, ④ 동유럽 · 중앙아시아, ⑤ 남아시아, ⑥ 동아시아 · 태평양 등 모두 여섯 개 지역을 기후위기로 인한 이주가 빈번한 핫스폿(hot spot)으로 분석 대상화했다 (Clement et al., 2021).[6]

또한 국제이주기구(International Organization for Migration, IOM)는 2050년까지 기후변화에 기인한 강제 이주자가 최고 10억 명까지 양산될 수 있다고 전망하기도 했다. 더욱이 IOM은 기후변화는 단발성 재해 (sudden-onset natural disasters)와 점진적이지만 지속적인 재해(gradual yet continuous disasters)로 구분하여 전자에 비해 후자의 경우 기후 강제 이주자가 본향으로의 귀국을 위해 소요되는 기간이 긴 만큼 기후변화 적응과 감축 전략을 달리 구축해야 한다고 제안했다(Bassetti, 2019). 또한, 난민과 관련된 국제기구인 유엔난민기구(United Nations High Commission for Refugees, UNHCR)는 지난 2008년 이래 연 평균 2천만 명 이상의 강제 이주자가 기후변화에 의해 양산되고 있다고 발표했다. 그리고 UNHCR은 경제평화연구소(Institute for Economics and Peace, IEP) 국제 싱크탱크 자료를 활용하여 2050년까지 12억 명의 기후 난민이 발생할 것으로 전망하기도 했다(McAllister, 2023).

한편 기후 제도, 즉 기후변화 협약에서도 기후와 이주민의 관계성에 대한 논의가 점차 확대되고 있다. 실제적으로 기후 난민의 범주를 포함하는 환경 난민(environmental refugee), 즉 환경(변화)에 의해 강제

---

6 그라운즈웰 1.0은 지난 2018년도에 발행되었으며 당시는 사하라 이남, 남아시아 그리고 라틴아메리카 등 모두 3개의 권역을 대상으로 기후변화의 역내 실향민과의 상관관계를 연구 진행했다. 동일한 방법론을 적용하여 2021년 그라운즈웰 2.0이 발행되었다.

적으로 이주를 하게 된 집단을 일컫는 용어는 월드워치연구소(World Watch Institute)의 레스터 브라운(Lester Brown)이 1970년대 사용한 것이다(Black, 2001, 1; Morrissey, 2009, 3). 그리고 환경 난민이라는 용어는 1985년 유엔환경프로그램(UN Environment Programme, UNEP)의 엘히나위(El-Hinnawi)가 정책 보고서(Policy Paper)에 이를 언급하며 공론화했다(Piasentin, 2016; Bates, 2002; McAllister, 2023). 특히, 모리세이(Morrissey, 2009, 3)에 따르면 1980년 초·중반의 아프리카 사헬 지역의 가뭄과 지역 주민의 강제 이주 사례를 환경 난민이라는 담론을 바탕으로 실증 사례 연구를 진행하기도 했다.

이와 같은 기후변화와 이주에 대한 담론은 유엔기후변화협약(United Nations Climate Change Convention, UNFCCC)에서도 등장하기 시작했다. 2010년 멕시코 칸쿤에서 개최된 제16차 유엔기후변화협약 당사국총회(UNFCCC COP16)의 결정문인 칸쿤 합의서(Cancun Agreement)가 채택되었으며 이 합의서는 기후변화와 이주 문제에 대한 인식이 반영된 것이다(UN FCCC/CP/2010/7/Add.1 (f)항). 그리고 UNHCR 주관으로 2011년 개최된 벨라지오 전문가 회의(Bellagio Expert Meeting)는 1951년 합의된 난민협약(Refugee Convention)의 60주년을 기념하며 개최된 가운데 '기후변화와 강제 이주'라는 주제로 논의가 진행되기도 했다(김근하·이경민, 2016, 4). 이처럼 국제 사회에서도 기후변화로 인한 강제 이주에 대한 심각성을 인지하며 대책 논의가 활성화되고 있다.[7] 특히 바이든 행정부는 미국 역사상 처음으로 지난 2021년 기후변

---

7 특히, 기후 난민을 포함한 환경 난민(environmental refugee)을 난민 범주로 인정하는

화와 강제 이주에 방점을 둔 37페이지의 보고서 「기후변화가 이주에 미치는 영향에 대한 보고서(Report on the Impact of Climate Change on Migration)」를 작성하며 특히 온두라스를 포함한 중앙아메리카가 기후위기 취약 지역이라고 언급하고, 이 지역 거주민들의 기후변화 노출에 따른 이주의 관계성에 대한 논의 또한 담고 있다(The White House, 2021, 14).

한편, 학술지 『네이처(Nature)』에서도 2011년 이래 『네이처 기후변화(Nature Climate Change)』라는 저널을 발간하며 기후변화에 대한 심도 깊은 연구를 게재하는 가운데 기후변화와 이주의 상관성에 대한 서로 상반된 논의 또한 담고 있다. 보아스 외(Boas et al., 2019)는 기후변화가 이주를 추동한다는 것은 신화(myths)라는 논지하에 과학 저널이나 정책 보고서에 이상과 같은 현상에 대해 자기 인용(self-referencing)을 통해 담론을 확산하고 있다며 기후변화와 강제 이주의 상관성이 호도(misleading)되고 있다고 일축했다. 이에 반해 마로츠케 외(Marotzke et al., 2020)는 기후변화로 추동된 기후 이주가 증대되고 그 대상은 빈곤층과 상관관계가 있음을 실험 연구(laboratory setting)를 통해서 실증(계량) 연구하며 앞선 연구를 반박했다. 이와 같은 논의는 과학계에서도 기후변화와 강제 이주에 대한 연구를 심도 있게 다루고 있음을 보여 준다.

국제 사회가 기후·환경의 변화에 따른 강제 이주 문제에 대한 논의를 전개하는 가운데 국내에서는 법과 관련된 분과 학문에서 이 분야

것에 대해 지속적으로 논의가 되어 오고 있다. 하지만 이 글은 1951년 난민협약과 1967년 난민의정서 이후 국제 사회의 이해관계에 의해 고착화된 다섯 가지의 박해를 바탕으로 한 난민 인정 요건(① 인종, ② 종교, ③ 국적, ④ 특정 사회 집단의 구성원인 신분, ⑤ 정치적 견해)에 대한 논의는 이 연구의 범위로 설정하고 있지 않는바, 추후 라틴아메리카의 보고타 난민법 등을 바탕으로 추후 논의를 하도록 하겠다.

에 대한 연구가 진행되고 있다. 지난 2020년 유엔자유권규약위원회(UN Human Rights Committee)에서 결정한 이와네 테이티오타 대 뉴질랜드 (Ioane Teitiota vs New Zealand) 사건을 원용한 김선희(2022)는 기후변화로 인한 해당인의 난민 신청에 따른 국제인권법상 강제 송환 금지 의무를 바탕으로 우리나라도 기후 난민을 고려하는 정책에 대한 논의의 필요성을 제시하는 등 인권 수호국의 역할을 제기했다(김선희, 2022). 이와 유사한 관점에서 서원상(2009)은 국제법상에 명시된 난민의 개념에 환경 난민에 대한 인권 기반적 접근을 통해 난민법 해석의 확장을 논의하기도 했다. 다시 말해, 환경 난민과 관련해서는 "구제의 주체가 반드시 직접적 가해자, 즉 환경 문제와 난민 발생 간 인과관계가 인정되는 자일 필요가 없다"는 지적이다(서원상, 2009, 141). 즉 인권 기반적 접근은 '어떻게 문제를 풀어갈 것인가?'에 방점을 두고 있기 때문이다(서원상, 2009, 141).

법 관련 분과 학문뿐만 아니라 국내 국제정치학계에서도 기후변화와 기후(환경) 난민과 관련된 논의를 이어 오고 있다.[8] 특히 기후변화와 인간 안보(human security)[9] 관점에서 단순히 '공포로부터의 자유(freedom from fear)'와 '궁핍으로부터의 자유(freedom from want)'를 넘어 안보화(securitization)의 개념을 통해 새롭게 제기된 위협이나 취약

---

8   이태동(2022)의 「기후변화와 국제 정치: 경제, 안보, 개발, 행위자 연구 어젠다」의 제하에서 확인할 수 있듯이 국제 정치 분과 학문에서도 기후변화와 이에 따른 국제 정치의 역동성과 역할에 대한 논의를 담고 있다.

9   인간 안보 개념은 유엔개발계획(UNDP, 1994)이 발간한 「인간 개발 보고서」에서 최초 발표된 개념이다. 종래의 군사적 차원을 넘어 국민 개개인의 삶의 질을 확보하고 결핍으로부터 보호하는 것으로 인간 삶의 포괄적 질을 척도로 안보의 정도를 가늠해야 한다는 것이다(이신화, 2008, 44; 홍규덕, 2020, 16)

요소에 대한 인식의 전환에 대한 논의가 있다. 이러한 관점에서 기후변화에 따른 인간 안보의 취약성, 즉 기후 난민 문제에 접근할 수 있다는 것이다(이신화, 2008, 42-43). 더욱이 기후변화와 이에 따라 양산되는 기후 난민과 관련하여 성경적 접근을 통한 기독교 환경 교육의 시사점을 탐색하는 연구물도 있다(유지철 · 김찬국, 2015).

이처럼 기후변화와 기후 강제 이주와 관련된 연구가 분과 학문별 또는 다학제 차원에서 진행되고 있다. 특히 글로벌 남반부(Global South) 차원의 연구, 즉 아프리카권과 마찬가지로 라틴아메리카에서 횡행하고 있는 기후변화에 따른 기후 강제 이주 연구는 적어도 국내에서는 그 연구 사례가 미흡하다. 특히 이 글의 서론에서 제시한 '카라반'이라는 형태의 온두라스발 대탈출 현상에 대한 규명 연구는 찾아보기 어렵다.[10] 따라서 이 글은 이상과 같이 온두라스발 카라반 '사건'에 대해 기후변화와 강제 이주 관련성에 관한 연구에 목적을 두며 이를 위해 먼저 온두라스의 기후 취약의 환경적 요소를 다음과 같이 파악한다.

3 기후의 이중성: 홍수와 가뭄 그리고 영향

온두라스는 지질학적으로 기후와 관련된 위기 요소(허리케인, 열대

---

10 림수진(2017)은 북중미 3개국 이주와 관련하여 '죽음의 열차(La Bestia)'를 통한 이주자 행렬을 연구 · 조사했다. 이 연구에서 그녀는 경제의 요인보다는 상기 3개국 지역의 폭력 그리고 폭력 이면에 있는 마약 카르텔이 이주를 추동한다고 연구했다. 또한, 하상섭(2021)은 북중미 3개국의 기후 취약의 환경적 요소와 국별 대응 전략의 발전 등에 대한 연구를 진행했다.

성 폭우, 홍수, 가뭄, 산사태 등)에 노출된 국가이다(USAID, 2017; Mendez, 2020, 436; Eckstein et al., 2019). 다시 말해 온두라스는 기후 취약국이다. 온두라스는 지형적으로 내륙 산간 지역을 중심으로 동쪽과 서쪽 지역으로 나눠지며, 태평양과 카리브 저지대 해안을 각각 접하고 있다(USAID, 2017, 2).

온두라스 전체 18개 주 가운데 엘 빠라이소(El Paraiso) 주를 비롯해 서부, 중부 그리고 남부 지역에 위치해 있는 12개 주가 건조 회랑(dry corridor) 지역으로 온두라스 총인구 대비 23.4%가 이 지역에 거주하고 있다(Valencia, 2022, 3). 최근 수년간 이 지역에서 장기간 그리고 극심한 가뭄 피해가 속출하는 가운데 이 지역에서 산출되는 곡물들의 80%까지 손실되고 있는 실정이다. 이로 인해 이 지역에서 거주하는 70%의 주민이 심각한 식량 위기에 봉착해 있다(Valencia, 2022, 3). 다시 말해 온두라스가 포함된 북중미 국가들(과테말라, 엘살바도르)은 엘니뇨 현상 등 기후변화에 의해서 야기된 건조 회랑으로 매년 곡물의 수확량이 감소하고 있다(WFP, 2017).

특히 유엔식량농업기구(FAO)에 따르면 건조 회랑 내 가구의 62%가 옥수수, 콩, 수수 등 농산물 산업에 종사하며 이들 가운데 80% 이상이 빈곤선(poverty line) 아래에 있다.[11] 즉, 기후위기에 취약한 지역에서 삶을 영위하는 계층들이 농업에 종사하고 이와 같은 농작물에 종사하는 이들은 하루 평균 3.20달러 빈곤선 아래에서 생계를 유지하고 있다

---

11 유엔세계식량계획(WFP)에 따르면 온두라스 국민(9100만 명) 가운데 60%가 빈곤선 아래에 있다(2022년 10월 기준).

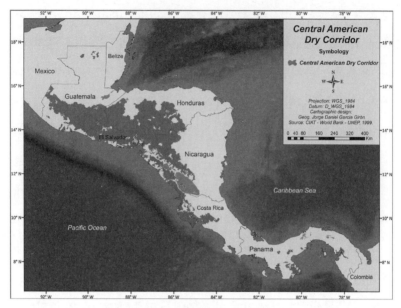

〈그림 1〉· 중미 지역의 건조 회랑.

출처:Valencia, 2022, 3.

는 것이다. 이와 같은 농작물이 기후위기에 취약해 그 수확량이 급감함
에 따라 2018-2021년 기준 이 지역에 기아 상태가 4배 급증했다(WFP,
2021). 따라서, 기후 취약 지역에서 식량 부족에 기인한 빈곤의 악순환
이 더욱 증폭되고 있는 것이다.

〈그림 1〉은 중미 지역 전체의 건조 회랑을 담고 있으며 온두라스의
서쪽 지역 일대가 건조 회랑임을 확인할 수 있다.

이와 같이 온두라스 서쪽 태평양 연안의 주들은 기후변화에 따른
가뭄의 피해가 속출하고 있다면, 반대편인 온두라스의 동편은 '물난
리'를 겪고 있다. 특히 1998년 발생한 허리케인 미치(Hurricane Mitch)
로 '미치 이후(post-Mitch)'라는 용어가 생겨날 정도로 온두라스는 허리

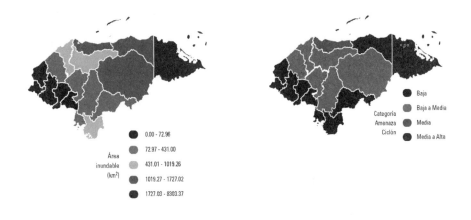

Área
inundable
(km²)

● 0.00 - 72.96

● 72.97 - 431.00

● 431.01 - 1019.26

● 1019.27 - 1727.02

● 1727.03 - 8303.37

Categoria
Amenaza
Ciclón

● Baja

● Baja a Media

● Media

● Media a Alta

〈그림 2〉・홍수 피해 취약 지역. 〈그림 3〉・열대 저기압 발생 및 취약 정도.

출처: UNICEF, 2016, 54; 64.

케인 미치의 자연 재난의 시점을 주요 레퍼런스(terms of reference)로 설정하고 있다(Ensor, 2009, xiii). 미치가 온두라스 역사상 그리고 20세기에 가장 위협적이며 큰 피해를 초래한 허리케인이었다면, 2020년 11월 2주 간격으로 각각 발생한 초대형 허리케인 에타(Eta)와 이오타(Iota)는 기후변화의 현상을 극단적으로 제시하고 있다. 이는 겨울철인 11월에도 해수면 온도의 상승으로 4등급인 허리케인 2개가 연이어 발생했으며 특히 2020년은 2005년 이래 역대 최대의 30개의 허리케인이 한 해에 발생했기 때문이다(최현준, 2020). 특히, 〈그림 2〉와 〈그림 3〉은 허리케인 등의 발생에 따른 온두라스의 동쪽 지역의 취약 정도를 주별로 도식화하고 있다.

　이와 같은 온두라스의 지질학적 특성에 따른 기후의 이중적 특색을 확인할 수 있는 가운데 저먼워치(German Watch)의 글로벌 기후변화 위험 지수(Global Climate Change Risk Index, CRI)에 따르면 온두라스는 1998-2017년의 20년 기간 기후위기 지수(climate risk index)가 전 세계 2위로 랭크될 정도로 기후 취약국이다(Eckstein et al., 2019). 온두라스는 지질학적으로 '체질상' 기후변화에 따른 영향에 취약한 국가라는 것이다. 특히, 미주개발은행(IDB)에서 제시한 우세 취약성 지수(Prevalent Vulnerability Index, PVI)[12]와 재해 적자 지수(Disaster Deficit Index, DDI)[13]에서도 온두라스가 기후변화의 적응과 복원력 등에서 취약하다는 것을 확인할 수 있다. 라틴아메리카 역내 국가별 PVI에 따르면 온두라스는 아이티 다음으로 기후위기의 노출과 이에 따른 영향 그리고 회복력에서 취약한 것으로 확인할 수 있다.

덧붙여, 온두라스는 재해 발생 후 재정적 대처 능력을 보여 주는 DDI의 역내 국가별 현황에서도 국별 평균 0.73을 훨씬 상회하는 4.27의 수치를 보이며 역내에서 가장 취약하다.

이와 같이 온두라스는 지리학(지질학)적으로 기후변화에 취약하다. 그리고 전술한 일련의 재해지수에 근거해 온두라스는 재난 대응에서의

---

12 우세 취약성 지수(PVI)는 일국의 취약 정도가 전진과 퇴보, 즉 취약성이 개선 정도를 시간의 경과성에 따라 보여 주는 지수이다. PVI는 기후위기와 관련된 위기 요소의 노출과 민감성에 따른 직접적 효과뿐만 아니라 사회경제적 취약성과 복원력 결여의 결과로 야기되는 위험 현상의 간접적 무형 효과도 예측한다. 사용된 지표는 일국에 영향을 주는 상황, 원인, 민감성, 약점 또는 상대적 개발 부재를 반영하는 인구, 사회경제, 환경 국가 지표들로 구성된다(IPCC, 2011, 86).

13 재해적자지수(DDI)는 주어진 노출 기간 동안(허리케인, 홍수, 쓰나미, 지진 등으로 인한) 극한 영향과 그러한 상황에 대처할 재정 능력의 추정치를 제공한다. DDI는 극한 영향이 발생할 때 국가가 경험할 수 있는 손실(우발 자원의 수요)과 공공 부문의 경제 복원력, 즉 그 상황을 처리할(영향받은 인벤토리를 회복할) 수 있는 자금의 가용성 간의 관계를 포착한다(IPCC, 2011, 87).

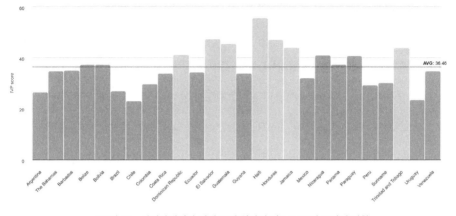

〈그림 4〉· 라틴아메리카 역내 우세 취약성 지수(PVI)의 국가별 현황.

출처: https://riskmonitor.iadb.org/.

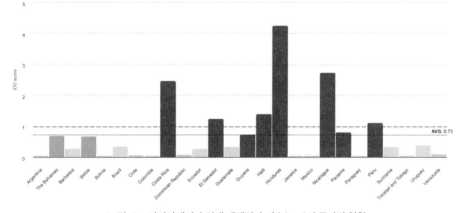

〈그림 5〉· 라틴아메리카 역내 재해적자 지수(DDI)의 국가별 현황.

출처: https://riskmonitor.iadb.org/.

거버넌스 또한 취약함을 확인할 수 있다. 특히 기후 취약 지역에서 빈곤의 악순환이 더욱 증폭되고 있는 것이다. 이와 같은 관점에서 다음 절은 온두라스의 농업 중심의 경제 산업 구조를 살펴봄으로써 기후변화의 취약 정도를 파악한다.

4 온두라스의 식량 안보와 빈곤 그리고 '강제적' 선택

온두라스는 주요 농업국이다(World Bank, 2023).[14] 특히 온두라스의 GDP 대비 농업 분야의 비중은 14%대를 보이며, 전체 인구의 45% 정도가 농촌에 거주하고 있다(IFAD, 2022; 안수정, 2017, 2). 온두라스의 산업 경제의 지역 분포는 〈그림 6〉에서, 그리고 온두라스의 수출 경제는 〈그림 7〉에서 각각 확인할 수 있다.

이상과 같은 온두라스의 경제 영역 가운데 온두라스는 중미 최대의 커피 수출국이자 라틴아메리카 제3의 수출국이다(안수정, 2017, 5). 또한

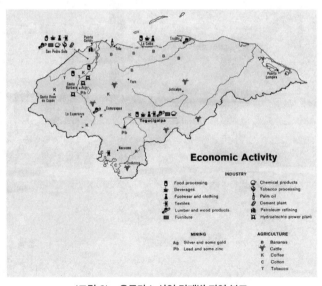

〈그림 6〉・온두라스 산업 경제별 지역 분포.
출처: https://en.wikipedia.org/wiki/Economy_of_Honduras.

---

14   온두라스 경지 면적은 전체 국토의 9.1%, 농지 면적의 31.6%를 차지한다.

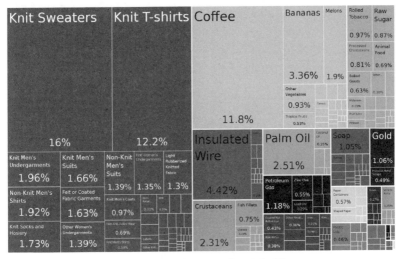

〈그림 7〉• 온두라스 주요 수출 품목별 비중.
출처: https://en.wikipedia.org/wiki/Economy_of_Honduras.

온두라스는 바나나 공화국으로도 유명하다. 1920년대에는 바나나 품목이 전체 수출의 90%까지 차지할 정도로 바나나를 위시로 하는 농산품이 온두라스의 주요 수출 품목이기도 했다.[15]

한편, 유니세프의 자료에 따르면 극빈자의 86%가 농촌 지역에 거주하고 있다. 극빈자들의 비율은 온두라스의 남서쪽 지역이 상대적으로 높다(UNICEF, 2016, 31). 전술한 바 이 지역은 건조 회랑 지역으로, 농작물이 기후변화에 민감하며, 따라서 농작물의 피해 또한 극심하다. 농업에 종사하는 빈곤층이 기후변화 위험에 노출 및 영향에 취약함으로써

---

15 온두라스에는 2만 헥타르의 바나나 농장이 있다. 이 가운데 3,000헥타르는 소작농들이 소유한 반면 나머지는 다국적 기업인 돌(Dole)과 치키타(Chiquita)가 소유하고 있다. 첫 번째 주요 수출국은 미국(94.6%)이고 그 다음은 중미(3.6%) 그리고 세 번째는 EU(1.7%)이다(안수정, 2017, 8).

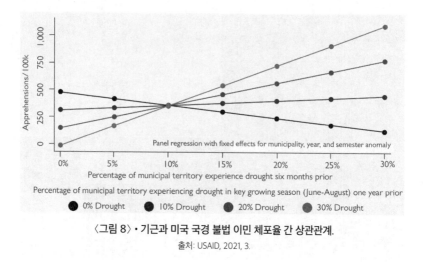

<〈그림 8〉 • 기근과 미국 국경 불법 이민 체포율 간 상관관계.
출처: USAID, 2021, 3.

식량 안보, 즉 '먹거리'에 심각한 문제에 직면하게 된다는 것이다. 따라서 이주, 다시 말해 강제 이주가 발생한다.

〈그림 8〉에 따르면 기근 발생 지역의 가뭄의 정도와 인구 10만 명당 미국 국경 체포 간에는 선형 관계를 보이고 있다. 이 그래프는 2016-2020년 사이 기근과 미국 국경경비대 체포 건의 추이를 패널 데이터를 이용한 계량 경제로 분석한 것이다. 특히 2015년은 지난 30년 내 최대의 기근이 발생한 해로 80%의 농작물 작황의 손실로 325,000명의 농업의 종사자가 피해를 입었다(USAID, 2021, 3). 한편, 〈그림 9〉는 가뭄과 미국으로의 불법 이민 간의 상관관계를 보여 주는 그래프이다.

〈그림 9〉에서 미국국제개발처(U.S. Agency for International Develop-ment, USAID)가 「2021 국가 피해 안보와 이주(National Victimization Security and Migration, NVSM)」 설문조사를 활용한 자료에 따르면 응답자 94%가 경제적 동인 그리고 46%가 환경적 요인으로 미국으로 이주

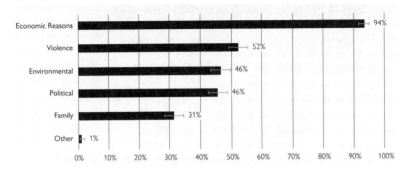

〈그림 9〉• 이주의 동인들.
출처: USAID, 2021, 2.

를 고려하고 있다(USAID, 2021, 2). 온두라스, 특히 건조 회랑 지역은 농업 경제에 경도되어 있고 농작물은 기후변화에 취약하므로, 가계는 식량 안보, 즉 경제적 이유로 강제 이주에 내몰리게 된 것이다. 다시 말해 기후변화라는 환경적 동인이 직접적인 추진 요인으로 작용할 수 있지만 동시에 기후환경 변화에 따른 농작물 등 작황의 감소가 식량 안보의 위기에 따른 경제적 동인으로 작용해 강제 이주가 발생한 것이다.

따라서, "부는 상층에 축적되지만, 위험은 하층에 축적된다"는 울리히 벡(1997, 75)의 통찰에서도 확인할 수 있듯이, 기후변화로 인해 추동된 식량 위기 등에 직면한 온두라스의 '하층' 시민들은 선택의 여지가 많지 않다. 하지만, 역설적으로 이들의 운신(運身)의 폭은 오히려 '넓다'. 바로 북쪽으로 향하는 것이다.

5 '작용과 반작용' : 기후 강제 이주와 강제 송환

"온두라스가 북쪽으로 이동하고 있다." 전술한바, 온두라스발 카라반이 미국을 최종 목적지로 하여 이동하는 가운데 온두라스 국적자들 중에는 멕시코를 통과하며 난민 지위를 신청하는 이주자들이 있다. 멕시코난민지원위원회(Comisión Mexicana de Ayuda a Refugiados, COMAR)에 따르면 2022년 기준 온두라스 국적자(31,086)로 가장 많은 건수를 기록했다. 그 뒤로 쿠바(18,087), 아이티(17,068), 베네수엘라(14,823), 니카라과(8,971), 엘살바도르(7,803), 과테말라(5,271) 순이다.[16] 이처럼 멕시코로 입국하며 난민 신청을 통해 멕시코에 잔류하는 일부 온두라스 출신 국적자가 있으며 최종 목적지인 미국으로 향하는 이주자들도 있다. 미국으로 향하는 온두라스 밀입국 추이는 〈그림 10〉의 체포(구금) 양상을 통해서 확인할 수 있다. 〈그림 10〉에서 확인할 수 있듯이, 온두라스 밀입국자 체포(구금)의 증감 추이를 살펴보면 2018년 이래 급증하는 것을 확인할 수 있다.

또한, 온두라스 출신이 미국 등 북쪽으로 향하는 정도와 추이는 멕시코 또는 미국 국경에서 체포(구금)된 이후 본국으로 송환되는 추이를 통해서도 확인할 수 있다. 〈그림 11〉에서 확인할 수 있듯이 2022년 기준 88,000명 이상의 온두라스 국적자들이 본국으로 송환되었으며 이는 전년 대비 60% 이상 증가한 수치다(UNHCR, 2023).

---

16 2021년 기준 멕시코 난민 신청자는 온두라스 국적자(22,826) 아이티(9,327), 쿠바 (5,147), 엘살바도르(3,745), 베네수엘라(2,945)이다.

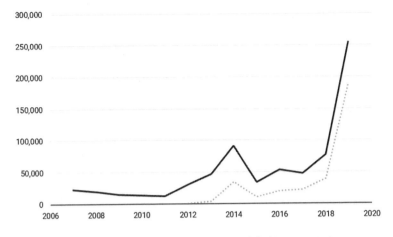

〈그림 10〉· 온두라스 밀입국자 체포(구금) 증감 추이(2006-2020).

출처: Bermeo and Leblang, 2021.

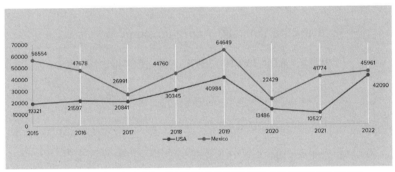

〈그림 11〉· 온두라스 출신자들, 미국과 멕시코로부터 강제 송환 추이(2015-2022).

출처: UNHCR, 2023.

이와 같이 온두라스발 카라반에 '탑승'하여 북쪽으로 이동하는 이들은 끊이지 않고 오히려 증가하고 있다. 비단 온두라스뿐만이 아니다. 〈그림 12〉에서 확인할 수 있듯이 온두라스를 위시로 북중미 인근 국가인 과테말라와 엘살바도르 역시 기후변화, 즉 강수량의 감소와 국가별 밀입국자의 수가 증가하는 반비례 관계를 보인다.

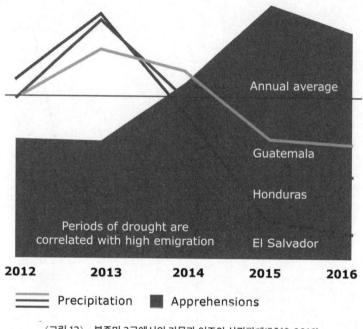

Annual average

Guatemala

Honduras

Periods of drought are
correlated with high emigration

El Salvador

| 2012 | 2013 | 2014 | 2015 | 2016 |

Precipitation ▓ Apprehensions

〈그림 12〉· 북중미 3국에서의 기뭄과 이주의 상관관계(2012-2016).
출처: WFP, 2017, 4.

따라서, 온두라스를 포함한 3국 모두 기후 강제 이주의 양상은 증가
하고 있으며 동시에 체포(구금) 이후 진행될 강제 송환 역시 증가하고 있
다고 분석할 수 있다. 이 글에서 주장하는 바는 카라반의 주요 '연료'는
기후변화이고 이에 따른 사회 그리고 경제적 폐해가 심각함을 확인했
다. 온두라스 등 북중미 일부 국가의 차원의 문제로만 치부할 수 없다.
기후변화는 전 지구적 맥락에서 발생하는 것이기 때문이다.

6 나가며

이 글은 기후변화와 기후 강제 이주라는 논의와 담론 속에 온두라스발 카라반 이주 물결 현상과 그 의미를 고찰해 보고자 했다. 다시 말해 '왜 온두라스이며, 왜 지금 이주자의 물결이 카라반이라는 형태로 큰 무리를 지어가며 이동하게 되었는가?'라는 질문에 이 글은 기존의 담론 속에 온두라스의 급진적 이주 양상에 기후변화가 주요 변수로 작용했음을 분석하며 연구 결과로 제시했다. 온두라스는 기후변화에 취약한 지질학적 '태생'에서 기후위기 노출로 그 취약성이 극대화된 것으로 볼 수 있었기 때문이다. 즉, 온두라스는 기후 재난 적응(adaptation)과 기후 재난에 대한 회복탄력성(resilience)이 역내 최저국으로 온두라스 국민들이 본토를 떠나 북으로 향한 것이다. 특히 이 글은 온두라스의 중부와 남동부 건조 회랑 지역의 농업 실태에 따른 농업 종사자들의 식량 안보 차원 즉, 기후변화에 따른 작황의 감소에 기인한 강제 이주였음을 파악할 수 있었다. 이는 온두라스는 기후위기 취약성이 구조화된 것으로 기후 강제 이주자, 다시 말해 가칭 기후 난민이 발생한 것이다.

기후 강제 이주자, 즉, 기후 난민은 국제법상 존재하지 않는다. 하지만, 유럽 중심주의에 배태된 난민협약(1951)과 난민 의정서(1967)에 대한 국제 사회, 특히 글로벌 남반구의 목소리가 지속되고 있다. 특히 기후변화로 인해 빈도와 강도가 늘어난 폭염, 가뭄, 홍수 등으로 야기되는 기후변화의 부정적 측면에 대한 기후정의에 입각한 '손실과 피해'의 요구가 국제 사회의 주요 어젠다로 논의되고 있다. 이처럼 온두라스의 카라반을 '멈추고 또 돌려세우는 것'은 기존의 연구에서 직시한바 온두라스 국내의 사회경제적 요소뿐만 아니라 국제 사회의 기후변화와 관련한 기후 기금(climate fund)을 필두로 하는 글로벌 기후 거버넌스 체제의 확립과 제도화에 달려 있다.

한편, 이 글은 2차 자료를 활용한 온두라스발 강제 이주자의 요인 분석에 방점을 둔 연구로 추후 현지 연구가 병행되어야 할 것이다. 특히 강제 이주자들이 멕시코 유입되고 이후 미국으로 입국하는 과정 가운데 멕시코 국경의 입국 절차 등에 대한 연구가 필요하다. 더욱이 온두라스를 위시로 하는 북중미 3국뿐만 아니라 베네수엘라, 아이티 등 라틴아메리카 전체가 북으로 이동하는 현상이 목도되는 만큼 미국과 멕시코 간의 이주자와 결부된 외교 관계 또는 미국과 멕시코의 이민법 또는 난민법의 적용 범위와 실질적인 사례 등과 관련된 일련의 후속 연구가 필요하다.

1장 기후위기와 불평등 문제: 레오나르도 보프와 프란치스코 교황의 시각을 중심으로

구티에레즈, 구스타보(1990), 『해방신학』, 성염 옮김, 왜관: 분도출판사.

국제구조위원회(2022), 「기후 위기의 직격탄을 맞은 다섯 곳」, https://www.rescue. org/kr/article/five-places-bearing-brunt-climate-crisis.

권승문(2020), 「기후위기는 평등하지 않다」, 『인권웹진』 130, 국가인권위원회.

라투슈, 세르주(2014), 『탈성장 사회』, 양상모 옮김, 서울: 오래된생각.

메도즈, 도넬라 H. 외(2021), 『성장의 한계』, 김병순 옮김, 서울: 갈라파고스.

무어, 제이슨 W.(2020), 『생명의 그물 속 자본주의』, 김효진 옮김, 서울: 갈무리.

박선미 · 김희순(2015), 『빈곤의 연대기』, 서울: 갈라파고스.

방종우(2021), 「개인의 존재 안에서의 공동체성과 타자성: 프란치스코 교황의 회칙 『모든 형제들』을 중심으로」, 『신학전망』 214, 96-130쪽.

백종원(2017), 「통합 생태론을 위한 조직신학적 성찰: 회칙 『찬미받으소서』를 중심 으로」, 석사학위논문, 서울: 가톨릭대학교 대학원.

벡, 울리히(1997), 『위험사회』, 홍성태 옮김, 서울: 새물결.

보프, 레오나르도(1996), 『생태신학』, 김항섭 옮김, 서울: 가톨릭출판사.

_____(1997), 「사회적 생태학: 가난과 비참」, 『세계의 신학』 37, 243-261쪽.

_____(2018), 『생태 공명』, 황종열 옮김, 대전: 대전가톨릭대학교출판부.

서원상(2009), 「국제법상 '환경난민'에 대한 인권 기반적 접근」, 『환경법과 정책』 3, 123-152쪽.

오형훈(2020), 「기후변화 극복을 위한 '파리협정'과 회칙 『찬미받으소서』: 비교와 통합적 제안」, 석사학위논문, 서울: 가톨릭대학교 대학원.

이순성(1998), 「자연과 피조물에 대한 신학적 고찰」, 『신학전망』 123, 2-18쪽.

이재돈(2010), 「토마스 베리의 생태사상」, 『기독교 사상』 620, 264-274쪽.

임홍빈(2008), 『기독교 생태신학 I』, 서울: 생명의 씨앗.

자닮(2004), 「지구온난화로 50년내 지구생물 3분의 1이 멸종위기」, http://m.jadam.kr/news/articleView.html?idxno=1362

장동훈(2018), 「회칙 『찬미받으소서』의 역사적 기원과 의의」, 『누리와 말씀』 42, 189-218쪽.

장현구(2015), 「허리케인 카트리나 악몽 10년… 갈 길 먼 미 뉴올리언스」, 『연합뉴스』, 2015년 8월 24일자, https://www.yna.co.kr/view/AKR20150824001400123

조영현(2022), 「프란치스코 교황의 회칙 『찬미받으소서』와 라틴아메리카의 부엔 비비르(Buen Vivir) 담론 비교연구」, 『중남미연구』 41(1), 299-336쪽.

_____(2023), 「레오나르도 보프의 생태 사상이 회칙 『찬미받으소서』에 미친 영향에 대한 고찰」, 『포르투갈-브라질 연구』 20(1), 95-118쪽.

지벨리니, 로지노(2000), 「생태신학의 최근 흐름」, 『생태계의 위기와 기독교의 대응』, 서울: 한국기독교연구소, 136-147쪽.

최광선(2016), 「인간의 행복과 지구의 건강을 위한 생태영성 탐구: 『찬미받으소서』에 대한 신학적 성찰」, 『신학전망』 192, 124-152쪽.

최현준(2021), 「40개국 정상 꾸짖은 10대 "화석연료 시대 끝, 인정하라"」, 『한겨레』, 2021년 4월 23일자, https://www.hani.co.kr/arti/international/international_general/992308.html

카스티요, 대니얼(2021), 『생태해방신학』, 안재형 옮김, 경기도: 한국기독교연구소.

커런, 찰스 E.(2022), 『가톨릭 사회적 가르침』, 이동화 옮김, 왜관: 분도출판사.

클라인, 나오미(2021), 『미래가 불타고 있다』, 이순희 옮김, 파주: 열린책들.

페트렐라, 리카르도 외(2021), 『탈성장』, 안성헌 옮김, 논산: 대장간.

프란치스코 교황(2015), 『찬미받으소서』, 한국천주교주교회의 옮김, 서울: 한국천주교주교회의.

한영수(2009), 「투발루 Funafuti 기후변화와 이주 및 적응실태」, https://scienceon.kisti.re.kr/srch/selectPORSrchReport.do?cn=KAR2009033311

BRIC(2004), 「양서류, 전세계적인 멸종위기」, https://www.ibric.org/myboard/read.php?Board=news&id=92195

Boff, Leonardo(1996), Ecología: Grito de la tierra, grito de los pobres, Madrid: Editorial Trotta S.A.

_____(2003), *La voz del arco iris*, Madrid: Editorial Trotta S.A.

_____(2005), *Florecer en el yermo*, Santander: Sal Terrae.

_____(2009), "La Tierra como Gaia: Un desafío ético y espiritual", *Concilium* 33, pp. 27-36.

Burchardt, Hans-Jürgen(2012), "¿Por qué América Latin es tan desigual? Tentativas de explicación desde una perspectiva inusual", *Nueva Sociedad* 239.

Cruz, Juan & Mallimaci, Fortunato(2017), "Religión, medio ambiente y desarrollo sustentable: La integridad en la cosmología católica", *Revista de Estudios Sociales* 60, pp. 72-86.

Girardi, Giulio(2014), "Pueblos indígenas, ecologismo político y religión", *PAPELES* 125, pp. 125-137.

Kerber, Guillermo(2020), "De la ecología integral a la ecología profunda? Una mirada crítica", *VOICES* 42, pp. 62-68.

Toso, Mario(1998), *Doctrina social hoy*, México: IMDOSOC.

White, Lynn, Jr.(1967), "The Historical Roots of Our Ecologic Crisis", *SCIENCE* 155(3767), pp. 1203-1207.

2장 안데스 중부 호수 티티카카의 생태학으로 본 두 부족민의 불평등

구경모 외(2016), 『라틴아메리카 원주민의 어제와 오늘: 라틴아메리카 원주민의 역사와 세계관』, 산지니.

라이너스, 마크(2022), 『최종 경고: 6도의 멸종』, 김아림 옮김, 서울: 세종.

미뇰로, 월터 D.(2010), 『라틴아메리카, 만들어진 대륙』 김은중 옮김, 서울: 그린비.

_____(2018), 『서구 근대성의 어두운 이면: 전 지구적 미래들과 탈식민적 선택들』, 김영주 · 배윤기 · 하상복 옮김, 서울: 현암사.

Flores Ochoa, Jorge A. et al.(2012), *La Magia del Agua en El Lago Titicaca*, Banco de Crédito.

Gomes, V. H. F. et al., "Amazonian tree species threatened by deforestation and climate change", *Nature Climate Change* 9, pp. 547 – 553.

Llosa, Mario Vargas(2011), *La utopía arcaica: José María Arguedas y las ficciones del indigenismo*, Punto de Lectura.

Proyecto Glaciares(2017), "El futuro del clima y de los glaciares en Perú", https://hdl.handle.net/20.500.12543/4137

웹사이트

IDL(Instituto de Defensa Legal): https://www.idl.org.pe

Revista Energiminas: https://www.energiminas.com

https://www.projectoglaciares.pe/wp-content/uploads/2018

https://www.un.org/en/ga/64/pdf

3장 브라질의 불평등, 생태교육학, 전환마을 운동

김병연(2015), 『생태시민성과 페다고지: 에코토피아로 가는 길』, 서울: 박영스토리.

김윤태(2018), 「빈곤, 불평등, 국가의 역할」, 네이버 열린연단 강연 원고, https://openlectures.naver.com/contents?contentsId=140515&rid=2942(검색일: 2023.05.04.)

리프킨, 제러미(2020), 「화석연료 없는 문명이 가능한가」, 『오늘부터의 세계』, 서울: 메디치, 15-45쪽.

센, 아마르티아(2013), 『자유로서의 발전』, 김원기 옮김, 서울: 갈라파고스.

신정환 외(2023), 『라틴아메리카 생태를 읽다』, 고양: 알렙.

심성보(2021), 『코로나 시대, 마을교육 공동체운동과 생태적 교육학』, 서울: 살림터.

양은미(2022), 「브라질 흑인 여성 쓰레기 수집노동자의 함의와 생태시민성」, *Journal of Global Area Studies* 6(2), pp. 159-191.

이나미(2023), 『생태시민으로 살아가기: 에코크라시를 향하여』, 고양: 알렙.

이상헌(2011), 『생태주의』, 서울: 책세상.

이유진(2013), 『전환도시』, 서울: 한울아카데미.

하상섭(2022), 「생태문명 위기의 현장 라틴아메리카를 가다」, 『아마존의 길』, 서울: 한울아카데미, 197-225쪽.

Alves, H. P. da F.(2007), "Desigualdade ambiental no município de São Paulo: análise da exposição diferenciada de grupos sociais a situações de risco ambiental através do uso de metodologias de geoprocessamento", *Revista Brasileira De Estudos De População* 24(2), pp. 301-316, https://doi.org/10.1590/S0102-30982007000200008

Boff, Leonardo(1995), *Ecologia: grito da Terra, grito dos pobres*, São Paulo: Ática.

Capra, Fritjof(1993), "O que é alfabetização ecológica", *Princípios da alfabetização ecológica*, São Paulo: Rede Mulher de Educação.

Ecoticias(2021), "Industria cárnica y deforestación en Brasil", September 13, https://www.ecoticias.com/eco-america/211496_industria-carnica-deforestacion-brasil(검색일: 2023.05.18.)

El Periódico(2021), "Áreas amazónicas en Brasil se venden ilegalmente en Facebook, según la BBC", February 26, https://www.elperiodico.com/es/internacional/20210226/facebook-venta-ilegal-amazonas-brasil-11546914(검색일: 2023.03.01.)

Freire, Paulo(1959), *Educação e atualidade brasileira*, Recife: Universidade de Recife.

Gadotti, Moacir(2000), *Pedagogia da terra*, São Paulo: Peirópolis.

Google Map, "A Transição no Brasil", https://www.google.com/maps/d/u/0/

viewer?ll=-15.220437641193989%2C-47.43402605000006&z=4&mid=1w
bTGzaV33TF9HEpaiqIjWpXs5IQ(검색일: 2023.01.17.)

Gutierrez, Francisco and Prado, Cruz(1999), *Ecopedagogia e cidadania planetária*,
São Paulo: Cortez.

Imazon(2023), "Desmatamento na Amazônia cresce e tem o pior fevereiro
em 16 anos", March 15, https://imazon.org.br/imprensa/desmatamento-
na-amazonia-cresce-7-e-tem-o-pior-fevereiro-em-16-anos/(검색일:
2023.05.18.)

Instituto Socioambiental(2022), "Terras Indígenas com povos isolados na
Amazônia sofrem o maior ataque do ano", September 26, https://www.
socioambiental.org/noticias-socioambientais/terras-indigenas-com-
povos-isolados-na-amazonia-sofrem-o-maior-ataque-do(검색일:
2023.02.03.)

IPEA(2022), "População em situação de rua supera 281,4 mil pessoas no
Brasil", December 8, https://www.ipea.gov.br/portal/categorias/45-
todas-as-noticias/noticias/13457-populacao-em-situacao-de-rua-
supera-281-4-mil-pessoas-no-brasil(검색일: 2023.05.04.)

Lúcio, Clemente Ganz(2019), "A desigualdade é humana e tem cura", https://
educezimbra.wordpress.com/2019/04/06/a-desigualdade-e-humana-
e-tem-cura/(검색일: 2023.03.28.)

Mansur, Rafaela(2023), "Quatro anos da tragédia em Brumadinho: 270
mortes, três desaparecidos e nenhuma punição", *g1*, January 25,
https://g1.globo.com/mg/minas-gerais/noticia/2023/01/25/quatro-
anos-da-tragedia-em-brumadinho-270-mortes-tres-desaparecidos-e-
nenhuma-punicao.ghtml(검색일: 2023.03.24.)

Oliveira, W. K. de, Rohlfs, D. B., & Garcia, L. P.(2019), "O desastre de
Brumadinho e a atuação da Vigilância em Saúde", *Epidemiologia e
Serviços de Saúde* 28(1), e20190425, https://doi.org/10.5123/S1679-
49742019000100025

Serpa, Maria Clara(2020), "'Cidades em Transição' estimula a economia verde
em bairros brasileiros", *Claudia*, April 22, https://claudia.abril.com.br/

noticias/cidades-em-transicao-estimula-a-economia-verde-em-
bairros-brasileiros/(검색일: 2023.01.17.)

Torres, Haroldo da Gama(1997), "Desigualdade ambiental na cidade de São
Paulo", Tese (Doutorado em Ciências Sociais), Campinas: IFCH-Unicamp.

웹사이트

Earth Charter: https://earthcharter.org/

Instituto Paulo Freire: https://www.paulofreire.org/

Municipalities in Transition: https://municipalitiesintransition.org/

Transition Brasil: https://transitionbrasil.com/

Transition Network.org: https://transitionnetwork.org/

4장 라틴아메리카의 환경 불평등: 칠레와 페루 사례를 중심으로

강석기(2018), 「오존층 파괴 물질, 다시 증가세로」, 『사이언스타임즈』, 2018
년 5월 18일자, https://www.sciencetimes.co.kr/news/%EC%98
%A4%EC%A1%B4%EC%B8%B5-%ED%8C%8C%EA%B4%B4-
%EB%AC%BC%EC%A7%88-%EB%8B%A4%EC%8B%9C-%EC%A6%9D
%EA%B0%80%EC%84%B8%EB%A1%9C/(검색일: 2023.03.21.)

고재원(2023), 「'꿈의 냉매' 프레온가스 퇴출해 오존층 보존… 기온 1도 상승 막
았다」, 『동아일보』, 2021년 8월 23일자, https://www.donga.com/news/
article/all/20210822/108702445/1(검색일: 2023.03.21.)

김미자(2010), 『환경정치론』, 대구: 경북대학교출판부.

베일리스, 존 외(2022), 『세계정치론』, 하영선 옮김, 서울: 을유문화사.

브릭스, 헬렌(2021), 「기후 변화: 과거 성공 사례를 통해 본 해결책은?」, 『BBC
뉴스코리아』, 2021년 10월 28일자, https://www.bbc.com/korean/
international-59043343

선우윤정(2018), 「중국・일본의 세계중요농업유산 현황과 시사점」, 『세계농업』 218,
89-110쪽.

신범식 외(2018), 『지구환경정치의 이해』, 서울: 사회평론아카데미.

안수정(2014), 「페루 농업협황 및 시사점」, 『세계농업』 168, 149-167쪽.

유현석(2021), 『국제정세의 이해』, 서울: 한울아카데미.

이은기(2012), 「기후변화와 환경정의: 지속가능한 지구의 미래를 위한 선순환구조의 모색」, 『환경법연구』 34(3), 325-373쪽.

이효정(2017), 「페루 퀴노아 생산자들은 어떻게 그들의 수입을 향상시켰나」, http://sapenet.net/archives/7984024(검색일: 2023.03.20.)

정지원 외(2019), 『개발협력과 기후변화 대응의 통합적 접근방안: 페루 사례를 중심으로』, 대외경제정책연구원.

Asalde Zea, Cesar Eduardo(2021), "¿Puede un pequeño agricultor peruano exportar sus productos y recibir ganancias?", *Universidad Continental*, June 24, https://blogs.ucontinental.edu.pe/puede-un-pequeno-agricultor-peruano-exportar-sus-productos-y-recibir-ganancias/contiblogger/(검색일: 2023.03.17.)

Barrientes Felipa, Pedro (2019), "Estrategia de integración del pequeño agricultor a la cadena de exportaciones", *Semestre Económico* 22(51).

CEPLAN(2023), "Perú: Plan Estratégico de Desarrollo Nacional al 2050", https://www.gob.pe/institucion/ceplan/campa%C3%B1as/11228-peru-plan-estrategico-de-desarrollo-nacional-al-2050(검색일: 2023.03.17.)

Coop(2022), "Mapeo Cooperativo: Datos Estadísticos", https://coops4dev.coop/sites/default/files/2021-01/Informe%20de%20Mapeo%20Cooperativo%20Haiti%CC%81.pdf

Domínguez Guzmán, Carolina(2019), "Grandes narrativas, pequeños agriultores", *Estudios Atacameños* 63.

INEI(2017), "PERÚ: CENSO NACIONAL DE COOPERATIVAS 2017", https://www2.congreso.gob.pe/sicr/cendocbib/con5_uibd.nsf/2C408E134A570B8F0525829C0001BE7C/$FILE/Resumen_Ejecutivo_Censo_nacional_de_cooperativas.pdf(검색일: 2023.03.07.)

La Ruta del Café Peruano(2018), "Esperanza Dionisio, la primera mujer en asumir la gerencia de una cooperativa de café en el Perú", *La Ruta del Café Peruano*, https://rutadelcafeperuano.com/2018/03/06/esperanza-dionisio-la-primera-mujer-en-asumir-la-gerencia-de-una-cooperativa-de-cafe-en-el-peru/(검색일: 2023.03.09.)

Machado Vargas, Mónica María and Ríos Osorio, Leonardo Alberto(2016), "Sostenibilidad en agroecosistemas de café de pequeños agricultores: revisión sistemática", *IDESIA* 34(2).

Ministerio de medio ambiente(2021), "Capa de ozono", Gobierno de Chile, https://sinia.mma.gob.cl/wp-content/uploads/2021/04/16-capa-de-ozono.pdf

Stanley K. M. et al.(2020), "Increase in global emissions of HFC-23 despite near-total expected reductions", *Nature Communications* 11.

Trujillo, Roberto Carlos(2022), "Dimensiones para el crecimiento económico de los pequeños agricultores de café en Tocache, Perú", Gestión en el Tercer Milenio 25(50), pp. 107-116.

5장 기후변화와 쿠바: 회복탄력성을 위한 대내외적 대응과 제약

몬소테, 레이날도 푸네스(2022), 「대카리브해 지역과 열대성의 변화」, 『과거는 살아 있다: 라틴아메리카 환경사』, 존 솔루리·클라우디아 레알·주제 아우구스투 파두아 엮음, 김원중 외 옮김, 파주: 한울아카데미, 66-91쪽.

요시다 타로(2004), 『생태도시 아바나의 탄생』, 안철환 옮김, 파주: 들녘.

_____(2011), 『몰락 선진국 쿠바가 옳았다』, 송제훈 옮김, 파주: 서해문집.

이재현(2018), 「지구환경정치에서의 정의와 규범」, 『지구환경정치의 이해』, 서울: 사회평론 아카데미, 81-119쪽.

장유운·박일수·이강웅(2017), 「쿠바의 풍력 단지 예정지와 해상 풍력 에너지 평가」, 『중남미연구』36(3), 261-280쪽.

정경원 외(2015), 『21세기 한국·쿠바 협력 관계 증진을 위한 정책방안 모색: 정치 외교·문화·경제·환경 부문을 중심으로』, 대외경제연구원.

주영재(2021), 「기후위기가 국제분쟁 키운다」, 『경향신문』, 2021년 11월

28일자, https://www.khan.co.kr/national/national-general/article/202111280859001

Alonso, G. & Clark, I.(2015), "Cuba confronts climate change", *MEDICC Review* 17(2), pp. 10-13.

Aragón-Duran, E., Lizarralde, G., González-Camacho, G., Olivera-Ranero, A., Bornstein, L., Herazo, B. & Labbé, D.(2020), "The language of risk and the risk of language: Mismatches in risk response in Cuban coastal villages", *International Journal of Disaster Risk Reduction* 50.

Baptiste, A. K., & Rhiney, K.(2016), "Climate justice and the Caribbean: An introduction", *Geoforum* 73, pp. 17-21.

Barret, S.(2013), "The necessity of a multiscalar analysis of climate justice", *Progress in Human Geography* 37(2), pp. 215-233.

Bell, Karen(2011), "Environmental Justice in Cuba", *Critical Social Policy* 31(2), pp. 241-265.

Borowy, I.(2013), "Degrowth and public health in Cuba: Lessons from the past?", *Journal of Cleaner Production* 38, pp. 17-26.

Buono, R. D.(2012), "Technology and development in Latin America: Urgent challenges for the 21st Century", *Perspectives on Global Development and Technology* 11(3), pp. 341-351.

Buseth, J. T.(2021), "Narrating Green Economies in the Global South", *Forum for Development Studies* 48(1), pp. 87-109.

CIA World Factbook(n.d.), https://www.cia.gov/the-world-factbook/countries/cuba/map

Clarke, H.(2017), "Fidel Castro's environmental legacy and Cuba's green revolution", *Institute of Engineering and Technology*, January 23, https://eandt.theiet.org/content/articles/2017/01/fidel-castros-environmental-legacy-and-cubas-green-revolution/

Climate Central(n.d.), "Which Future Will We Choose?", https://picturing.climatecentral.org/location/23.1408594,-82.3521668

Columbié, Y. J. & Morrissey, J.(2023), "Subaltern learnings: climate resilience and human security in the Caribbean", *Territory, Politics, Governance* 11(1), pp. 19-38.

Frank, Marc & Marsh, Sarah(2017), "Hurricane Irma batters already struggling Cuban economy", *Reuters*, September 13, https://www.reuters.com/article/us-storm-irma-cuba-economy-idUSKCN1BN357

Fuhr, H.(2021), "The rise of the Global South and the rise in carbon emissions", *Third World Quarterly* 42(11), pp. 2724-2746.

Füssel, H. M. & Klein, R.(2006), "Climate Change Vulnerability Assessments: An Evolution of Conceptual Thinking", *Climatic Change* 75(3), pp. 301–329.

GCF(2020), "Readiness proposal with United Nations Environment Programme for Cuba", El Salvador and Honduras, December 29.

_____(2021a), "Readiness proposal".

_____(2021b), "Readiness Proposal: With Seoul National University for Republic of Cuba", December 21.

Gutiérrez, A. S., Eras, J. J. C., Huisingh, D., Vandecasteele, C., & Hens, L.(2018), "The current potential of low-carbon economy and biomass-based electricity in Cuba. The case of sugarcane, energy cane and marabu (Dichrostachys cinerea) as biomass sources", *Journal of Cleaner Production* 172, pp. 2108-2122.

Hickel, J.(2020), "The Sustainable Development Index: Measuring the ecological efficiency of human development in the anthropocene", *Ecological Economics* 167, https:// makewealthhistory.files.wordpress.com/2020/02/86216-hickel-thesustainabledevelopmentindex.pdf

International Hydropower Association(2018), "Country Profile: Cuba", https://www.hydropower.org/country-profiles/cuba

IPCC(2021), "Summary for policymakers", *Climate Change 2021: The Physical Science Basis*, Contribution of Working Group I to the Sixth Assessment Report of the Intergovernmental Panel on Climate Change, Masson-Delmotte, V., P. Zhai, A. Pirani, S. L. Connors, C. Péan, S. Berger, N. Caud,

Y. Chen, L. Goldfarb, M. I. Gomis, M. Huang, K. Leitzell, E. Lonnoy, J. B. R. Matthews, T. K. Maycock, T. Waterfield, O. Yelekçi, R. Yu, and B. Zhou (eds.), Cambridge University Press.

_____(2022), "Summary for Policymakers", *Climate change 2022: Impacts, adaptation, and vulnerability*, contribution of working group II to the sixth assessment report of the intergovernmental panel on climate change, Pörtner, H. O., Roberts, D. C., Poloczanska, E. S., Mintenbeck, K., Tignor, M., Alegría, A., Craig, M., Langsdorf, S., Löschke, S., Möller, V. & Okem, A. (eds.), Cambridge University Press, pp. 3-33.

Kirk, E. J.(2017), "Alternatives – Dealing with the perfect storm: Cuban disaster management", *Studies in Political Economy* 98(1), pp. 93-103.

Kolbert, E.(2022), "Climate Change from A to Z", *New Yorker*, November 22, https://www.newyorker.com/magazine/2022/11/28/climate-change-from-a-to-z

Lundmark, L., Zhang, J. J. and Michael Hall, C. (Eds.)(2021), *Degrowth and Tourism: New Perspectives on Tourism Entrepreneurship, Destinations and Policy*, Routledge, pp. 116-131.

Mohan, P.(2023), "Financing needs to achieve Nationally Determined Contributions under the Paris Agreement in Caribbean small island developing states", Mitigation and Adaptation Strategies for Global Change 28(26), https://doi.org/10.1007/s11027-023-10062-9

Neufeldt, H., Christiansen, L., & Dale, T. W.(2021), "Adaptation Gap Report 2020", UN Environment Programme.

OnCubaNews(2020a), "Climate change would cause 14 Cuban settlements to disappear by 2050", July 15, https://oncubanews.com/en/cuba/climate-change-would-cause-14-cuban-settlements-to-disappear-by-2050/

OnCubaNews(2020b), "Cuba's first bioelectric plant begins testing phase", January 20, https://oncubanews.com/en/cuba/cubas-first-bioelectric-plant-begins-testing-phase/

Our World in Data(n.d.), "Cuba: CO_2 Country Profile", https://ourworldindata.org/co2/country/cuba

Oxfam(2017), "Hurricane Irma: Oxfam collaborates with Cuban authorities to assess and mitigate damage", September 8, https://www.oxfam.org/fr/node/10693

Prideaux, B. and Pabel, A.(2020), "Degrowth as a strategy for adjusting to the adverse impacts of climate change in a nature-based destination", *Degrowth and Tourism*, Routledge, pp. 116-131.

Sealey-Huggins, L.(2017), "'1.5°C to stay alive': climate change, imperialism and justice for the Caribbean", *Third World Quarterly* 38(11), pp. 2444-2463.

Stone, R.(2018), "Cuba embarks on a 100-year plan to protect itself from climate change", *Science*, January 10, https://www.science.org/content/article/cuba-embarks-100-year-plan-protect-itself-climate-change

Stubbs, J.(2021), "Cuba beteen hurricanes:commodity frontiers and environmental challenges", *Diálogos Revista Electrónica de Historia* 22(2), pp. 187-217, https://dx.doi.org/10.15517/dre.v22i2.46955

Tower, A.(2020), "Climate Change Would Cause 14 Cuban Settlements to Disappear by 2050", *Climate Refugees*, July 16, https://www.climate-refugees.org/spotlight/2020/7/16-cuba

Tubi, A., Fischhendler, I. & Feitelson, E.(2012), "The effect of vulnerability on climate change mitigation policies", *Global Environmental Change* 22(2), pp. 472-482.

UNDP(2016), "Sharing what works: South-South cooperation for disaster risk reduction in the Caribbean", https://www.undp.org/latin-america/publications/sharing-what-works-south-south-cooperation-disaster-risk-reduction-caribbean

Union of Concerned Scientists(2022), "Each Country's Share of CO2 Emissions", January 14, https://www.ucsusa.org/resources/each-countrys-share-co2-emissions

Wallis, V.(2021), "Technology and Ecosocialism", *Perspectives on Global Development and Technology* 20, pp. 13-29.

Wilson, M., Baden, D. & Wilkinson, S.(2020), "Towards ecological public health? Cuba's moral economy of food and agriculture", *Third World Quarterly* 41(11), pp. 1793-1808.

6장 기후 불평등과 강제 이주 그리고 온두라스

김근하 · 이경민(2016), 「기후 이주민의 강제 이주 문제와 관련 보호체계에 대한 탐색적 연구: 국제 논의와 개별 국가 보호 체계를 중심으로」, 『에너진 포커스』 69, 1-14쪽.

김선희(2022), 「기후난민의 인권 보호: 강제송환금지원칙을 중심으로」, 『세계헌법연구』 28(2), 127-156쪽.

림수진(2017), 「중앙아메리카 북부삼각지대 이주, 폭력, 마약의 상관관계」, 『문화역사지리』 29(2), 45-60쪽.

벡, 울리히(1997), 『위험사회』, 홍성태 옮김, 서울: 새물결.

서원상(2009), 「국제법상 '환경난민'에 대한 인권 기반적 접근」, 『환경법과 정책』 3, 123-148쪽.

안수정(2017), 「온두라스의 농업현황」, 『세계농업』 204, 73-94쪽.

유지철 · 김찬국(2015), 「환경 난민의 유형과 성경에 근거한 기독교 환경교육의 접근」, 『2015년 한국환경교육학회 하반기 학술발표대회 발표논문집』, 177-180쪽.

이신화(2008), 「기후변화와 국제정치적 쟁점」, 『평화연구』 16(2), 30-66쪽.

이태동(2022), 「기후변화와 국제정치: 경제, 안보, 개발, 행위자 연구 어젠다」, 『국제정치논총』 62(1), 271-303쪽.

이태혁(2023), 「기후변화와 강제이주: 온두라스를 중심으로」, 『한국과 세계』 5(3), 163-188쪽.

임태균(2022), 「온두라스, 실패한 치안의 전형인가?: 온두라스 경찰 개혁의 성과와 특징」, 『중남미연구』 41(1), 1-32쪽.

최현준(2020), 「2주 만에 또 불어닥친 초강력 허리케인… 넋 잃은 중앙아메리카」, 『한겨레』, 2020년 11월 18일자, https://www.hani.co.kr/arti/international/international_general/970453.html

프란치스코 교황(2021), 『찬미받으소서』, 한국천주교주교회의 옮김, 서울: 한국천주교주교회의.

하상섭(2021), 「중미 북부 트라이앵글 3개국의 기후변화 영향과 NDC 기후정책 선호도 평가: '적응-농업 넥서스(Nexus)'」, 『중남미연구』 40(3), 123-166쪽.

홍규덕(2020), 「비전통 안보의 재조명: 코로나19 시대 이후의 새로운 방향 모색」, 『국방정책연구』 36(3), 9-57쪽.

IPCC(2011), 「IPCC 특별보고서: 기후변화 적응을 위한 극한현상 및 재해 위험 관리」, https://archive.ipcc.ch/pdf/reports-nonUN-translations/korean/srex_full_report_korean.pdf

Agren, D. and Holpuch, A.(2018), "Where is the migrant caravan from-and what will happen to it at the border?", *The Guardian*, October 24, https://www.theguardian.com/us-news/2018/oct/24/caravan-migrants-what-is-it-where-from-guatemala-honduras-immigrants-mexico(검색일: 2022.09.14.)

Amnesty International(2018), "Key facts about the migrant and refugee caravans making their way to the USA", November 16, https://www.amnesty.org/en/latest/news/2018/11/key-facts-about-the-migrant-and-refugee-caravans-making-their-way-to-the-usa/(검색일: 2022.10.25.)

Bassetti, Francesco(2019), "Environmental Migrants: Up to 1 Billion by 2050", *Foresight*, May 22, https://www.climateforesight.eu/articles/environmental-migrants-up-to-1-billion-by-2050/(검색일: 2023.04.15.)

Bates, Diane C.(2002), "Environmental Refugees? Classifying Human Migrations Caused by Environmental Change", *Population and Environment* 23(5), pp. 465-477.

Bermeo, Sarah and Leblang, David(2021), "Climate, violence, and Honduran migration to the United States",

https://www.brookings.edu/articles/climate-violence-and-honduran-migration-to-the-united-states/(검색일 2023.02.05)

Black, Richard(2001), "Environmental refugees: myth or reality?", New issues in refugee research, Geneva: UNHCR.

Boas, Ingrid et al.(2019), "Climate migration myths", Nature Climate Change 9, pp. 901－903

Clement, Viviane et al.(2021), *Groundswell Part 2: Acting on Internal Climate Migration*, Washington DC: The World bank,

CSIS(2021), "The White House Report on Climate Migration, Explained", November 5, https://www.csis.org/analysis/white-house-report-climate-migration-explained(검색일: 2022.12.15.)

Eckstein, David, Hutfils, Marie-Lena & Winges, Maik(2019), "GLOBAL CLIMATE RISK INDEX 2019", https://www.germanwatch.org/sites/default/files/Global%20Climate%20Risk%20Index%202019_2.pdf(검색일: 2023.04.15.)

Ensor, Marisa O.(2009), *The Legacy of Hurricane Mitch: Lessons from Post-Disaster Reconstruction in Honduras*, Arizona: The University of Arizona Press.

HIH(2022), "Regional Initiative for the Dry Corridor", https://www.fao.org/hand-in-hand/investment-forum-2022/the-dry-corridor/en(검색일: 2022.12.15.)

IDB(2022), "Risk Monitor", https://riskmonitor.iadb.org/(검색일: 2022.12.15.)

IFAD(2022), "honduras", https://www.ifad.org/en/web/operations/w/country/honduras(검색일: 2022.12.15.)

Marotzke, Jochem et al.(2020), "The economic interaction between climate change mitigation, climate migration and poverty", *Nature Climate Change* 10, pp. 518-525.

Martinez, D & Escalon, C.(2021), "Migrant caravan on the move in Honduras in uncertain times", *AP News*, https://apnews.com/article/international-news-honduras-coronavirus-pandemic-guatemala-poverty-7f9cd528f256db2b27d1574644d1304c(검색일: 2022.12.15.)

McAllister, Sean (2023), "There could be 1.2 billion climate refugees by 2050. Here's what you need to know", https://www.zurich.com/en/media/magazine/2022/there-could-be-1-2-billion-climate-refugees-by-2050-here-s-what-you-need-to-know(검색일: 2022.12.21.)

McLeman, Robert A. and Hunter, Lori M.(2010), "Migration in the context of vulnerability and adaptation to climate change: insights from analogues", *WIREs Climate Change* 1(3), pp. 450-461.

Mendez, M. J.(2020), "The Silent Violence of Climate Change in Honduras", *NACLA Report on the Americas* 52(4), pp. 436-441.

Miller, Todd (2017), *Storming the Wall: Climate Change, Migration, and Homeland Security*, San Francisco: City Lights Publishers.

Morrissey, James(2009), "Environmental Change and Forced Migration", https://www.rsc.ox.ac.uk/files/files-1/dp-environmental-change-forced-migration-2009.pdf

Palencia, Gustavo(2022), "Hundreds of U.S.-bound migrants in caravan stuck at Guatemala border", *Reuters*, January 16, https://www.reuters.com/world/americas/hundreds-us-bound-migrants-set-off-honduras-first-caravan-2022-2022-01-15/(검색일: 2022.12.15.)

Piasentin, Elena(2016), "Escaping climate change: Who are the 'environmental migrants' in international law?", *Freedom from Fear* Magazine 12, pp. 32-39.

Piguet, Etienne(2008), "Climate change and forced migration", New issues in refugee research, Research Paper No. 153, Geneva: UNHCR.

The White House(2021), "Report on the Impact of Climate Change on Migration", Washington DC: The White House, https://www.whitehouse.gov/wp-content/uploads/2021/10/Report-on-the-Impact-of-Climate-Change-on-Migration.pdf

UN(2016), *Leaving no one behind: the imperative of inclusive development*, San Francisco: UN.

UN DESA(2016), "World Economic and Social Survey 2016: Climate Change Resilience: An Opportunity for Reducing Inequalities", https://www.un.org/development/desa/dpad/publication/world-economic-and-social-survey-2016-climate-change-resilience-an-opportunity-for-reducing-inequalities/(검색일: 2022.12.15.)

UNDP(1994), "Human Development Report 1994: New Dimensions of Human Security", New York, https://hdr.undp.org/content/humandevelopment-report-1994

UNHCR(2023), "Honduras - Response for Returnees - 2023", March 9, https://reliefweb.int/report/honduras/honduras-response-returnees-2023(검색일: 2022.12.18.)

UNICEF(2016), El Cambio climático en Honduras: La Infancia en peligro, UNICEF Honduras, https://www.unicef.org/honduras/media/501/file/El-Cambio-clim%C3%A1tico-en-Honduras-estudio-2016.pdf

USAID(2017), "Climate Change Risk in Honduras", Washington, D.C.: USAID, https://pdf.usaid.gov/pdf_docs/PA00MVPV.pdf

_____(2021), "Honduras: Climate Change, Food Security, and Migration", Washington, D.C.: USAID, https://pdf.usaid.gov/pdf_docs/PA00XXBJ.pdf

Valencia, Sandra C.(2022), "WFP's Contributions to Improving the Prospects for Peace in the Central American Dry Corridor: Spotlight on Climate Change", *Sipri*, https://www.sipri.org/sites/default/files/2022-11/wfp_dry_corridor.pdf

WFP(2017), "Food Security and Emigration", Research Report, https://environmentalmigration.iom.int/sites/g/files/tmzbdl1411/files/documents/Final_VersionCorta_ReporteMigracion_ENG_20170814.pdf

WFP(2021), "Honduras Annual Country Report 2021", https://docs.wfp.org/api/documents/WFP-0000137849/download/

Wikipedia(2022), "Economy of Honduras", https://en.wikipedia.org/wiki/Economy_of_Honduras(검색일: 2022.09.14.)

World Bank(2023), "The World Bank in Honduras", https://www.w orldbank.org/en/country/honduras/overview(검색일: 2023.04.10.)

이태혁

영국 요크대학교(University of York)에서 국제정치학 박사학위를 취득했고, 부산외국어대학교 중남미지역원 HK연구교수로 재직하고 있다. 주요 연구물로는 「FEALAC and Inter-regional Governance: A 'New' Path to Pacific Partnership」, 「중국의 '일대일로' 구상, "편승"과 "균형" 사이의 라틴아메리카」, 『라틴아메리카 지역통합의 정치성: 이론과 비교를 통한 접근』 등 국내외 다수의 논문과 저서가 있다. 연구 주제는 글로벌 거버넌스, 지역주의(기구), 아시아-라틴아메리카 간 관계, 기후위기, 혼합연구방법론(Mixed method) 등이다.

조영현

멕시코국립대학교(UNAM)에서 중남미지역학 박사학위를 취득했다. 서울대학교 라틴아메리카연구소 HK연구교수로 장기간 재직했고, 현재 부산외국어대학교 중남미지역원 교수로 있다. 저서로는 Sacerdotes y transformación social en Perú(1968-1975), 『라틴아메리카 명저 산책』(공저), 『디코딩 라틴아메리카: 20개 코드』(공저), 『인종과 불평등: 라틴아메리카 인종차별에 대한 역사구조적 고찰』(공저), 『종교와 불평등: 라틴아메리카 종교 차별에 대한 사회문화적 고찰』(공저) 및 국내외 다수의 논문이 있다.

양은미

한국외국어대학교 포르투갈어과를 졸업하고, 동 대학교 국제지역대학원에서 중남미지역학으로 석사학위를, 브라질 상파울루대학교(USP)에서 교육학 박사학위를 받았다. 주한브라질문화원 부원장을 지냈으며, 헌새 한국외국어대학교 중남미연구소 HK연구교수로 재직 중이다. 저서로는『파울루 프레이리, 삶을 바꿔야 신짜 교육이야』,『아마존의 길』(공저),『라틴아메리카의 미래: 소통과 연대 (하)』(공저),『라틴아메리카 생태를 읽다』(공저),『젠더와 불평등: 라틴아메리카 성차별에 대한 정치사회적 고찰』(공저)이 있으며, 역서로는 História de Dokdo: Uma Leitura Ecologista(공역)가 있다.

윤춘식

미국 풀러신학대학원(Fuller Theological Seminary) 목회학 박사와 아세아연합신학대학원(ACTS) 철학 박사학위를 취득했다. 예장·고신총회 파송을 받아 아르헨티나에서 28년간 원주민 대상으로 사역했다. 파나마 국립공대(UTP) 국제학부에 한국학과 동양문화 초빙교수(2010-2012)를 지냈다. 그 후 아신대학 이사회로부터 조교수와 라틴아메리카연구원장으로 선임되고 선교학 교수로 재직했다. 저서로는『현대교회와 선교교육』,『세계관 이해와 중남미 선교전략』 등이 있고,『문화인류학에서 본 토바 사람들의 새싹』을 번역했으며, 다수의 학술 논문을 출간했다. 대표적인 논문은『북한 사회주의 교육연구: 사회주의 교육에 관한 테제 이후의 통일교육 대안』이 있다. 현재 GMTI 라틴선교교육원장으로 있다.

임수진

경희대학교 정치학과에서 박사학위를 받고 칠레가톨릭대학교 정치연구소에서 방문
연구원을 지냈다. 현재는 대구가톨릭대학교 스페인어중남미학과에서 라틴아메리카
정치와 대외 관계를 연구하며 가르치고 있다. 저서와 논문으로 『라틴아메리카 음식
'듬뿍'』(공저), 「환경안보: 칠레 사례를 중심으로」, 「미식국가 페루의 공동체 통합과
발전」 등이 있고, 『나와 가짜뉴스』, 『알라메다의 남쪽』, 『똑똑한 기계들 사이에서』 등
의 책을 번역했다.

한희진

미국 노던일리노이주립대(Northern Illinois University) 정치학 박사학위를 취득했다.
현재 국립부경대학교 글로벌자율전공학부 교수로 재직 중이다. 저서로 『기후변화의
국제정치』, 『미세먼지의 과학과 정치』(공저), 『탄소중립과 그린뉴딜』(공저), 『기후변
화와 세계정치』(공저) 등 다수가 있으며 논문으로는 「Varieties of Green Stimulus
Policies: Comparative Analysis of the Green Growth and Green New Deal
Policies in South Korea」, 「Climate Hypocrisy? A Case of Korea's Involvement
in Coal Capacity Expansion in Southeast Asia」, 「From Fragmentation to
Centralization in Policymaking: An Explanation for the Expansion of China's
Civilian Nuclear Industry」 등이 있다.

생태와 불평등

1판 1쇄 발행 2023년 6월 30일

지은이 | 이태혁, 조영현, 양은미, 윤춘식, 임수진, 한희진
펴낸이 | 조영남
펴낸곳 | 알렙

출판등록 | 2009년 11월 19일 제313-2010-132호
주소 | 경기도 고양시 일산서구 중앙로 1455 대우시티프라자 715호

전자우편 | alephbook@naver.com

전화 | 031-913-2018, 팩스 | 02-913-2019

ISBN 979-11-89333-63-8 (93950)

* 이 저서는 2018년 대한민국 교육부와 한국연구재단의 지원을 받아 수행된 연구임.
  (NRF-2018S1A6A3A02081030)